ENCUENTROS

¡Apúntate! 4

Método de español

¡Apúntate! 4
Lehrwerk für Spanisch als zweite Fremdsprache

Im Auftrag des Verlages erarbeitet von:
Joachim Balser, Isabel Calderón Villarino, Amparo Elices Macías, Heike Kolacki, Lito Vila Baleato

und der Redaktion Fremdsprachen in der Schule:
Úrsula Ávalos León, Heike Malinowski (Projektleitung), Nadine Stephan, Steffi Weinert

Bildredaktion:
Sabrina Battaglini

Beratende Mitwirkung:
Alexander Grimm, María José Gonzalo Tasis, Dr. Barbara Köberle, Werner Kraft, Ulrike Lützen, Frauke Wegener-Höllings, Miriam Wimmer

Gesamtgestaltung und technische Umsetzung: werkstatt für gebrauchsgrafik, Berlin
Karten: Dr. Volkhart Binder, Berlin
Illustrationen: Rafael Broseta y David Belmonte
Umschlagfoto: © photos4you / Jürgen Stumpe

Begleitmaterial zu ¡Apúntate! 4:	
Vokabeltaschenbuch	ISBN 978-3-06-020592-9
Cuaderno de ejercicios	ISBN 978-3-06-020587-5
Grammatikheft	ISBN 978-3-06-020589-9
CD	ISBN 978-3-06-020590-5
Handreichungen für den Unterricht	ISBN 978-3-06-020591-2
Folien	ISBN 978-3-06-020701-5

www.cornelsen.de

Die Links zu externen Webseiten Dritter, die in diesem Lehrwerk angegeben sind, wurden vor Drucklegung sorgfältig auf ihre Aktualität geprüft. Der Verlag übernimmt keine Gewähr für die Aktualität und den Inhalt dieser Seiten oder solcher, die mit ihnen verlinkt sind.

1. Auflage, 1. Druck 2011

Alle Drucke dieser Auflage sind inhaltlich unverändert
und können im Unterricht nebeneinander verwendet werden.

© 2011 Cornelsen Verlag, Berlin

Das Werk und seine Teile sind urheberrechtlich geschützt.
Jede Nutzung in anderen als den gesetzlich zugelassenen Fällen bedarf
der vorherigen schriftlichen Einwilligung des Verlages.
Hinweis zu den §§ 46, 52a UrhG: Weder das Werk noch seine Teile dürfen ohne eine
solche Einwilligung eingescannt und in ein Netzwerk eingestellt oder sonst öffentlich
zugänglich gemacht werden.
Dies gilt auch für Intranets von Schulen und sonstigen Bildungseinrichtungen.

Druck: CS-Druck CornelsenStürtz, Berlin

ISBN 978-3-06-020586-8

 Inhalt gedruckt auf säurefreiem Papier aus nachhaltiger Forstwirtschaft.

Inhalt

Die folgenden aufgelisteten Angebote sind nicht obligatorisch abzuarbeiten. Die Auswahl der Übungen und Übungsteile richtet sich nach den Schwerpunkten des schulinternen Curriculums.

Thema / Lernziel	Grammatik	Methodentraining	Seite
¡HOLA Y BIENVENIDOS!			
Wiederholungsübungen			8
El juego de la oca			

1 LO QUE ME IMPORTA

¡ACÉRCATE!			12
Interessen und Werte spanischer Jugendlicher			
sagen, was einem gefällt / wichtig ist			
eine Statistik auswerten			
A1 ¿CÓMO SERÁ EL FUTURO?	**futuro simple** (Form und Gebrauch)		15
Zukunftsträume	Doppelpronomen bei Imperativen		
über die Zukunft sprechen / Vorhersagen machen			
Vermutungen anstellen			
A2 OPERACIÓN ESTRELLA	**cuando** + **subjuntivo**	seine Meinung strukturiert äußern	18
Castingshows in Spanien	**mientras** + **subjuntivo**		
Einwände formulieren	**Wdh.** Gebrauch von **subjuntivo** und **indicativo**		
jdm. widersprechen / zustimmen			
B EL ÚLTIMO CURSO			21
Personen charakterisieren (Theaterstück)			
RESUMEN DE GRAMÁTICA			22
¡ANÍMATE! (facultativo) Murillo, Botero (zwei Gemälde)			23

REPASO 1 (facultativo) wiederholende und vertiefende Übungen — 24

Thema / Lernziel	Grammatik	Methodentraining	Seite

2 ENTRE ESPAÑA Y AMÉRICA

¡ACÉRCATE!
Christoph Kolumbus und die Entdeckung Amerikas (1492)
Gefühle äußern (Befürchtungen, Hoffnungen, Zweifel) — — 26

A ÁLVAR NÚÑEZ CABEZA DE VACA
ein spanischer Konquistador in Amerika
Einwände und Schwierigkeiten einräumen
parallele Handlungen darstellen

Verkürzung von Nebensätzen (**gerundio**, **al** + **infinitivo**)
subjuntivo nach **aunque**
aun + **gerundio**
Wdh. gerundio irregular und Konstruktionen mit **gerundio**

Recherchieren im Internet — 30

B MIRADAS SOBRE AMÉRICA PRECOLOMBINA
Bausteine eines Textes erkennen und beschreiben (Broschüre) — — 34

RESUMEN DE GRAMÁTICA — — 36

¡ANÍMATE! (facultativo) Fakten über die spanischsprachige Welt — — 37

REPASO 2 (facultativo) wiederholende und vertiefende Übungen — — 38

3 CATALUÑA, TIERRA DE CONTRASTES

¡ACÉRCATE!
Barcelona: Sehenswürdigkeiten
in einem Café etwas bestellen — — 40

A1 INMIGRANTES EN CATALUÑA
Sprachensituation in Katalonien
Ratschläge geben
Möglichkeiten schildern

Konditional Präsens (Form und Gebrauch)

detailliertes Hörverstehen (DELE) — 43

A2 PROBLEMAS EN LA COSTA
Folgen des Tourismus in Spanien
über Umweltprobleme reden
Möglichkeiten schildern
(Erweiterung)

unregelmäßige Formen des Konditional Präsens
subjuntivo im Relativsatz
das Relativpronomen **cuyo/-a**
hasta / **por** / **sin** + **infinitivo**
Wdh. Komparativ und Superlativ der Adjektive
— — 46

B LOS CASTELLERS
Eine katalanische Tradition
Standpunkt eines Autors erkennen
(Sachtext und Zeitungsnotiz) — — 50

RESUMEN DE GRAMÁTICA — — 52

¡ANÍMATE! (facultativo) Lied: **Mama Tierra** (**Macaco**) — — 53

Inhalt

| Thema / Lernziel | Grammatik | Methodentraining | Seite |

REPASO 3 (facultativo) wiederholende und vertiefende Übungen — 54

BALANCE 1 (facultativo) fertigkeitsorientierte Lernstandsüberprüfung — 56

4 EL BOLSILLO DE LOS JÓVENES

¡ACÉRCATE!
Umgang mit Geld
über Berufswünsche reden
Schulsystem (Erweiterung) — 58

A ¡YA SOY MAYOR!
eine Diskussion führen
Hoffnungen, Wünsche, Zweifel,
Bewertungen, Vorschläge
ausdrücken (Vergangenheit)

imperfecto de subjuntivo (Form und Gebrauch)
Wdh. die Form des *pretérito indefinido*

kreatives Schreiben — 60

B ENCONTRAR SU CAMINO
Berufe vorstellen
einen Text in eine andere Textsorte umwandeln

Themenwortschatz Arbeit — 64

RESUMEN DE GRAMÁTICA — 66

¡ANÍMATE! (facultativo) Lied: *Fin de semana* (El Canto del Loco) — 67

REPASO 4 (facultativo) wiederholende und vertiefende Übungen — 68

5 PERÚ, EL CORAZÓN DE LOS ANDES

¡ACÉRCATE!
Perú: wirtschaftliche,
geographische und
gesellschaftliche Aspekte

Konnektoren *por un lado … por otro lado, a pesar de, no obstante, ya que* — 70

A ¡PERÚ, ALLÁ VOY!
Bericht über ein freiwilliges
soziales Jahr in Perú (Blog)
Passiv als stilistische Variation

Aktiv / Passiv
Stellung des Adjektivs
(*el pobre chico / el chico pobre*)
Wdh. unregelmäßiges Partizip
Wdh. verkürzte Adjektive

einen authentischen Text lesen — 73

B LOS ALFAJORES DE HELENA PINTO
eine peruanische Kurzgeschichte
einen narrativen Text analysieren — 78

RESUMEN DE GRAMÁTICA — 80

¡ANÍMATE! (facultativo) Rezept aus Perú — 81

Thema / Lernziel	Grammatik	Methodentraining	Seite

REPASO 5 (facultativo) wiederholende und vertiefende Übungen — **82**

BALANCE 2 (facultativo) fertigkeitsorientierte Lernstandsüberprüfung — **84**

6 ESPAÑA Y EUROPA (facultativo)

1 EUROPA ES …
Spanien und die EU: Daten und Fakten
Bedingungen formulieren
irreale Bedingungssätze der Gegenwart — **86**

2 LOS ESPAÑOLES Y LOS MEDIOS DE COMUNICACIÓN
neue Medien in Spanien
unerfüllbare Bedingungen und Hypothesen formulieren
irreale Bedingungssätze der Vergangenheit (**condicional compuesto** und **pluscuamperfecto de subjuntivo**) — **90**

3 «ME SIENTO EUROPEO»
Interview mit Daniel Brühl
wiedergeben, was jemand gesagt hat (Vergangenheit)
indirekte Rede in der Vergangenheit — **93**

RESUMEN DE GRAMÁTICA — **95**

REPASO 6 (facultativo) wiederholende und vertiefende Übungen — **96**

LECTURA:
FAMILIA NO HAY MÁS QUE UNA (facultativo) — **98**

PREPARAR EL EXAMEN DELE — **102**

DESTREZAS 104

ANEXO

Reglas del acento ortográfico	122
Los números en español	123
Verbos con preposiciones	123
Los verbos	125
Pequeño diccionario de cultura y civilización	135
Lista cronológica	141
Lista alfabética	163
Deutsch-Spanisches Wörterbuch	185
Soluciones	207

Bei den mit Zusatz *facultativo* versehenen Teilen des Buches handelt es sich um ergänzende Angebote, die im Unterricht bei Bedarf ausgelassen werden können.

Jede **Unidad** trainiert alle kommunikativen und verschiedene methodische Kompetenzen.
Folgende Schwerpunkte können gesetzt werden:

Unidad 1 Sprechen (monologisch) / Lesen (selektiv)
Unidad 2 Schreiben / Sprechen (dialogisch)
Unidad 3 Hören (detailliert) / Sprachmittlung
Unidad 4 Schreiben (kreatives Schreiben) / Hören (global)
Unidad 5 Lesen (Lesestrategien) / Hören (selektiv)

Symbole und Verweise:

 Partnerarbeit

 Gruppenarbeit

 Hörverstehen

 Kettenübung

 Schreiben

 Spiel

 Think – Pair – Share

 Sprachmittlung

 Hinweis auf *Resumen*

 Hinweis auf *Destrezas (Methodenanhang)*

 Portfolio

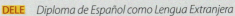 *Diploma de Español como Lengua Extranjera*

GH 1|3 Verweis auf Grammatikheft

▶ 2|7 Verweis auf Übung im *Cuaderno de ejercicios*

¡HOLA Y BIENVENIDOS!

■■■ COMUNICARSE

1 ¡Entérate de todo! Haz preguntas a tu compañero/a. Él / Ella contesta.

> También puedes formular tus propias preguntas.

- ¿De qué te encargas en casa? ¿Qué tareas te gusta hacer y qué no?
- ¿Te gustaría hacer un intercambio en España? ¿Por qué (no)?
- ¿Qué cosas te molestan de tu ciudad/ tu instituto?
- Cuenta sobre una vez que perdiste algo muy importante. ¿Qué hiciste?
- ¿Qué puedes hacer en tu región? Menciona tres actividades diferentes.
- ¿Qué programas te gusta ver en la tele? ¿Por qué?
- ¿Te gustaría llevar uniforme en el instituto? ¿Por qué (no)?
- ¿Dónde prefieres vivir: en un pueblo o en la ciudad? ¿Por qué?
- Cuenta qué hiciste durante las últimas vacaciones.
- Explica tu camino al instituto cada mañana.
- ¿Cuánto tiempo pasas diariamente en la red? ¿Qué cosas buscas?
- ¿Cómo eras cuando tenías 5 años? ¿Qué hacías? ¿Qué (no) te gustaba?

■■■ VOCABULARIO

2 a Mira los dibujos. ¿Qué dicen las personas? Utiliza:

| recoger | tocar | costar |

b Busca en la lista alfabética, p. 163, tres verbos con diferentes significados y escribe una frase por cada significado.

ESCUCHAR

3 a Escucha y apunta qué edad tienen los chicos y dónde han pasado las vacaciones.

Berta

Roberto

Rosana

b Escucha otra vez. ¿Qué cuentan de sus vacaciones?

c Presenta a uno/-a de los/-as chicos/-as.

ESCRIBIR Y LEER

4 Formad grupos de cuatro personas. Elegid una de las historias y copiad el comienzo en una hoja. Cada alumno/-a escribe una frase. Después pasa la hoja a su compañero/-a a la derecha. El / Ella lee la frase y continúa la historia.

a
José y Marta salen del cine. Acaban der ver una peli de ciencia ficción[1] que les ha gustado mucho. La noche es muy bonita y por eso quieren ir andando a casa. A un kilómetro del cine, encuentran una bici en el suelo, pero no hay nadie en la calle …

b
Paqui y Roberto, 14 y 15 años, quieren pasar las vacaciones con su prima Maripaz y sus tíos en el campo. Después de un viaje larguísimo llegan a casa de Maripaz. Sin embargo, cuando llegan, tocan el timbre y no pasa nada. La casa está cerrada y parece que no hay nadie …

c
Cristina, 14 años, es nueva en la clase de Iker. Ella no habla con nadie y siempre está sola. Iker piensa que ya ha visto a Cristina antes, pero no sabe dónde. Un día, la sigue después del instituto …

[1] la ciencia ficción *die Science-fiction*

5 a Escucha los sonidos y escribe una historia.

b Lee la historia de tu compañero/-a de al lado y corrígela.

c Luego él/ella te hace tres preguntas sobre su historia y tú respondes.

 Fehler selbst korrigieren, S. 116 / 8

EL JUEGO DE LA OCA

A JUGAR

Reglas:

Podéis jugar en grupos de hasta seis personas. Necesitáis un **dado** y una **ficha** por jugador/a. Uno/-a de vosotros/-as comprueba si las **respuestas** son **correctas** (Soluciones, p. 205).

Tiras el dado y llegas a una casilla donde hay una pregunta o un dibujo. Si te ha tocado una **pregunta** y puedes responderla bien, puedes quedarte allí. Si no, tienes que volver a tu casilla anterior.

Si llegas a una casilla con el siguiente **dibujo**, entonces …

… dices «De oca a oca y tiro porque me toca» y avanzas hasta la siguiente oca.

… dices «De puente a puente y tiro porque me lleva la corriente.», avanzas o vuelves hasta el otro puente y y tiras de nuevo los dados.

… pierdes un turno.

¡Hola y bienvenidos!

 … tienes que esperar a que alguien pase por allí para poder volver a jugar.

 … dices «De dado a dado y tiro porque me ha tocado.» y tiras de nuevo los dados.

 tienes que volver a la casilla 23.

El juego de la oca es un juego de mesa muy popular en España. Se cree que tiene sus orígenes en la antigua Grecia. Se dice que el juego de la oca representa la vida con sus peligros, sus momentos de tristeza y sus momentos de alegría.

 tienes que volver a la casilla 1.

 – si eres el/la primero/-a – ¡has ganado!

de la Oca

21

20 (dados)

19 En español: 3 230 000 / 491 821 / 8 763

18 Dos tareas de casa

17 Dilo en español: „Kannst du langsamer sprechen?"

16 Completa: Antes yo [...] (ser) muy desordenado. Entonces lo [...] (perder/yo) todo.

46

45 La plaza más importante de la Ciudad de México

44 (oca)

43 (dados)

42 (pozo)

15 Dos países productores de plátanos

41 Completa: Cuando vi a Mari ella ya [...] (hablar) con Juan. Cuando puse la mesa mi padre todavía no [...] (cocinar).

14  (posada)

36

37 Completa: limpio/-a ≠ [...] olvidar ≠ [...]

38 ¿Qué significa?

39 Completa: Antes Madrid [...] (llamarse) Magrit. Cuando yo era niño [...] (jugar) mucho.

40 Dilo en español: „Mach dir keine Sorgen"

13

7 Completa: el aula = [...] majo/-a = [...]

8 (dados)

9 La ciudad más al sur de Andalucía y de Europa

10 Dilo en español: „Grüße deine Mutter von mir!"

11 Completa: Me fastidia que Juan [...] (hablar) tanto. Dudo que ella [...] (saber) la verdad.

12 La mejor y la peor nota en España

once **11**

LO QUE ME IMPORTA

¡ACÉRCATE!

1 A mí me fascinan las clases de Ciencias de la Naturaleza y después del bachillerato quiero estudiar Física. Por eso, siempre intento sacar buenas notas en esta asignatura. Desde hace poco tengo un telescopio. Ya he visto un montón de estrellas y también la Luna y Marte. *Paula, 15 años*

2 Los domingos se reúne toda mi familia en casa de mi abuela y ¡nos lo pasamos genial! Mis primos y yo tocamos canciones con la guitarra y después nos quedamos a charlar hasta muy tarde. Bueno, a veces también discutimos porque yo quiero tocar canciones de David Bisbal y ellos de Alejandro Sanz. Pero al final nos ponemos casi siempre de acuerdo. *César, 15 años*

3 Yo soy miembro de una ONG que se preocupa por los ancianos. Voy casi todos los fines de semana a un hogar de ancianos que está cerca de mi casa. Normalmente les leo un libro a los ancianos o doy una vuelta con ellos. Al principio iba sólo porque era un proyecto del instituto, pero ahora me gusta mucho darles esta pequeña alegría. *Miguel, 16 años*

4 Yo me pongo feliz cuando estoy con mis amigas. Nos llamamos todos los días para contarnos cómo ha sido nuestro día o para comentar el último partido de fútbol del Barça. Mis padres me regañan porque hablo mucho por teléfono. ¡Es que no me entienden! *Cristina, 14 años*

5 ¡Yo me muero por estar sobre un escenario! Voy a un curso de teatro todos los lunes y los viernes. Es muy divertido sentirse como otra persona. A veces creo de verdad que soy alguien diferente.   *Noa, 15 años*

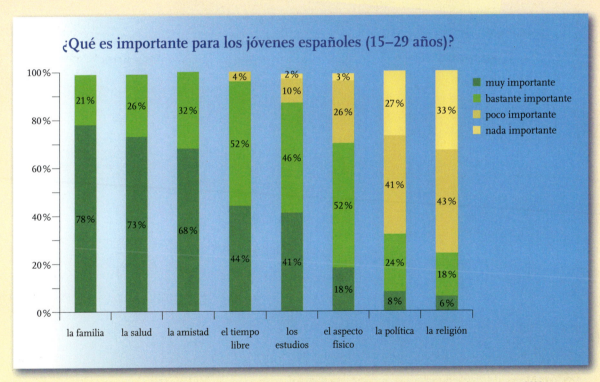

¿Qué es importante para los jóvenes españoles (15–29 años)?

- muy importante
- bastante importante
- poco importante
- nada importante

	la familia	la salud	la amistad	el tiempo libre	los estudios	el aspecto físico	la política	la religión
nada importante				4%	2%	3%	27%	33%
poco importante	21%	26%	32%	52%	10%	26%	41%	43%
bastante importante	78%	73%	68%	44%	46%	52%	24%	18%
muy importante					41%	18%	8%	6%

Fuente: INJUVE, Sondeo de opinión y situación de la gente joven, 2009

■■■ COMPRENDER

1 ¿Qué es importante para Cristina y los otros chicos?

■■■ VOCABULARIO

2 Busca las expresiones que utilizan los chicos para decir que algo les gusta mucho y haz una lista.

Vas a necesitar de nuevo la lista para el ejercicio **4b**.

■■■ PRACTICAR

3 a ¿Qué les importa a los jóvenes españoles? Mira la encuesta de la página 13 y coméntala.

El Más del / Menos del	[...] %	de los jóvenes españoles	dice piensa	que [...].
La mayoría / Más o menos la mitad				

Para	el más del / menos del	[...] %	de los jóvenes españoles, [...] es	muy bastante poco¹ nada	importante.
	la mayoría / más o menos la mitad				

Para los jóvenes españoles, [...] es más importante que [...].

b ¿Qué os importa a vosotros? Haced una encuesta en clase.

c ¿Cuáles son las diferencias? Comparad vuestros resultados con los de la encuesta.

A los jóvenes españoles, [...] les importa	más que / menos que / tanto como	a nosotros.

Para los jóvenes españoles, [...]	es	más / menos / tan	importante que para nosotros.

A los jóvenes españoles / En cambio a nosotros	(no)	les importa / nos importa	mucho bastante poco	[...].
			nada	

■■■ ESCUCHAR

4 a Escucha: ¿qué actividades son importantes para los chicos?

Rafa	Ana	Marisa	Tomás
[...]	[...]	[...]	[...]

b Escucha otra vez: ¿qué expresiones utilizan para decir que algo les gusta mucho? Completa la lista del ejercicio **2**. Después añade otras expresiones que conozcas.

■■■ HABLAR

5 Preséntate, di qué es importante para ti y por qué. Utiliza expresiones de la lista del ejercicio **4 b**.

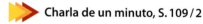 Charla de un minuto, S. 109 / 2

6 ¿Con cuál de los chicos de las páginas 12 y 13 te gustaría pasar una tarde? ¿Por qué?

A1 ¿CÓMO SERÁ EL FUTURO?

1|6
1|7

Noa, Paula y Miguel están en casa de César. César prepara un batido de plátano en la cocina. ¿Será porque a Paula le encantan los batidos? Es que él hace todo por llamar la atención de Paula… César enciende la radio. El locutor anuncia un programa sobre la vida en veinte años.

«Según los científicos, el mundo sufrirá muchos cambios en los próximos años. Antes de escuchar a Roberto Cárdenas, un experto en el tema, vamos a preguntarle a la gente en la calle…»

Paula: Uf, en 20 años yo tendré ya 35 años. ¡Qué mayor!
César: Sí, seguro que ya estaremos casados y tendremos hijos. ¡Imagínatelo!
Paula: ¡Hombre! ¿Yo casada? ¡Ni loca!
César: ¿Segura? ¡Piénsatelo bien!

«¿Cómo crees que será la vida en 20 años?»

«Seguro que habrá una revolución en la ciencia genética. Podrás elegir el sexo de los hijos y el color del pelo o de los ojos».

Noa: ¡Imagináoslo! ¡Tendremos hijos «a la carta»! No me parece una buena idea.
Paula: Y a mí me da miedo.

«Yo no entiendo a las personas que ven todo negro cuando piensan en el futuro. Seguro que también acabaremos con muchas enfermedades y se salvarán muchas vidas…»

Miguel: … ¡y viviremos hasta los 125 años!
César: ¡Por lo menos!

«¿La vida en 20 años? ¿Quién sabe? Pues, yo creo que los coles e institutos serán muy diferentes. Ya no habrá escuelas como hoy, sino que los chicos estudiarán en casa y el profesor dará su clase por internet. Los estudiantes ya no necesitarán libros de papel ni usarán cuadernos, sólo tendrán ordenador y libros electrónicos».

Noa: Yo no lo creo. Internet existe desde hace años y todavía tenemos que ir al instituto. ¿Por qué este tío cree que eso cambiará?
César: Es que algunos cambios vendrán poco a poco. ¡Ya lo verás!

«Bueno, yo supongo que por el cambio climático hará muchísimo calor en las ciudades y no saldremos de casa casi nunca. Así que haremos la compra desde casa. Los supermercados y las tiendas cerrarán porque la gente sólo comprará por la red. Además dicen que por el cambio climático ya no podremos pasar las vacaciones en la playa: el nivel del mar subirá y las playas desaparecerán».

«Viajaremos de vacaciones a la Luna o a Marte, como hoy volamos a otros países. Será lo más normal del mundo».

Noa: ¡Oye! Ir a la Luna… ¡Qué divertido el chico!
Miguel: ¿Por qué no soñar? ¿Os imagináis viajar en el tiempo o teletransportarse a otro lugar a miles de kilómetros de distancia como en las películas de ciencia ficción?
Noa: ¡Qué guay! Me gustaría vivir el momento cuando Cristóbal Colón llegó a América.
Miguel: ¡Pues a mí me gustaría viajar a Marte!
César: ¡Ay, chicos! ¡Llamad a la radio y decídselo al locutor! … ¡Ven, Paula, vamos al salón! Aquí está tu batido.

¿Qué querrá? Bueno, ya me lo dirá…

¿En qué estará pensando Paula?

■■■ COMPRENDER Y COMENTAR

1 a ¿Qué cambios puede traer el futuro? Busca ejemplos en el texto.

cambios personales[1]	cambios científicos[2]	cambios en la educación	cambios climáticos
estar casado/-a [...]	[...]	[...]	[...]

[1] personal *persönlich* [2] científico/-a *wissenschaftlich*

b Ahora piensa tú en el futuro y añade más aspectos a la lista.

c Mira la lista: ¿qué aspectos son negativos y cuáles positivos? Explica por qué.

■■■ DESCUBRIR

2 a Lee las líneas 1–12 del texto en la página 15 y busca las dos formas del futuro simple.
▶▶ Resumen 1, p. 22

b Schau dir die Zeilen 3 und 8, in denen das futuro simple auftaucht, an. Nur in einem der beiden Fälle drückt das futuro simple die Zukunft aus. In welchem? Was drückt das futuro simple im anderen Fall aus?

c Busca en el texto más ejemplos para los dos casos.

■■■ PRACTICAR

3 a ¿Qué se pregunta Paula sobre el futuro? Formula sus preguntas en futuro simple.
▶▶ Resumen 1, p. 22

Ejemplo: ¿Estudiaré en la universidad?

yo
mis amigos y yo
mis padres
mis hermanos

estudiar en la universidad
encontrar un buen trabajo
tener hijos
ganar mucho dinero
hacer muchos viajes
vivir cerca de mi familia
vivir en otro país
tener un coche
divertirse mucho
ser feliz

b ¿Y tú? ¿Qué te preguntas sobre tu futuro?

4 César quiere ir con Paula al cine. Está preocupado porque ella todavía no ha llegado. Haz suposiciones con el futuro simple. ▶▶ Resumen 1, p. 22

¿Estará [...]?

Lo que me importa | ¿Cómo será el futuro?

1

5 ¿Qué dicen? Completa las frases con el imperativo y con los dos pronombres correctos. ▶▶ Resumen 2, p. 22

> Denke an die richtige Betonung!

Ejemplo: 1. Noa, necesito mis libros. ¿Todavía están en tu habitación? Trá**emelos**, por favor.

1 Noa, necesito mis libros. ¿Todavía están en tu habitación? [...], por favor.

traer

2 Ese es mi cuaderno. Por favor, ¡[...]!

dar

3 ¿Estás seguro de que quieres quedarte en casa? ¡[...] bien!

pensarse

4 Miguel, tu madre quiere estas aceitunas. [...], por favor.

llevar

5 Toma, aquí está tu chaqueta, ¡[...]!

ponerse

6 Mirad este cómic. Por favor, [...] para mi cumpleaños.

regalar

ESCUCHAR

6 a Escucha el anuncio publicitario¹ y di de qué trata.   1 publicitario/-a *Werbe-*

b Diseña un cartel publicitario para el anuncio de **a** y preséntalo en clase.

VOCABULARIO

7 a Relaciona las palabras.

| ir   echar   llamar   darse   vivir   ver   sufrir | de menos   en coche   la atención   cambios   el momento   cuenta (de)   todo negro |

b ¿Cómo será tu futuro? Escribe un texto corto y utiliza algunas expresiones de **a**.

HABLAR

8 a Mira el cartel, descríbelo y di de qué trata.

b ¿Qué inventos habrá en el futuro? Prepara una exposición de tres minutos y preséntala en clase.

▶▶ Charla de un minuto, S. 109 / 2

diecisiete 17

A2 OPERACIÓN ESTRELLA

■■■ ACTIVIDAD DE PRELECTURA

1 ¿Quieres ser famoso/-a? ¿Por qué?

En casa de la familia Miranda hay desde hace unas semanas un solo tema de discusión. Noa quiere
presentarse al casting de «Operación Estrella» que pronto tendrá lugar en su ciudad, pero no todos sus
familiares y amigos están de acuerdo.

Benito, 71 años, abuelo:

A mí «Operación Estrella» me parece una idea fabulosa. Lo veo todos los años y creo que es una buena oportunidad para darse a conocer como cantante. ¡A Noa le encanta! Los sábados, mientras vemos la tele, ella practica para participar en el casting. Sin embargo, me da un poco de miedo… Seguro que el ganador viajará mucho, conocerá a mucha gente famosa e interesante, ganará mucho dinero… Pero Noa es muy joven todavía. Creo que mientras esté en el instituto, tiene que concentrarse en los estudios.

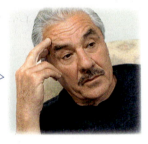

Miguel, 16 años, amigo:

A mí me encanta la música, pero esos rollos no me van… Tengo un grupo y me gusta mucho tocar con mis amigos, pero ese mundo de la televisión no me interesa. Yo creo que es mejor ir a un conservatorio. ¡En esos programas todo es artificial! Espero que Noa no se presente al casting, porque la van a tratar mal.

Lucía, 12 años, hermana:

Creo que es fantástico que mi hermana vaya al casting de «OE». Yo canto fatal, pero ella tiene mucho talento. ¿Os lo podéis imaginar? Si Noa gana, será superfamosa, venderá millones de discos y todos querrán sus autógrafos. ¡Qué guay! ¡Y yo seré la hermana de una estrella!

Lo que me importa | Operación Estrella

Pilar, 44 años, madre:

¿Ya estamos de nuevo con «Operación Estrella»? ¡Ya no lo aguanto más! Me parece fatal que manipulen así a los chicos: «en unas semanas serás una persona famosa, ganarás millones, darás conciertos y serás una estrella». Lo que no te dicen es que cuando pases de moda, ya nadie se acordará de ti. Si a Noa le gusta la música me parece perfecto, pero ahora lo más importante son la familia y los estudios. Cuando termine sus estudios, podrá decidir si quiere estudiar Música.

Noa, 15 años:

¡Mi madre exagera cuando dice que en «OE» manipulan a la gente! Algunos chicos son realmente buenos y algunos todavía hoy son muy famosos. Cuando juego con mis amigos al karaoke, ellos me dicen que canto muy bien y me animan a presentarme al casting. Estoy segura de que merecerá la pena pasar por todo ese estrés. Además, si no participo, nunca lo sabré. Y si no aprovecho ahora esta oportunidad, ¿cuándo lo haré?

■■■ VOCABULARIO

2 Haz un mapa mental sobre «el programa de casting» con las nuevas palabras del texto y con otras que ya conoces.

■■■ COMPRENDER

3 a Busca en el texto los argumentos a favor y en contra de que Noa participe en el programa de casting.

b Completa los argumentos de **a** como en el ejemplo.
Ejemplo: Benito piensa que «OE» es una buena oportunidad para darse a conocer como cantante.

… piensa que …	A … le molesta que + *subj.* …	
… cree que …	A … le da miedo que + *subj.* …	…
… está seguro/-a de que …		
… (no) quiere que + *subj.* …	Para … es importante que + *subj.* …	

■■■ DESCUBRIR

4 a Lies die Sätze und erkläre: Warum wird einmal der subjuntivo und einmal der indicativo verwendet? ▶▶ Resumen 3, p. 22

1. Cuando **canto** con mis amigos, siempre me lo paso muy bien.
2. Cuando **llegue** al casting, no voy a poder cantar.

1. Los sábados, mientras la familia de Noa **ve** una película en la tele, ella practica para el casting.
2. Mientras Noa no **termine** el instituto, no podrá ser cantante.

b ¿Subjuntivo o indicativo? Completa las frases.

1. Vamos a empezar con el casting cuando […] *(llegar)* la señora Pérez.
2. El jurado casi siempre sonríe cuando […] *(presentarse)* los candidatos.
3. Cuando los candidatos […] *(empezar)* a cantar, siempre están muy nerviosos.
4. Mientras los candidatos […] *(cantar)*, el jurado los escucha con mucha atención.
5. Cuando […] *(terminar)* el casting, diremos nuestra opinión.
6. Mientras el programa […] *(existir)*, muchos jóvenes participarán en los castings.

■■■ PRACTICAR

5 ¿Cómo será tu futuro?
Utiliza **cuando** + subjuntivo.
▶▶ Resumen 3, p. 22

Cuando
(conocer) al chico / a la chica de mis sueños,
(terminar) los estudios,
(vivir) en mi propio piso,
(cumplir) 18 años,
(ser) abuelo/-a,
(comprarse) un coche,
(ganar) dinero,
(tener) hijos,
[...].

■■■ ¡ACUÉRDATE!

6 a Paula le escribe un e-mail a su amiga Noa. Completa el texto con el subjuntivo y el indicativo.

> Para: noa@terra.es
> Asunto: ¿Playa?
>
> Hola, Noa: Es una lástima que no [...] (participar / tú) en el casting de «OE». [...] (saber / yo) que has practicado mucho... Para que no [...] (ponerse / tú) tan triste te propongo que [...] (hacer / nosotras) una excursión a la playa el próximo fin de semana. Mi tía [...] (tener) una casa en Almería. ¿Qué te [...] (parecer) la idea? Ojalá que [...] (tener / tú) ganas. Llámame hoy por la tarde. Un beso, Paula
> P. D.: También he invitado a César, pero no creo que [...] (ir) porque [...] (tener que) estudiar para el examen de Ciencias de la Naturaleza. ¡Parece que [...] (querer) sacar un diez!

b Escribe la respuesta de Noa. Utiliza **quiero que**, **es importante que**, **ojalá que** und **para que**.

■■■ ESCUCHAR

7 a Escucha y explica en pocas palabras: ¿de qué habla Rosario?

b Escucha otra vez y apunta las experiencias que tuvo Rosario ese día.

■■■ APRENDER MEJOR

8 Presentar la opinión de forma estructurada
Participar en un casting: ¿sí o no?

1. Presenta tu opinión y explica por qué piensas así.

A mí (no) me gustan A mí me encantan A mí me parecen geniales / fatales / aburridos / [...] Esos rollos no me van Pienso que (no) merece la pena + *inf.* Creo que son una buena oportunidad Yo (no) estoy de acuerdo con lo que dice [...]	porque [...].

2. Da un ejemplo.

> Por ejemplo, [...].
> Para dar un ejemplo[1], [...].

3. Saca una conclusión.

> Al final se puede decir que [...].
> Eso significa que [...].

[1] para dar un ejemplo *um ein Beispiel zu geben*

■■■ HABLAR

9 Tu amigo/-a quiere participar en un casting. Reunid argumentos a favor y en contra y organizad un debate.

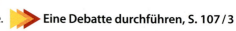 Eine Debatte durchführen, S. 107 / 3

B EL ÚLTIMO CURSO

1|11

Los únicos elementos que aparecen en escena son cinco sillas de madera con asientos tapizados, situadas frente al espectador. […]

Entra ELENA. Es una chica de quince años, mirada inteligente y apariencia frágil[1]. Tiene el pelo corto y sus gestos son suaves y armoniosos. Usa gafas, que transmiten una apariencia de ingenuidad[2] a su rostro.
5 *Porta en sus manos una libreta-diario de tapas azules, en la que reparará[3] en algunos momentos de su intervención. Muy lentamente se situará en el espacio más próximo a los espectadores, desde donde hablará al público […] Se sienta en el suelo y comienza a hablar, con nostalgia y cierto abatimiento[4], de unos hechos[5] que ella padeció[6] en primera persona. Su voz será cálida[7], aunque con un matiz de tristeza […]. Sus palabras estarán llenas de convicción[8] y ternura[9]. […]*

10 ELENA:
[…] Lo más duro vino cuando se dieron cuenta de que Suso y yo habíamos empezado a salir. Al principio fueron las burlas de costumbre. Nos solían gritar: «los gafotas unidos siempre serán vencidos». Otras veces hacían gestos groseros[10] y se llevaban la mano al cuello como si nos fueran a estrangular. Ya no nos marchábamos juntos del instituto. Quedábamos en la biblioteca municipal
15 o en el acuario. Era la forma de no soportar sus insultos. Un día empezaron a mirarnos de una forma muy extraña[11], particularmente las chicas. Pasó bastante tiempo hasta que descubrimos lo que estaba ocurriendo[12]. Por lo visto, se habían encargado de mandar a todos los compañeros la dirección de una página de internet en la que aparecíamos[13] nosotros. Cuando Suso pudo hacerse con las señas comprobó que alguien había pegado[14] nuestras fotos a dos cuerpos desnudos[15]. Lo
20 había hecho tan bien que casi parecía de verdad. Él se indignó[16] tanto … Se le saltaron las lágrimas de rabia. Le pedí que no hiciera nada por temor[17] a que se enteraran mis padres, pero él buscó una comisaría que estuviera lejos del barrio y se fue a poner la denuncia[18]. No valió de nada; encima, se rieron de él. El policía que lo atendió le dijo que si tuvieran que preocuparse de todas las bromas[19] que gastan los estudiantes a través de internet, no harían otra cosa al cabo del día. *(Indignada)* Pero
25 aquello no era una broma, sino algo asqueroso[20]. A Suso le dijeron que Richy andaba detrás de aquella canallada[21]. No sé cómo se atrevió[22] a ir a hablar con él. Le pidió que retirara[23] la foto, pero sólo le dijo que se fuera preparando porque aquello no había hecho más que empezar. *(Pausa)* No era la primera vez que la pandilla de aquel chico se dedicaba a acosar[24] a gente del instituto.

Luis Matilla, El último curso © Anaya, 2009

1 frágil *zerbrechlich* **2** la ingenuidad *die Naivität* **3** reparar *hier: sich beschäftigen mit, wahrnehmen* **4** el abatimiento *die Niedergeschlagenheit* **5** el hecho *die Tatsache* **6** padecer *erleiden* **7** cálido/-a *warm, herzlich* **8** la convicción *die Überzeugung* **9** la ternura *die Zärtlichkeit* **10** grosero/-a *derb, unfein* **11** extraño/-a *seltsam* **12** ocurrir *geschehen* **13** aparecer *erscheinen* **14** pegar *kleben* **15** el cuerpo desnudo *der nackte Körper* **16** indignarse *entrüstet sein* **17** el temor *die Furcht* **18** poner una denuncia *eine Anzeige erstatten* **19** la broma *der Scherz* **20** asqueroso/-a *ekelhaft* **21** andar detrás de aquella canallada *hinter jener Gemeinheit stecken* **22** atreverse *sich trauen* **23** retirar *herausnehmen* **24** dedicarse a acosar *sich damit beschäftigen, jemanden zu belästigen*

▪▪▪ HABLAR SOBRE EL TEXTO

1 Mira el texto: ¿de qué tipo de texto se trata? Explica por qué.

2 a Lee el texto y explica quiénes son los siguientes personajes:

b Explica las relaciones entre los personajes.

3 ¿Por qué crees que «ellos» actúan así?

4 Continúa el monólogo. Escribe por lo menos 200 palabras.

RESUMEN DE GRAMÁTICA

GH 21|1 **1 El futuro simple | Das Futur I**

1.1 Las formas regulares | Die regelmäßigen Formen

hablar	beber	escribir
hablar**é**	beber**é**	escribir**é**
hablar**ás**	beber**ás**	escribir**ás**
hablar**á**	beber**á**	escribir**á**
hablar**emos**	beber**emos**	escribir**emos**
hablar**éis**	beber**éis**	escribir**éis**
hablar**án**	beber**án**	escribir**án**

An welche Verbform werden die Endungen des *futuro simple* angehängt?

1.2 Las formas irregulares | Die unregelmäßigen Formen

| haber: **habré** | querer: **querré** | poner: **pondré** | tener: **tendré** | decir: **diré** |
| poder: **podré** | saber: **sabré** | salir: **saldré** | venir: **vendré** | hacer: **haré** |

1.3 El uso | Der Gebrauch

1. Handlungen, die in der Zukunft stattfinden:
   En las próximas vacaciones, Laura **trabajará** en un campamento como monitora.
   El próximo año **haré** una fiesta de cumpleaños en casa.

2. Vermutungen:
   ¿Qué hora es? – No estoy seguro, pero **serán** las diez.
   Tomás no contesta el teléfono. … Ya **estará durmiendo**.

GH 23|2 **2 El imperativo con dos pronombres | Zwei Pronomen beim Imperativ**

	indirektes Objektpronomen	direktes Objektpronomen
Imperativform + (mit Akzent)	me te se nos os se	lo la los las

¡Dí**me**lo!
¿Las revistas? Aquí están. Lléva**te**las.
¡Imaginá**os**lo! Tendremos hijos «a la carta».

GH 24|3 **3 Las conjunciones cuando y mientras con subjuntivo | Die Konjunktionen cuando und mientras mit dem subjuntivo**

Cuando voy a la piscina, siempre estoy muy contento.
Oye, cuando vayas la próxima vez a la piscina, me lo dices, ¿vale?

Carlos escucha música mientras **está estudiando**.
Carlos, mientras **estés estudiando** para el examen de mañana, no tienes que escuchar música.

In welchen Sätzen geht es um eine tatsächliche bzw. regelmäßige Handlung, in welchen um eine zukünftige bzw. in der Zukunft andauernde?

¡ANÍMATE!

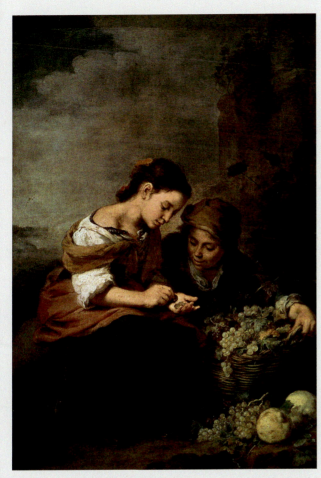

Bartolomé Esteban Murillo, 1670–75 (apr.)

Fernando Botero, 1983

1 Elige uno de los cuadros y descríbelo.

2 Mira los cuadros y formula hipótesis: ¿cuál es la relación entre las dos personas?

REPASO 1

■■■ PRACTICAR

1 ¿Qué harán estos jóvenes en diez años? Elige a uno y predice su futuro. Escribe por lo menos ocho frases.

Ejemplo: Tatiana trabajará como fotógrafa para una revista de viajes. Conocerá muchos países …

Tatiana

Jaime

Pedro

2 ¿Qué dicen? Utiliza el imperativo con dos pronombres.

Ejemplo: 1. ¿Nos has traído las entradas del concierto? Tráe<u>noslas</u>.

1. ¿Nos has traído las entradas del concierto? […].
2. ¿Me has mandado los billetes de tren? […].
3. ¿Le has dado a César el dinero de la entrada? […].
4. ¿Les has dicho a César y a Miguel a qué hora empieza el concierto? […].
5. ¿Te has comprado una cámara de fotos? […].
6. ¿Le has regalado a tu prima el cartel del concierto? […].

3 Hoy Miguel se queda solo en casa. Su padre le da instrucciones. Utiliza **cuando** + subjuntivo.

Ejemplo: 1. Cuando hagas los deberes, no escuches música.

1. *Hacer* los deberes, no escuches música.
2. *Recoger* a tu hermana, no salgas tarde de casa.
3. *Llamar* a Pedro, no hables demasiado.
4. *Ir* al supermercado, no olvides el monedero.
5. Tu madre *llegar* del trabajo, dile que hay tortilla en la nevera.
6. *Salir* con tus amigos, no vuelvas tan tarde a casa.

■■■ VOCABULARIO

4 a Forma sustantivos y apúntalos en una lista.

docu-	habita-	com-	reun-	ayunta-
mens-	juga-	aparca-	discu-	entr-
excur-	direc-	campa-	report-	sal-
	vende-	opin-	llam-	

-ión	-miento	-ida	-mento
	-dor	-ción	
	-ada	-sión	-aje

b ¿Qué otros sustantivos con estos sufijos[1] conoces? Añádelos a la lista.

1   el sufijo   *das Suffix*

c Forma eslóganes publicitarios con las palabras de tu lista.
Ejemplo: ¿Siempre la misma comida? ¡Pues prueba esta nueva bebida!

ESCRIBIR

5 Elige una de las dos situaciones. Ponte en el lugar del chico / de la chica: ¿qué piensa?, ¿qué siente?, ¿cómo reacciona? Escribe un monólogo. Puedes utilizar el vocabulario de las casillas.

1. Cristina siempre discute con sus padres. Ellos la regañan porque habla mucho por teléfono. Cristina piensa que no la entienden.

> ponerse al día   enterarse del cotilleo
> echar de menos   aburrirse como una ostra
> echar una bronca   poner un castigo
> echarse a llorar   calmarse

2. A César le encanta estar con sus primos, pero cuando tocan juntos canciones con la guitarra discuten porque les gustan cantantes diferentes. Pero al final se ponen casi siempre de acuerdo.

> (no) estar de acuerdo con alg.
> enfadarse con alg.   ser cabezón/-ona
> dar la lata   estar harto/-a de alg.
> tener una idea   divertirse
> como de costumbre

6 a ¿Qué es una tragicomedia?

b Describe el cartel de al lado. Toma en cuenta la imagen y el texto. Apunta tus ideas.

c Lee tus apuntes de **b** e inventa el argumento[1] de la obra de teatro. Después lee el argumento real en la página 207.

d ¿Qué es un/a buen/a amigo/-a para ti?

[1] el argumento *die Handlung*

ESCUCHAR

7 a Escucha el programa auténtico de la radio peruana y di de qué trata.

b Escucha el programa otra vez y formula tres preguntas para tus compañeros para comprobar si han comprendido el texto.

ENTRE ESPAÑA Y AMÉRICA

¡ACÉRCATE!

■■■ ACTIVIDAD DE PRELECTURA

1 ¿Qué sabéis sobre Cristóbal Colón? Contad.

🎧 *El diario de Colón:*
el primer viaje

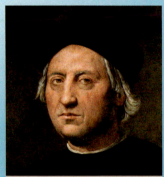

Cristóbal Colón (1451–1506)

10
12 DE OCTUBRE DE 1492 (Día 70)
Esta mañana Rodrigo de Triana ha gritado «¡Tierra a la vista!». Hemos llegado a la costa. Éste es el lugar más hermoso que el ser humano ha visto. Parece el paraíso.

9
10 DE OCTUBRE DE 1492 (Día 68)
Los hombres están desesperados. He discutido con ellos y hemos hecho un trato: si no vemos tierra en tres días, volveremos a España.

8
6 DE OCTUBRE DE 1492 (Día 64)
Hoy hemos visto algunas aves en el cielo: no creo que las Indias estén lejos.

7
4 DE OCTUBRE DE 1492 (Día 62)
Los hombres ya no pueden más. Tienen miedo de que nunca volvamos a casa y quieren que volvamos ya a España. Sin embargo, yo creo que el final de nuestro viaje está muy cerca.

17 de abril de 1492 (Granada)
¡La reina Isabel va a financiar mi viaje a las Indias! Hemos empezado a preparar todo.

3 de agosto de 1492 (Puerto de Palos, Cádiz):
Mi sueño va a hacerse realidad. Hoy hemos salido de Puerto de Palos con tres carabelas.

Las carabelas:
En su primer viaje, Colón y noventa hombres más fueron a bordo de tres carabelas: la Niña, la Pinta y la Santa María. Las carabelas eran barcos modernos y muy rápidos. Normalmente se usaban para el comercio, pero también para expediciones.

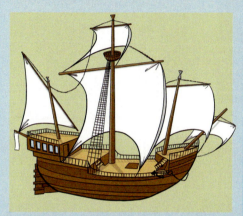

9 de agosto de 1492 (Día 6):
Pronto haremos una parada en La Gomera y allí compraremos comida y bebida para nuestro viaje. Llevaremos provisiones para cuatro semanas, pero no pienso que el viaje dure tanto tiempo.

10 de septiembre de 1492 (Día 38)
Ayer dejamos las Islas Canarias. Un marinero joven se echó a llorar. Le da miedo que pueda haber monstruos en el océano.

25 de septiembre de 1492 (Día 53)
Martín Pinzón ha gritado hoy «¡Tierra!» y quiere que le dé un premio por ser el primero en ver las Indias. Ojalá que sea verdad …

26 de septiembre de 1492 (Día 54)
Lamentablemente Pinzón se ha equivocado. Ahora muchos marineros dudan que lleguemos algún día a las Indias y les da miedo que se nos acabe pronto la comida.

según: El diario de Colón

■■■ COMPRENDER

2 a Ordena los dibujos.

b Usa los dibujos de **a** para contar en presente el primer viaje de Colón. Utiliza además:

| cuando | como | porque | pero | por eso | entonces | al final |

■■■ PRACTICAR

3 Antes de decidir si ayuda a Colón, la reina escucha a sus consejeros[1]. ¿Qué dicen? Utiliza el indicativo o el subjuntivo. ▶▶ Resumen 1, p. 36

[1] el consejero *der Berater*

Colón *tener* un buen plan
a Colón le *interesar* lo que es bueno para España
tres barcos *ser* suficientes para el viaje
poder (nosotros) ganar mucho dinero con este viaje
él *saber* lo que hace
Colón *conocer* muy bien el mar
él *ser* un hombre inteligente
Colón *necesitar* nuestro apoyo
él *encontrar* el camino que busca

4 Después de seis semanas en el mar los marineros de Colón están desesperados. ¿Por qué? Utiliza el subjuntivo.

| Los marineros | tienen miedo de que
dudan que | Colón *equivocarse*.
el viaje *durar* mucho más.
la comida *acabarse*.
Colón *conocer* el camino a las Indias.
Colón *decirles* la verdad.
haber monstruos en el océano.
Colón *encontrar* las Indias.
las Indias *estar* cerca. |

ESCUCHAR

5 a Escucha el radio teatro[1] y contesta: ¿quiénes hablan?, ¿dónde están?, ¿de qué hablan?

b Escucha de nuevo y mira los dibujos. ¿En qué orden aparecen en el programa?

[1] el radio teatro *das Hörspiel*

c Según el programa, ¿Colón descubrió América o no? ¿Por qué?

VOCABULARIO

6 a Relaciona los antónimos.

| terminar   la tierra   tranquilo/-a
dudar   feo/-a   lejos | cerca   hermoso/-a   el cielo   empezar
desesperado/-a   estar seguro/-a |

b Busca en las páginas 26 y 27 los antónimos de las siguientes palabras:

1. reír   2. último/-a   3. el sueño   4. llegar   5. viejo/-a

HABLAR

7 Inventad un diálogo entre dos marineros de Colón. Presentad vuestro diálogo en clase. Podéis utilizar el vocabulario de **6**.

Marinero 1
– viejo
– tranquilo
– bueno
– pensativo

Marinero 2
– joven
– nervioso
– triste
– parlanchín

BÚSQUEDA DE INFORMACIÓN

Recherchieren, S. 111 / 5

8 ¿Puedes imaginarte pasar seis semanas en una carabela como Colón y sus marineros? Busca en internet (http://www.colon2006valladolid.es/) información sobre las carabelas y justifica tu respuesta.

Wichtige Wörter kannst du auch in einem Online-Wörterbuch nachschlagen.

A ÁLVAR NÚÑEZ CABEZA DE VACA

ACTIVIDAD DE PRELECTURA

1 ¿Qué sabéis sobre la conquista de América? Haced un mapa mental.

También podéis buscar información en el *Pequeño diccionario*, p. 135.

Cristobal Colón y los conquistadores españoles convirtieron a España en el imperio más grande de la época. Ellos demostraron definitivamente que la Tierra era redonda y llevaron la religión católica al Nuevo Mundo, pero sobre todo, querían oro. Para conseguirlo esclavizaron y mataron a millones de indígenas y acabaron con muchas culturas.
Aunque la conquista fue brutal, también hubo entre ellos personas como el descubridor español Álvar Núñez Cabeza de Vaca que nos mostraron un punto de vista diferente.

Al llegar a Florida en 1527, Álvar Núñez Cabeza de Vaca no imaginaba el final de su expedición en busca de oro. Meses después y sin un gramo de oro en el bolsillo, su barco naufragó en el Golfo de México. Sin embargo, él y un pequeño grupo de hombres se salvaron.

¿Cómo vamos a sobrevivir en esta tierra de salvajes?

¡Señor, tenemos hambre y sed!

¡Aun sabiendo que lo hemos perdido todo, no podéis daros por vencidos!

Cuando parecía que la situación no podía ser peor, unos indígenas se acercaron. Al descubrirlos, los españoles sintieron pánico.

¡Ahora sí que es el final! Estamos perdidos …

Después de matar a tantos indígenas, recibiremos nuestro castigo …

Viéndolos en tan malas condiciones, la reacción de los indígenas fue diferente.

Estos pobres hombres están peor que nosotros. Es necesario que los ayudemos.

Sí, además parecen tener miedo. Acércate sin que se asusten.

Cabeza de Vaca y sus hombres vivieron con los indígenas más de seis años. No fueron años fáciles, pero aprendieron su lengua y sus costumbres.
Los indígenas conocían muy bien la naturaleza y eran muy buenos cazadores. Cabeza de Vaca aprendió mucho con ellos.

Pero, ¿cómo sabes cuándo van a llegar?

Al esconderse el sol, llegarán los bisontes. Son animales muy peligrosos pero también muy hermosos.

Entre España y América | Álvar Núñez Cabeza de Vaca

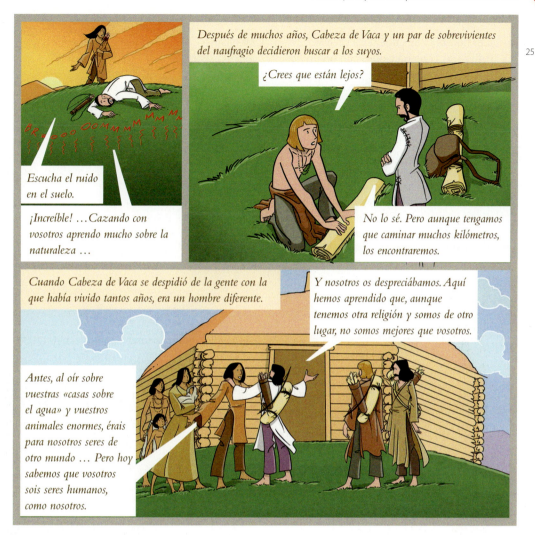

■■■ COMPRENDER Y COMENTAR

2 a Lee y busca en el texto quién o qué es.

1. Su barco naufragó pero se salvó con algunos hombres.
2. Tienen mucho miedo de los indígenas.
3. Han matado a muchos indígenas.
4. Ya no ven a los hombres blancos como dioses.
5. Son peligrosos pero también muy hermosos.

b Formula frases como en **a**. Tus compañeros adivinan quién o qué es.

3 ¿Qué quiere decir «no fueron años fáciles», l. 17/18?

■■■ VOCABULARIO

4 a Escucha y responde qué sienten los chicos. Utiliza:

sentir + envidia / pánico / vergüenza / alegría / nervios / miedo

b Y tú, ¿cuándo te sientes como los chicos de **a**?

> Siento vergüenza cuando …

treinta y uno **31**

■■■ ¡ACUÉRDATE!

5 Los hombres de Cabeza de Vaca se quejan. ¿Qué dicen?
Utiliza las construcciones con gerundio.

> Algunos gerundios son irregulares.

Ejemplo: 1. Estoy oyendo la voz de mi madre.
¡Creo que estoy loco!

1. [...] (*estar oír* / yo) la voz de mi madre. ¡Creo que estoy loco!
2. [...] (*llevar caminar* / nosotros) cinco horas y ya no tenemos agua.
3. ¡Tú [...] (*pasarse decir*) todo el tiempo que aquí no es peligroso, pero no te creo!
4. ¡[...] (*estar* / *morirse* / yo) de hambre! ¿Por qué no cazamos un bisonte?
5. ¡Si [...] (*seguir repetir* / tú) que quieres volver a casa, prefiero caminar solo!
6. [...] (*llevar* días *pedirte* / yo) la brújula[1]. ¡Dámela!
7. [...] (*estar discutir* / vosotros) desde la mañana hasta la noche. ¡No aguanto más!
8. [...] (*seguir pensar* / yo) que por aquí no vamos a encontrar a los otros españoles.
9. [...] (*pasarse quejar* / vosotros) todo el día. ¿¡Por qué no os calláis?!

[1] la brújula *der Kompass*

■■■ DESCUBRIR

6 a Gib die unterstrichenen Satzteile auf Deutsch wieder und verwende dabei die Satzanfänge rechts jeweils ein Mal:

1. <u>Viviendo con los indígenas</u>, ellos aprendieron muchas cosas.
2. <u>Viendo a los españoles en tan malas condiciones</u>, los indígenas los ayudaron.
3. <u>Cazando con vosotros</u> aprendo mucho sobre la naturaleza.

> Als …
> Weil …
> Wenn …

b Wie können Konstruktionen mit *gerundio* im Deutschen wiedergegeben werden?

c Ersetze die unterstrichenen Nebensätze durch Konstruktionen mit *al* + **Infinitiv** oder *gerundio*:

1. <u>Mientras Colón miraba</u> los mapas, los marineros discutían.
2. <u>Como tenía miedo</u> un marinero se echó a llorar.
3. Colón pensó: «<u>Si no hay viento</u>, los barcos no pueden seguir.»
4. <u>Cuando vieron tierra</u> todos se pusieron muy contentos.

■■■ PRACTICAR

7 Cabeza de Vaca cuenta sus aventuras en el Nuevo Mundo.
¿Qué dice? Utiliza el gerundio. ▶▶ Resumen 2, p. 36

1. Siempre que llegábamos a un pueblo *morir* de hambre nos daban comida y agua.
2. A veces caminábamos kilómetros *repetir* poemas[1] para no volvernos locos.
3. En el bosque, *oír* las aves cantar, podíamos saber si un animal peligroso se estaba acercando.
4. *Hablar* con la gente del lugar, aprendimos mucho.
5. *Estudiar* con los sabios[2], aprendí mucho sobre las plantas del lugar.
6. *Vivir* con estos pueblos, me di cuenta de que eran personas como nosotros.

Cabeza de Vaca

[1] el poema *das Gedicht*
[2] el sabio *der Weise*

8 ¿Qué crees que puedes aprender viajando o viviendo con gente de otra cultura?
Utiliza el gerundio. ▶▶ Resumen 2, p. 36

> *vivir* en *estudiar* en *viajar*
> *tener* amigos de otras culturas …

> Viajando puedo ver cómo vive la gente en otros países.

9 Cuenta la historia. Utiliza antes de + infinitivo, al + infinitivo y después de + infinitivo.

10 Lee las frases y di cuándo usas en alemán «obwohl» y cuándo «selbst wenn». ▶▶ Resumen 1, p. 36

1. Los chicos están jugando ahora al fútbol aunque está lloviendo.
2. Aunque llueva, iré mañana a la playa.
3. Aunque siempre trabaja mucho, gana poco.
4. No sé si Marta tiene novio¹ pero aunque tenga uno, me gusta mucho.
5. Aunque tengo hambre ahora, no quiero comer. Mi abuelo ha hecho la comida hoy y cocina muy mal.
6. Mi hermana cocina tan mal que aunque yo tenga hambre no como lo que ella hace.

1 el / la novio/-a *der / die feste Freund/in*

ESCUCHAR

11 a Escucha la entrevista y explica qué significan las siguientes palabras:
el cachorro, quiché, la muñeca quitapenas y el huipil.

b Repartid los temas de abajo y escuchad otra vez. Anota todo lo que comprendas sobre su tema.

| las lenguas mayas | los chicos mayas | los problemas de los mayas |

c Reunid toda la información que habéis anotado en **b**. Escuchad una vez más y comprobad si lo que habéis anotado es correcto. Además, si falta algo, completadlo.

APRENDER MEJOR

▶▶ Recherchieren, S. 111 / 5 ▶▶

12 **Recherchieren im Internet**
Escribe la biografía de un conquistador o de otra persona importante en la conquista de América. Responde a la pregunta «¿Qué hizo esa persona en la conquista?» y da tu opinión.

¡Utiliza varias fuentes y no olvides citarlas, p. 118!

 Francisco Pizarro
 la Malinche
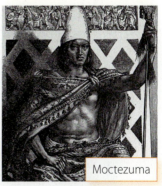 Moctezuma

a Elige a una persona y busca información en internet. Escribe en un buscador en español (www.google.es o es.yahoo.com) su nombre y otras palabras clave, por ejemplo, «América», «conquista».

b Busca en las páginas datos sobre su biografía y apúntalos.

c Para dar tu opinión puedes utilizar:
Me parece que (la Malinche) fue / hizo / …   (No) Creo que …   (No) Pienso que …

B MIRADAS[1] SOBRE AMÉRICA PRECOLOMBINA

■■■ ACTIVIDAD DE PRELECTURA   Text über seine Gestaltung erschließen, S. 104 / 1

1 Mira las páginas 34 y 35. ¿Qué tipo de texto es? ¿Por qué?

| el cuento | el anuncio | el artículo de periódico | el texto informativo | el poema |

1|18
1|19

Chichen Itzá

Los **mayas** tenían dos tipos de ciudades: unas en las que sólo había templos y edificios administrativos y otras en las que había también calles, plazas y
5 casas. Chichen Itzá era una ciudad maya del primer tipo.

La capital de los **aztecas** era Tenochtitlan, que estaba en el centro de un lago. En 1519, cuando los españoles llegaron
10 a Tenochtitlan, vivían allí unas 250 000 personas. ¡Era mucho más grande que las ciudades europeas de la época!

Machu Picchu era uno de los lugares más importantes para los **incas**.
15 Se encuentra[2] en los Andes, muy cerca de Cuzco, la antigua capital del imperio inca. No se sabe mucho de Machu Picchu, pero se sabe que había una zona de templos, otra de casas y una zona para la agricultura. Para poder cultivar las montañas empinadas[3] en 20
las que está la ciudad, los incas inventaron un sistema de terrazas.

Chac era el dios[4] **maya** de la lluvia. Chac estaba siempre con sus cuatro ayudantes[5], que llevaban a todas partes 25
consigo un envase con agua. Los mayas creían que cuando los ayudantes de Chac peleaban, los envases se rompían y por eso llovía. Para tener lluvia para sus cultivos, los mayas celebraban una vez al año una gran 30
fiesta para este dios.

Quetzalcoatl era un dios **azteca**. Su nombre significa en español «serpiente emplumada»[6]. 35
Quetzalcoatl era el dios del viento[7],

Machu Picchu

1 la mirada *der Blick*   2 encontrarse *sich befinden*   3 empinado/-a *steil*   4 el dios / la diosa *der Gott / die Göttin*
5 el/la ayudante *der / die Helfer/in*   6 la serpiente emplumada *die gefiederte Schlange*   7 el viento *der Wind*

34 treinta y cuatro

del cielo y de la tierra. Él les enseñó a los aztecas entre otras cosas a usar el fuego y a sembrar el maíz.

Uno de los dioses más importantes de los incas se llamaba Viracocha. Viracocha salió del agua y creó[8] la tierra y el cielo. El sol también era muy importante para los incas y lo llamaban Inti. Inti protegía las cosechas[9].

Para poder mejorar la agricultura, los mayas observaban[10] las estrellas[11]. Este pueblo podía predecir cuándo iban a aparecer[12] cometas y tenía nombres para 13 constelaciones[13].

Los aztecas también sabían mucho de astronomía y sobre el clima. Podían predecir heladas y otros fenómenos del clima. También desarrollaron un calendario de 365 días: un año azteca tenía 18 meses y cada mes, 20 días. ¿Y los cinco días que faltan? Eran días de ayuno[14] y reflexión.

La medicina inca estaba muy desarrollada. Podían hacer operaciones para las que utilizaban cuchillos[15] de una piedra muy afilada[16].

Tanto los mayas como los aztecas conocían muchos tipos diferentes de maíz con los que hacían tortillas y muchos otros platos. También comían tomates, frijoles y aguacate. Los incas comían sobre todo papa (patata) y varios tipos de cereales[17].

El calendario azteca

Fuente: Museos de Murcia

8 crear *erschaffen* **9** la cosecha *die Ernte* **10** observar *beobachten* **11** la estrella *der Stern* **12** aparecer *erscheinen* **13** la constelación *das Sternbild* **14** el ayuno *das Fasten* **15** el cuchillo *das Messer* **16** afilado/-a *scharf* **17** los cereales *die Getreide(-sorten)*

■■■ HABLAR SOBRE EL TEXTO

2 ¿En cuántas partes se puede dividir temáticamente el texto? Busca un título para cada parte.

3 a Elegid una de las culturas precolombinas y apuntad qué dice el texto sobre ella.

b Buscad en la página (http://mod.precolombino.cl) bajo «inkas», «mayas» y «aztecas» más información sobre la cultura que habéis elegido. Preparad un cartel y presentadlo en clase.

RESUMEN DE GRAMÁTICA

GH 25|4 **1** **(no) pensar que + subjuntivo**

Colón **piensa que** el final del viaje está cerca. → Colón **no piensa que** el viaje dure mucho.
Pienso que Paco olvida que vamos a ir al cine. → **No pienso que** Paco lo olvide.

Vergleiche die obenstehenden Sätze. Warum stehen manche im subjuntivo und manche im Indikativ?

GH 25|5 **2** **La conjunción aunque con subjuntivo | Die Konjunktion aunque mit dem subjuntivo**

> Ángel lleva un abrigo aunque **hace** tanto calor.
> Aunque **haga** muchísimo calor no iré mañana a la piscina.

> Marta ha venido hoy al colegio aunque **está** un poco mala.
> Esta noche también va a ir a mi fiesta aunque todavía **esté** mala.

In welchen Sätzen kann man aunque mit „obwohl", in welchen mit „selbst wenn" wiedergeben?

GH 26|6
27|7 **3** **Abreviación de frases subordinadas | Verkürzung von Nebensätzen**

3.1 al + infinitivo | al + Infinitiv

Al llegar a tierra, los marineros estaban muy contentos.
Al llegar a casa, Ana se sintió muy mal.

3.2 después de + infinitivo | después de + Infinitiv

Después de hacer una parada en la Gomera los barcos siguen con su viaje.
Después de comer no es bueno hacer deporte.

3.3 Abreviación con el gerundio | Verkürzung mit dem gerundio

Saliendo del cine, se encontró con su profesora.
= Cuando salía …
Als er aus dem Kino kam, traf er seine Lehrerin.

Estando enfermo, no pude hacer los deberes.
= Como estaba …
Da ich krank war, konnte ich die Hausaufgaben nicht machen.

Aun estando con sus amigos, se aburre.
= Aunque esté …
Obwohl er bei seinen Freunden ist, langweilt er sich.

Tomando el tren a las 8.00, llegaremos a las 9.15.
= Si tomamos …
Wenn wir den Zug um 8.00 Uhr nehmen, werden wir um 9.15 Uhr ankommen.

Hablando con la gente, aprendimos mucho.
Indem wir mit den Leuten sprachen, lernten wir viel.

facultativo · facultativo · facultativo · facultativo · facultativo · facultativo · facultativo · facultativo · facultativo

Entre España y América | ¡Anímate!

2

¡ANÍMATE!

"La gente me dice: «¡Pero, ¡qué bien hablas español! ¿Dónde lo has aprendido?»"

Antonio Ndongo / Guinea Ecuatorial

El mundo del español

Rango de idiomas que más se hablan en el mundo:
▷ 3ª lengua

Número de hablantes:
▷ 417 millones

Número de países donde es idioma oficial:
▷ 22

País con más hablantes de español:
▷ México (97.563.000 personas)

Porcentaje de palabras similares a otros idiomas:
▷ 89 % portugués, 85 % catalán, 82 % italiano, 75 % francés

■ Países donde el español es lengua oficial
■ Países o regiones donde el español se habla sin poseer reconocimiento oficial

"Mi papá me dice todo el tiempo: «M'hija, ¡habla bien español!»"

"Me he dado cuenta de que en mi país hay muchas cosas españolas, pero claro, mezcladas con la cultura filipina."

"Aquí en Paraguay casi todos hablamos dos idiomas: guaraní y español."

Jennifer Martínez / Estados Unidos

Federico Salazar / Paraguay

Marimar Ocampo / Filipinas

1 Escucha y responde con cuál de los chicos te gustaría practicar español y por qué.

1|20

■■■ BÚSQUEDA DE INFORMACIÓN

2 ¿Cuáles son los dos idiomas que más se hablan en el mundo?

3 ¿En qué países de Latinoamérica no se habla español?

4 ¿Qué otros idiomas se hablan en las islas del Caribe además del español?

treinta y siete 37

REPASO 2

ESCUCHAR

1 a ¿Qué opinan sobre las clases de Historia en el instituto? Escucha y apunta sus argumentos.

| Blanca | Borja | Tomás | el profe de Historia | Leticia |

b Y tú, ¿qué piensas? ¿Para qué sirven las clases de Historia? Escribe un pequeño texto.

VOCABULARIO

2 Forma familias de palabras. Haz una tabla en tu cuaderno y ordena las palabras.

| sustantivo | verbo | adjetivo |

la tranquilidad   comestible   sonriente   soñar   pensativo/-a   doler   el sueño   el cambio
el pensamiento   alegrarse   comer   el/la soñador/a   el calor   la sonrisa   caluroso/-a
la alegría   calentar   la comida   tranquilizar   alegre   cambiar   cambiante   el dolor
sonreír   tranquilo/-a   pensar   adolorido/-a

ESCRIBIR

3 a Mira el cuadro y escribe una escena. Utiliza algunas palabras de **2**.

Personajes: Cristóbal Colón, reina Isabel, rey Fernando, el indígena

b Presentad la escena en clase.

PRACTICAR

4 La conquista de Perú. Completa el texto con gerundio o al + infinitivo.

[...] *(llegar)* a América, el español Francisco Pizarro oye sobre Birú, un lugar en el sur donde hay mucho oro. [...] *(ofrecer)* riquezas[1], Pizarro convence a un grupo de hombres para que lo siga. El viaje es difícil, pero los hombres no se dan por vencidos [...] *(pensar)* en el oro que les espera.
Un año después los españoles llegan a territorio[2] inca. [...] *(hablar)* con la gente del lugar, Pizarro oye sobre los problemas de Atahualpa, el emperador[3] inca, con su hermano.
[...] *(mentirle)* a Atahualpa, Pizarro logra capturarlo[4]. Atahualpa le ofrece al español una habitación llena de oro para que lo libere[5]. [...] *(recibir)* el oro, los españoles se alegran. Sin embargo no liberan a Atahualpa y lo matan. Un tiempo después, Pizarro llega a Cuzco, la capital del imperio inca.

Francisco Pizarro

1 las riquezas *die Reichtümer*   2 el territorio *das Gebiet*   3 el emperador *der Kaiser*   4 capturar a alg. *jdn. ergreifen*
5 liberar a alg. *hier: jdn. freilassen*

5 ¿Qué dicen los chicos? Utiliza aunque con subjuntivo o indicativo.

no *hacer* buen tiempo mañana / *ir* (yo) a la playa

llover ahora / ellos *hacer* una excursión

darme miedo los perros / siempre *visitar* a Luisa

ser rica en el futuro / no *comprarse* un coche

6 Mira las fotos del cortometraje[1] sobre Colón, «El último viaje del almirante[2]». ¿Qué piensas? Utiliza pienso que y no pienso que.

ser (el cortometraje) interesante / divertido / aburrido / …
tratar de[3] la vida de Colón / del último viaje de Colón a América / …
poder ganar muchos premios.
tener buenos actores.
mis amigos y yo *ir* al cine a verlo.
querer leer una crítica[4] antes de verlo.

[1] el cortometraje *der Kurzfilm*
[2] el almirante *der Admiral*
[3] tratar de *handeln von*
[4] la crítica *die Kritik*

JUGAR

7 «¿Quién soy?»

1. Schreibt den Namen einer spanischsprachigen Persönlichkeit auf einen Zettel und sammelt sie ein.
2. Bildet zwei Mannschaften und benennt eine/n Spielleiter/in.
3. Ein Mitglied der ersten Mannschaft tritt vor die Klasse. Der Spielleiter zieht einen Zettel und klebt ihn der Person auf die Stirn. Nun darf die Person maximal zehn Fragen stellen, um zu erraten, welche Persönlichkeit sie darstellt. Die Gruppe darf nur mit „ja" oder „nein" antworten. Kann die Person erraten, wer sie ist, erhält ihre Mannschaft einen Punkt. Danach kommt die nächste Mannschaft an die Reihe.
4. Es gewinnt die Mannschaft, die die meisten Punkte erhalten hat.

¿Soy hombre?
¿Soy mujer?
¿Estoy vivo/-a?
¿Vivía en el siglo XV?
¿Era marinero?

¿Soy cantante?
¿Soy pintor?
¿Soy deportista?
¿Soy artista?
¿Me gusta …?

CATALUÑA, TIERRA DE CONTRASTES

¡ACÉRCATE!

 Un grupo de chicos de Zaragoza ha organizado su primer viaje solos, sin padres ni profesores. Están en Barcelona para pasar un fin de semana.

— ¡Bona tarda!… ¿Què voleu prendre?
— ¿Me cobras?
— ¿Qué ha dicho?
— Pregunta qué queremos tomar.
— Un agua mineral del tiempo, por favor.
— Para mí un zumo de naranja con hielo.

Montjuic: Desde este monte cercano al puerto, podrás ver toda la ciudad. Si tienes tiempo puedes tomar el teleférico o bajar en funicular al Puerto Viejo e ir de compras al Centro Comercial Maremágnum.

Puerto Olímpico: Si quieres pasear frente al mar, date una vuelta por el Puerto Olímpico. Pero, ¡ojo!, los cafés y restaurantes allí son muy caros.

Parque Güell: Antonio Gaudí, el arquitecto más famoso de Cataluña, diseñó el parque más conocido de la ciudad. Un dragón multicolor recibe a los visitantes en la entrada. ¡Una foto allí es obligatoria!

3

en catalán	en español
Bon dia	Buenos días
Bona tarda	Buenas tardes
Bona nit	Buenas noches
(Moltas) gràcies	Gracias / Muchas gracias
Perdó	Perdón
Per favor	Por favor

La Sagrada Familia: La obra maestra inacabada de Gaudí. Para diseñarla, el arquitecto catalán se inspiró en la naturaleza. Si paseas por dentro, tendrás la impresión de caminar por un bosque de piedra.

Camp Nou: El estadio del Fútbol Club Barcelona es el más grande de toda Europa (casi 100 000 espectadores) y su museo el más visitado de toda la ciudad.

Las Ramblas: Más que una calle, Las Ramblas son un espectáculo, un mar de gente que sube y baja entre los puestos de venta y los artistas.

La torre Agbar: Este rascacielos de oficinas tiene 145 metros de alto y 34 plantas. 4 500 luces de colores iluminan de noche el edificio.

■■■ COMPRENDER

31|1 1 ¿Adónde vas en Barcelona si quieres …

1. ir de compras?
2. ver a los artistas de la calle?
3. ver dos obras de Gaudí?
4. ver toda la ciudad?
5. pasear de noche y ver algo diferente?
6. tomar algo frente al mar?
7. aprender más sobre el equipo de fútbol más importante de la ciudad?

cuarenta y uno 41

HABLAR

2 a Elige tres lugares que te gustaría visitar en Barcelona. ¿Por qué? Apunta.

b Tú y tu compañero/-a estáis una tarde en Barcelona. ¿Qué lugares de **a** que os gustaría visitar juntos?

c Presentad en clase vuestro plan y explicad por qué habéis elegido estos lugares.

> A Ana le gustaría ver a los artistas de la calle y a mí también me parecen interesantes. Por eso nos gustaría …

ESCUCHAR

3 Actividad de preaudición: mira el folleto. ¿Qué es el «Bus Turístic»?

4 a Escucha y mira el plano de Barcelona al final del libro. ¿Cuál de las tres rutas describe la audio-guía?

b Has dado una vuelta por Barcelona en el «Bus Turístic» mientras tus padres tomaban algo en el Puerto Olímpico. Ahora ellos quieren saber más sobre lo que has visto y aprendido. Escucha de nuevo y cuéntales en alemán lo que sabes sobre los siguientes lugares:

- el Monumento a Colón
- la Barceloneta
- el Puerto Olímpico

MEDIACIÓN

5 a Estás en Barcelona con un amigo alemán que no habla español. Ya es tarde y tenéis hambre. En una cafetería veis este cartel. Tú le preguntas al camarero qué es un «menú tapeo». Escucha y explícaselo a tu amigo.

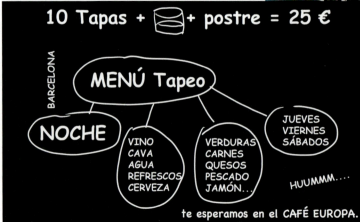

b Escucha el resto de la conversación y ayuda a tu amigo con sus preguntas.

Cataluña, tierra de contrastes | Inmigrantes en Cataluña

A1 INMIGRANTES EN CATALUÑA

■■■ ACTIVIDAD DE PRELECTURA

1 a Lee una estrofa de la canción «Extranjero soy». Luego, escuchala. Utiliza adjetivos para describir la letra[1] y la música.

 Literarische Texte erschließen, S. 117 / 2

b ¿Cómo se siente el cantante?

> **Extranjero soy** – *Culcha Candela*
> Por un barrio voy caminando
> con mi maleta y con mi tumbao[2] voy andando
> y siento que todo el mundo me está mirando
> no vengo de acá y no entiendo qué están hablando.

1 la letra *der Liedtext*
2 el tumbao *die Trommel*

Cataluña es una de las regiones más ricas de España. Por esto, españoles de otras regiones y gente de todo el mundo emigran allí buscando un futuro mejor.

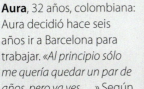

Aura, 32 años, colombiana: Aura decidió hace seis años ir a Barcelona para trabajar. «*Al principio sólo me quería quedar un par de años, pero ya ves …*» Según ella, antes se sentía doblemente extranjera: primero, por no ser española y segundo, por no ser catalana. Hoy es diferente. Se ha quedado por amor y ya tiene un hijo catalán: «*Con mi novio me he dado cuenta de que los catalanes y los colombianos no somos tan diferentes.*» Su catalán no es bueno. Se apuntaría en una E.O.I., pero tiene que trabajar todo el día. Para ella hablar bien catalán significaría integrarse por completo. «*Cuando el niño sea mayor me matricularé en un curso, ahora es imposible.*»

Ibrahim, 23 años, marroquí: Llegó a España a los 18 años. Sus primeros años en Córdoba fueron muy duros: «*Trabajaba todo el día en campos de olivos para mandar dinero a mi familia en Marruecos, pero volvería a hacerlo sin pensarlo*». En ese tiempo ahorró para irse a Barcelona. Allí, con la ayuda de un primo, le ofrecieron un contrato de trabajo y consiguió los papeles. «*Yo crecí en Marruecos en un pueblo de la costa. Por eso me gusta tanto Barcelona, por el mar …*» Cuando Ibrahim habla de su vida, parece que «*su sueño español*» se ha hecho realidad. Al oír esto, baja los ojos y dice: «*Bueno, a veces estoy muy solo. Con mi familia aquí me sentiría mejor y hasta buscaría un piso más grande, pero no los dejan entrar en España.*»

Zhang, 15 años, china: Zhang nació en Barcelona y ha vivido allí siempre donde sus padres tienen un restaurante. En el instituto habla catalán, con sus padres, chino y con su hermana, una mezcla de los dos idiomas y a veces también español. No sabe qué le gusta más: las «coques» o los rollitos de primavera. A sus padres les gustaría volver algún día a China. Y su hermana y ella, ¿volverían con ellos? «*¿Volver? ¡Pero si a China sólo hemos ido un par de veces de vacaciones! Somos barcelonesas y aquí nos queremos quedar. Pero en ese caso los visitaríamos.*»

Anselmo, 64 años, andaluz: Como muchos otros inmigrantes del sur de España, Anselmo se fue a Cataluña para buscar su suerte. «*Vivo en Girona desde hace más de 40 años. Aquí conocí a mi mujer y mis tres hijos nacieron aquí.*» Según él, en su barrio hay gente de toda España y allí todavía se oye más español que catalán. «*Fuera del barrio, las cosas han cambiado. Muchos carteles que antes estaban en español, ahora están también en catalán o sólo en catalán*». Anselmo entiende catalán bastante bien, pero no lo habla fluidamente. «*Ahora que estoy jubilado, me gustaría aprender catalán. Creo que así entendería mejor la cultura de Cataluña.*»

cuarenta y tres **43**

■■■ COMPRENDER Y COMENTAR

2 Haz una tabla en tu cuaderno y complétala con la información del texto.

| nombre | origen | razones para vivir en Barcelona | sueños |

3 ¿Qué quiere decir «se ha hecho realidad su sueño español» (l. 36–37)?

■■■ DESCUBRIR

4 a Suche im Text Verben im condicional. Wie wird das condicional gebildet? ▶▶ Resumen 1, p. 52

Aura se apuntaría en una escuela de idioma, pero tiene que trabajar todo el día. Para ella hablar bien catalán significaría integrarse por completo.

b Konjugiere folgende Verben im condicional mit Hilfe des Resumen de gramática. Vergleiche die condicional-Formen der Verben: Was fällt dir auf?

| visitar | volver | sentir |

■■■ PRACTICAR

5 a Antonia habla de su sueño. Utiliza el condicional. ▶▶ Resumen 1, p. 52

> Cuando sea mayor me [...] (gustar) tener un restaurante de comida peruana. En mi restaurante [...] (trabajar) mis padres: mi madre [...] (cocinar) y mi padre [...] (apuntar) lo que la gente quiere comer y [...] (charlar) con ellos. Yo me [...] (encargar) de las cuentas y esas cosas porque soy muy buena en Mates. Creo que con mi restaurante nosotros [...] (ganar) bastante dinero y [...] (vivir) en un piso más grande que el de ahora. O mejor, mis padres [...] (vivir) en un piso y yo, en otro. También [...] (visitar/nosotros) más a menudo a mi familia en Lima. Desde que nos vinimos a Gijón hace siete años sólo hemos ido una vez.

b Cuenta qué le gustaría hacer a Antonia en el futuro.

6 ¿Qué harías tú en su lugar? Da consejos[1] y utiliza el condicional.   1 dar consejos *Ratschläge geben*

1 No puedo aprender catalán porque no tengo tiempo.

2 Echo de menos a mi familia.

3 Vivo desde hace 40 años aquí y todavía no hablo catalán.

4 Todos me preguntan de dónde soy. ¿No pueden entender que yo soy de aquí?

Ejemplo: En el lugar de Aura yo …

Cataluña, tierra de contrastes | Inmigrantes en Cataluña

3

 7 a ¿Te gustaría vivir en otro país? ¿Dónde y por qué (no)? Da seis razones y utiliza el condicional.

Ejemplo: A mí me gustaría vivir en España para mejorar mi español. Además, no está tan lejos de Alemania y visitaría a menudo a mi familia.

b Presentad vuestros resultados en la clase. Haced una lista de argumentos de emigrar y comparad vuestras respuestas con las razones de los inmigrantes del texto.

■■■ APRENDER MEJOR

DELE **8** **Comprensión auditiva detallada** 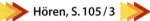 Hören, S. 105 / 3

 a Lee la tarea y las tres frases. Busca la palabra clave de cada frase. Escribe en una hoja en blanco palabras clave.

> Vas a oír un mensaje de un contestador. Lo vas a oír dos veces. Después debes elegir si es verdadero o falso.
>
> 1. Hoy Carla no ha ido a clases.
> 2. Carla y Marcos tienen que hacer una presentación el jueves.
> 3. Marcos invita a Carla al cumpleaños de su madre.

 b Escucha e identifica las palabras clave de **a**. Luego, elige si la frase es verdadero o falso.

c Escucha de nuevo. Comprueba que lo que has escrito en **b** es correcto.

■■■ HABLAR

9 a Describe el cartel. ¿Para qué es este cartel? Ein Bild beschreiben, S. 110 / 3

b Explica el juego de palabras «si vienes de fuera, entra y participa».

■■■ PROYECTO

10 Diseñad un cartel sobre el tema: «El instituto es de todos» y haced una exposición en clase.

¡No olvidéis inventar un eslogan!

cuarenta y cinco **45**

A2 PROBLEMAS EN LA COSTA

■■■ ACTIVIDAD DE PRELECTURA

1 ¿Te gustaría ir de vacaciones a la costa española? ¿Por qué (no)?

«La costa española está agotada. Los constructores quieren construir en todas partes, los ecologistas no quieren que nadie toque nada y los pescadores quieren pescar hasta el pez más pequeño. El resultado es lamentable.» ¿Quién dice esto? Podría ser un historiador nostálgico o un barcelonés cuyo barrio está lleno de turistas. Pero no, es Carlos Peña del Ministerio de Medio Ambiente.
«Tendríamos que ser ciegos para no ver los cambios tan negativos de la costa mediterránea en los últimos 50 años» agrega Peña. Sólo habría que comparar dos postales de la costa de Benidorm de 1950 y 2009: 50 años y muchísimo cemento separan las dos fotos.
En estos años se ha construido en el 40 % de la costa, el 44 % de la población de España se ha concentrado aquí y hoy en día el 80 % de los casi 60 millones de turistas que viajan cada año a España busca un hotel cerca del mar.

Además, entre el 2000 y el 2005 se construyó el 25 % de todo lo construido en los últimos 2000 años. «En pocas palabras, por construir tanto, hemos destruido la costa.»

No es necesario tener poderes mágicos para entender que, sino cambiamos el modelo turístico de nuestro país, la gallina de los huevos de oro morirá. Porque, aunque el turismo de vacaciones de sol y playa sigue siendo un buen negocio, tiene tres grandes problemas:

1. Muchas de las regiones están llenísimas durante los meses de verano pero durante el resto del año no hay nadie.
2. Construir sin planear ha destruido nuestras costas.
3. Hay centros turísticos más baratos en otros países.

El arquitecto Ricard Pie opina sobre este tema: «Si no empezamos a actuar ya, yo no pondría la mano en el fuego por el futuro de nuestras costas.» Según Pie, deberíamos atraer un turismo que se aloje en la ciudad, que visite museos y monumentos y que haga deporte. Según estudios, en España este tipo de turismo, cuyas ventajas son muchas, es cada vez más popular. «La ciudad es más interesante que el *resort*: hay playas, museos y cafés. Puedes conocer gente y además allí pasan cosas. Además, más gente del lugar se beneficia del turismo urbano: el taxista, la camarera del café de la esquina, el panadero del barrio, etc.»

¿Y cómo acabar con estos desiertos de cemento? «No sabría decir una solución para todos los problemas, pero podríamos obligar a construir casas que respeten el medio ambiente. También, habría que conseguir que en muchos de estos pisos, cuyos dueños sólo van allí un par de semanas en verano, vivan familias durante todo el año», responde Carlos Peña.

Hasta encontrar una solución veremos ejemplos como el de Málaga, cuya costa tiene 32 kilómetros de piscinas en 8 kilómetros de playas.

Las regiones con más construcción de la costa española

1 100 000
turistas recibe Lloret de Mar cada año, el 52 % de la Costa Brava. Su población es de 39 000 habitantes.

250 000
pisos y casas hay sin vender en la costa. Hasta hace poco, el cemento conquistaba cada día 140 000 metros cuadrados.

VOCABULARIO

2 a ¿Cómo dices las siguientes palabras en alemán?

> el/la historiador/a   negativo/-a   el cemento   el cristal   concentrarse   el modelo
> la construcción   el/la taxista   el/la ecologista   nostálgico/-a   el/la panadero/-a
> el desierto   respetar   comparar   el/la pescador/a

b Explicad las estrategias que habéis utilizado para entender las las palabras de **a**.

■■■ COMPRENDER Y COMENTAR

▶ 35|1
35|2

3 a Explica quiénes son Carlos Peña y Ricard Pie y resume lo que dicen sobre las costas españolas.

b Describe el gráfico de barras.

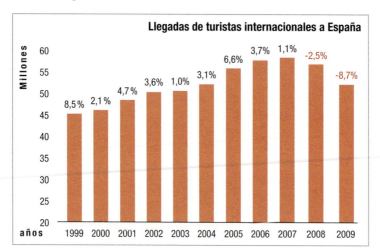

Fuente: IET. Movimientos Turísticos en Fronteras (Frontur).

4 a Según el texto qué opción hay para ir de vacaciones además del turismo de sol y playa. Explícala.

b ¿Qué otras opciones conoces? Explícalas.

■■■ ¡ACUÉRDATE!

▶ 36|4

5 Compara las dos fotos de Benidorm, p. 46. Utiliza el comparativo y el superlativo.

Ejemplo: La playa de Benidorm parece ser ahora tan bonita como en 1950. Sin embargo …

> más / menos + adj. que …
> tan + adj. como …
> el / la más + adj.

■■■ PRACTICAR

▶ 38|8

6 Formula las ideas principales del texto, p. 46 / 47. Utiliza por / hasta / sin + infinitivo.
▶▶ Resumen 4, p. 52

Ejemplo: Por construir demasiado en las costas …

> *construir* demasiado …
> (no) *cambiar* el modelo turístico …
> (no) *obligar* a respetar la naturaleza …
> *producir* cambios positivos/negativos …
> (no) *pensar* en el futuro …
> (no) *actuar* diferente …

▶ 37|6
37|7

7 ¿Qué (no) harías para ser un turista responsable, por ejemplo, en España? Explica por qué. ▶▶ Resumen 1, p. 52

> *hacer* excursiones en bicicleta.
> *poner* muy poco el aire acondicionado[1] en la habitación del hotel.
> *hacer* siempre las compras con una bolsa de tela[2].
> *salir* de la habitación del hotel sin apagar las luces[3].
> *poder* informarme sobre el lugar que visito.
> *tener* cuidado de no dejar mi basura por todos lados.
> *ponerse* a recoger basura en las playas.
> …

> para + *inf.*   es que
> porque   ya que[4]

[1] el aire acondicionado *die Klimaanlage*
[2] la bolsa de tela *der Stoffbeutel*
[3] las luces *die Lichter*
[4] ya que *da, weil*

Ejemplo: Yo pondría muy poco el aire acondicionado en mi habitación del hotel ya que así gastaría menos energía.

Cataluña, tierra de contrastes | Problemas en la costa

8 Estás buscando un lugar en la costa española para pasar tus vacaciones. ¿Qué es importante para ti? Describe el lugar y utiliza el subjuntivo. ▶▶ Resumen 2, p. 52

Ejemplo: Busco un lugar que tenga playas limpias …

9 Utiliza la forma correcta de cuyo/-a. ▶▶ Resumen 3, p. 52

1. Lloret de Mar, [...] superficie es de 38,51 km², es la ciudad española que más turistas recibe al año.
2. En las costas españolas, [...] playas atraen a millones de turistas por año, han construido hasta destruir.
3. En los pisos, [...] dueños sólo pasan allí pocas semanas al año, deberían vivir familias todo el año.
4. Los ayuntamientos, [...] bienestar económico depende del turismo de sol y playa, tienen que buscar alternativas.

ESCUCHAR

10 a Actividad de preaudición:
Observa el cartel y lee las frases de abajo.
¿Cuál frase resume mejor el mensaje del cartel?

1. En Barcelona hay muchas tiendas donde puedes comprar comida sana.
2. En Barcelona hay muchos edificios ecológicos.
3. En Barcelona hay lugares donde puedes cultivar lechuga, tomates y más cosas sanas.

b Escucha un reportaje auténtico que está relacionado con el cartel de **a**. Escribe cinco palabras que entiendas.

c Reúne tus palabras con las de tu compañero/-a. ¿De qué creéis que trata el reportaje?

d Escuchad de nuevo y leed la frase que habéis elegido en **a**. ¿La frase que habéis elegido es el correcto?

ESCRIBIR

11 Describe un problema ecológico en tu barrio / pueblo o ciudad. Inspírate en el eslogan del cartel y escribe qué podría hacer la «gente normal» para ayudar a resolver el problema.

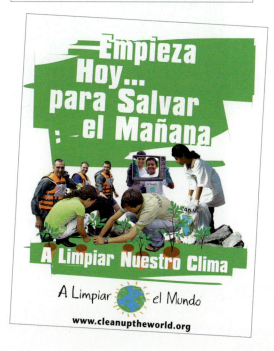

B LOS CASTELLERS

■■■ ACTIVIDAD DE PRELECTURA

1 Mira las imágenes y descríbelas.

   Ejemplo: Hay muchas personas juntas …

Según: El Periódico, 2006

■■■ HABLAR SOBRE EL TEXTO

2 Explica a tu compañero/-a en tus propias palabras qué es …

un *castell*	un *casteller*
hacer aleta	el «*enxaneta*»

3 Tus compañeros y tú queréis presentar un pequeño *castell* en el «Día de España» de vuestro instituto. Para eso necesitáis la ayuda de vuestro profesor de Educación Física. Explícale a tu profesor en alemán cómo se forma la ‹*pinya*› y qué tienen que hacer diferentes personas.

Cataluña, tierra de contrastes | Los castellers

3

Barcelona

Grave caída[1] de una niña «castellera»
Está mejorando después de ingresar[2] al hospital en coma

1|33

La salud[3] de la niña de nueve años de la «colla castellera» Margeners de Guissona (Lleida) está mejorando en un hospital de Barcelona donde ingresó en coma el pasado sábado. La niña se cayó desde una altura de más de seis metros durante un ensayo del grupo. Los médicos ya no temen por su vida[4], a pesar de que ingresó en el hospital en un estado muy grave.
La colla estaba ensayando cuando la niña llamada Ainhoa cayó y aunque llevaba el casco protector, quedó inconsciente[5].
El jefe de la colla, Jordi Cucurull, explicó que la niña era la «acotxadora» y que por eso estaba en el penúltimo[6] de los seis pisos del castillo humano. Su función es la de agacharse[7] para que suba el «enxaneta», es decir, el niño que levanta la mano para terminar el castillo.
Según Cucurull, la niña se descolgó[8] de forma accidental y cayó sobre la piña, el grupo de personas que se encuentra en la base del castillo humano, y entonces rebotó[9] y cayó en el suelo[10]. «Se dio un fuerte golpe en la cabeza y quedó inconsciente[11]. Entonces la llevamos al centro de salud y desde allí la llevaron al hospital».

Niños con casco protector.

Casco salvador[12]
Cucurull resaltó[13] la importancia del casco. «Sin él no habría sobrevivido[14]. Cuando se desmorona[15] un castillo la caída de los niños desde lo alto es más suave. En este caso, al rebotar de la piña al suelo el casco le salvó la vida», aseguró. En agosto de 2006, una niña de 12 años, miembro de la «colla castellera» Capgrossos de Mataró (Barcelona), murió a consecuencia de[16] los golpes[17] que sufrió al caerse de un castillo de nueve pisos. La muerte de Mariona reabrió[18] el debate sobre la seguridad[19] de los menores y la conveniencia del uso del casco entre los castellers de menor edad.

Fuente: Periódico ABC, 2010

1 la caída *der Fall* **2** ingresar *eingeliefert werden* **3** la salud *die Gesundheit* **4** temer por la vida *um das Leben fürchten*
5 quedar inconsciente *bewusstlos sein* **6** penúltimo/-a *vorletzter/-e* **7** agacharse *sich beugen* **8** descolgarse *herunterfallen*
9 rebotar en a/c *prallen gegen etw.* **10** el suelo *der Boden* **11** inconsciente *bewusstlos* **12** salvador/-a *rettend*
13 resaltar *hervorheben* **14** sobrevivir *überleben* **15** desmoronarse *einstürzen* **16** a consecuencia de *infolge von*
17 el golpe *der Stoß* **18** reabrir *wieder beginnen* **19** la seguridad *die Sicherheit*

■■■ HABLAR SOBRE EL TEXTO

1 a ¿Qué expresiones y palabras necesitas para hablar sobre un accidente? Busca en el texto y completa el mapa mental en tu cuaderno.

> ingresar al hospital
> El accidente

> También puedes escribir palabras y expresiones que ya conoces.

b Tú has visto el accidente de la chica y ahora cuentas a tu amigo/-a qué, cuándo y cómo ha pasado todo.

> Utiliza algunas palabras de **1**.

2 a ¿Qué postura[1] tiene el autor de la noticia con respecto a[2] esta tradición: neutral, positiva o negativa? Busca ejemplos en el texto.

b Escribe una «carta al director»[3] diciendo tu opinión.

1 la postura *die Haltung* **2** con respecto a *im Bezug auf* **3** la carta al director *der Leserbrief*

RESUMEN DE GRAMÁTICA

GH 29|8 **1 El condicional | Das Konditional**

1.1. Las formas | Die Formen

hablar	**beber**	**escribir**
hablar**ía**	beber**ía**	escribir**ía**
hablar**ías**	beber**ías**	escribir**ías**
hablar**ía**	beber**ía**	escribir**ía**
hablar**íamos**	beber**íamos**	escribir**íamos**
hablar**íais**	beber**íais**	escribir**íais**
hablar**ían**	beber**ían**	escribir**ían**

⚠ decir: di**r**ía, di**r**ías, di**r**ía …
⚠ hacer: ha**r**ía, ha**r**ías, ha**r**ía …

⚠ haber: ha**br**ía, ha**br**ías, ha**br**ía …
⚠ saber: sa**br**ía, sa**br**ías, sa**br**ía …
⚠ querer: que**rr**ía, que**rr**ías, que**rr**ía …
⚠ poder: po**dr**ía, po**dr**ías, po**dr**ía …

⚠ poner: pon**dr**ía, pon**dr**ías, pon**dr**ía …
⚠ salir: sal**dr**ía, sal**dr**ías, sal**dr**ía …
⚠ tener: ten**dr**ía, ten**dr**ías, ten**dr**ía …
⚠ venir: ven**dr**ía, ven**dr**ías, ven**dr**ía …

Was haben die Konjugationen des condicional und des futuro simple gemeinsam?

1.2. El uso | Der Gebrauch

Aura se apuntaría en una escuela de idiomas, pero tiene que trabajar todo el día.
– ¿Qué harías con 300 euros? – Me compraría una bicicleta.

GH 30|9 **2 El subjuntivo en oraciones relativas | Der subjuntivo in Relativsätzen**

El arquitecto habla con turistas que se **alojan** en la cuidad. El arquitecto quiere atraer turistas que se **alojen** en la ciudad y que **vayan** a los museos.

Buscamos un restaurante que **sea** barato. Este es el restaurante que **es** barato.

Wie gibst du die Relativsätze im Deutschen wieder?

GH 31|10 **3 El pronombre relativo cuyo | Das Relativpronomen cuyo**

♂ Conozco a una chica **cuyo** padre vive en Lloret de Mar.
Allí también hay muchos pisos **cuyos** dueños sólo van allí en verano.

♀ Málaga es una provincia en **cuya** costa hay muchos hoteles.
España es un país en **cuyas** costas se construyen muchos hoteles.

GH 32|11 **4 hasta, por y sin + infinitivo | hasta, por und sin + Infinitiv**

En la fiesta todos han bailado hasta no poder más.
El profe nos ha echado una bronca por hablar demasiado en clase.
Los chicos han salido sin decir nada.

¡ANÍMATE!

MAMA TIERRA

Qué difícil cantarle a tierra madre,
que nos aguanta[1] y nos vio crecer,
y a los padres de tus padres
y a tus hijos, los que vendrán después.
5 Si la miras como a tu mamá
quizás nos cambie la mirada,
y actuemos[2] como el que defiende[3] a los suyos
y a los que vienen con él.
La raíz[4] en mis pies yo sentí,
10 levanté la mano y vi,
que todo va unido, que todo es un ciclo,
la tierra, el cielo y de nuevo aquí,
como el agua del mar a las nubes va,
llueve el agua y vuelta a[5] empezar, ¡oye!

15 Grité, grité … no, ¿no lo ves?
va muriendo lentamente, mama tierra … *mother earth* …

No se trata de romper[6] ventanas,
ni farolas[7] ni de caras[8],
mejor romper conciencias equivocadas[9], ¡oye!
20 Nadie nos enseñó ni a ti ni a mí,
nadie nos explicó ni a ti ni a mí,
mejor aprender, que corra la voz[10] y quizás conseguir.

Bombeando tierra madre dice
bombeando tierra madre te dice … ¡basta!
25 bombeando, bombeando
tierra madre escuché …
bombeando tierra madre dice … ¡ponte en pie[11]!
bombeando … ponte en pie
bombeando tierra madre dice … ponte en pie … ¡mírame!

30 Grité, grité … no ¿no lo ves?
va muriendo lentamente, mama tierra … *mother earth* …

© Letra: Dani Macaco, Jules Bikôkô, Paul de Sardt: Ingravitto, EMI Music Spain, S.A.

---

1 aguantar *etw. ertragen*
2 actuar *handeln*
3 defender *etw. verteidigen*
4 la raíz *die Wurzel*
5 vuelta a *hier: wieder*
6 romper *(zer)brechen, zerstören*
7 la farola *die Straßenlaterne*
8 la cara *das Gesicht*
9 conciencias equivocadas *etwa: die Meinung der Anderen ändern*
10 correr la voz *etw. weitersagen*
11 ponerse en pie *aufstehen*

---

1 Explica el título de la canción.
2 ¿Cuál es el mensaje[1] de la canción?
 Ejemplo: Según la canción hay / tenemos que …

1 el mensaje *die Botschaft*

REPASO 3

■■■ VOCABULARIO

1 ¡Dilo en español!

- Entschuldigen Sie bitte, wir suchen die Straße …
- Kannst du mir sagen, wo die nächste Metro-Station ist?
- Ich möchte bitte eine Fahrkarte.
- Können Sie mir bitte die Speisekarte bringen?
- Bringen Sie mir bitte noch etwas Milch und Zucker für meinen Kaffee.
- Kann ich bitte zahlen?

2 a Lee y adivina de qué profesión se trata.

1. Va al mar, ríos o lagos en una barca y pesca.
2. Trabaja en un restaurante. Te pregunta qué quieres beber y comer y te lo trae a la mesa.
3. Se levanta muy temprano todas las mañanas y hace pan.
4. Planea cómo van a ser los edificios. Hace «dibujos» para que luego otros los construyan.
5. Lleva a la gente de un lado a otro con su coche y la gente le paga.
6. Sabe mucho de la naturaleza y trata de convencer a los demás para que la cuiden también.

b Busca en la lista alfabética, p. 183, tres profesiones más y descríbeselas a tu compañero/-a. Él/Ella adivina qué profesión es.

■■■ PRACTICAR

3 ¿Qué harías tú en las siguientes situaciones? Utiliza los verbos de abajo en condicional.

> Si encuentras 1 000 € en tu monedero.

> Si un día te despiertas y eres una persona famosa.

> Si de camino al instituto tu bicicleta empieza a volar.

> hacer alegrarse ir a asustarse ayudar a comprar a ponerse a + inf.
> gastar el dinero en invitar a matricularse en visitar a organizar vender

4 Completa el artículo con la forma correcta de cuyo/-a.

«La naturaleza se tiene que cuidar en casa y en el extranjero»

Eso lo dice Eric Müller, un joven alemán de 15 años, [...] familia se vino a vivir a España hace cinco años. Los Müller querían estar cerca del Mediterráneo, [...] aguas y [...] clima eran buenos para su hijo enfermo. Hoy Eric es voluntario de una ONG, [...] propósitos son cuidar de la naturaleza de la Costa Brava. Esta zona, en [...] playas hay muchísimos turistas, ha sufrido muchos cambios negativos. Para cambiar esto, Eric cuelga en las playas carteles, [...] mensajes recuerdan al turista qué hacer con su basura o a dónde ir si ven algo raro. También, los domingos organiza en la playa juegos, [...] objetivo es que los niños aprendan sobre la naturaleza de la Costa Brava. «Muchos olvidan que todos podemos ayudar, aun si no eres del lugar», dice el chico y se despide.

5 Busca un final para cada frase.

1. Por no preguntar por el camino …
2. Sin entender una palabra de alemán …
3. Hasta enterarse del problema …
4. Por estudiar poco …
5. Sin decirle a nadie …

a) no estuvo tranquila.
b) se fue de la fiesta.
c) nos hemos perdido.
d) sacamos malas notas.
e) se ha puesto a charlar con la señora Müller.

ESCUCHAR

6 a Actividad de preaudición: Mira el sello[1] y descríbelo.
¿Qué ves? ¿Cómo son? ¿Qué están haciendo?

1   el sello   *die Briefmarke*

 b Escucha: ¿qué texto corresponde a la imagen del sello de **a**?

HABLAR

 7 a Cuéntale a tu compañero/-a cómo sería para ti un viaje perfecto: ¿con quién/es?, ¿a dónde?, ¿qué harías/visitarías?, ¿cuánto tiempo? Tu compañero/-a completa con esta información el mapa mental en su cuaderno.

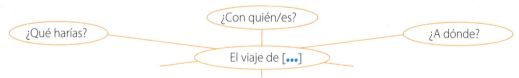

b Presenta en clase el viaje perfecto de tu compañero/-a con ayuda de tu mapa mental.

ESCRIBIR

 8 Elegid una situación y escribid un diálogo. Luego presentadlo en clase.

> Tus padres quieren ir de vacaciones a un hotel en la costa española. Tú tienes ganas de ir a España, pero has leído que ese hotel destruye el medio ambiente.

> Un amigo de tu familia está quedándose unos días en tu casa. El tío es simpático, pero parece que no sabe nada de de separar la basura, apagar la luz, cerrar el grifo[1] y un montón de cosas más. Tú no quieres ser pesado/-a, pero …

1   el grifo   *der Wasserhahn*

BALANCE 1

■■■ COMPRENSIÓN AUDITIVA

 1 Mira el mapa con las rutas de los viajes de Colón y escucha: ¿cuál de los cuatro viajes describen?

 2 Escucha otra vez y lee las frases de abajo. ¿Cuál de las frases resume mejor el viaje descrito?

1. Fue una gran aventura porque nadie había hecho un viaje así antes. Fue un viaje muy duro, pero lleno de sorpresas positivas.
2. Colón descubrió muchas tierras y volvió a España con sus carabelas llenas de oro.
3. Colón no logró encontrar el oro que les había prometido a los reyes y vuelve a España enfermo.

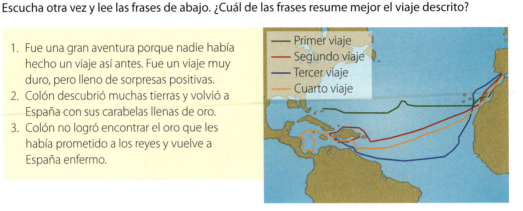

— Primer viaje
— Segundo viaje
— Tercer viaje
— Cuarto viaje

■■■ EXPRESIÓN ESCRITA

 3 Lee el argumento[1] de la novela «3333», del escritor español Ricardo Gómez. Después escribe un texto sobre la vida de Mot en el siglo XXXIV y da ejemplos.

«Vivir en el siglo XXXIV no es muy diferente a vivir hoy en día. Bueno, sí, existen muchos inventos que te hacen más fácil la vida y todo el mundo vive unido en paz y armonía. Pero para un chico como Mot, la vida puede ser algo muy aburrido y sin aventuras.»

[1] el argumento *die Handlung*

■■■ COMPRENSIÓN DE LECTURA

DELE 4 Lee el artículo. Luego lee las frases de abajo y corrige las frases falsas en tu cuaderno.

«MusicAula»:
primer festival y concurso de pop y rock para estudiantes de colegio de toda España

Chicos y chicas de colegios de todo el país podrán participar en «MusicAula», el primer festival de pop-rock para estudiantes de colegio. «MusicAula» tiene el objetivo de ofrecer a los grupos más jóvenes una oportunidad de darse a conocer y desarrollar su carrera artística.
Podrán participar grupos cuyos miembros tengan de 14 a 25 años. Además, por lo menos uno de los chicos o chicas del grupo tiene que estar apuntado en un colegio o instituto.
El festival tendrá como protagonistas a 30 grupos semifinalistas de centros educativos de todo el país. Además, seis de esos centros educativos de toda España se convertirán en los escenarios de las semifinales. En las

Balance 1

semifinales actuarán los 24 grupos con más votos recibidos y el grupo del «Colegio-Escenario». Al final de cada concierto actuará
20 el grupo nacional «Doctor Pitangú».

El grupo ganador del festival actuará como telonero de «Doctor Pitangú» en los conciertos de su próxima gira 2010. También podrá firmar un contrato editorial y
25 discográfico y grabar un vídeo clip. MusicAula quiere también ayudar, así que dará dinero para pagar los estudios de niños de la calle de Delhi (India) a través de la ONG Streets of India. Además, conseguirán
30 material escolar y equipamientos que mejoren la calidad educativa.

Fuente: Diario Valencia, texto adaptado, 2010

1. Según este artículo el objetivo[1] de „MusicAula" es llevar a grupos de música famosos a colegios para que toquen.
2. Según este artículo los chicos que ganen irán a Delhi para ayudar a los niños de la calle.
3. Según este artículo, pueden participar en el festival chicos que hagan música y que estén en el colegio o instituto, pero en los grupos también puede haber chicos que tengan hasta 25 años.

[1] el objetivo *das Ziel*

■■■ MEDIACIÓN

 5 Ein deutscher Freund hat vom Festival „MusicAula" gehört. Jetzt möchte er wissen, was der Gewinner bekommt und wer an dem Festival teilnehmen kann. Lies den Text von **4** noch einmal durch und beantworte seine Fragen.

■■■ EXPRESIÓN ORAL

 6 Tu amigo/-a y tú acabáis de llegar a Barcelona y tenéis que decidir si compráis un bono para el metro o alquilar una bici. Tu amigo/-a prefiere el metro. Tú prefieres la bici.

Tenéis que:
… decir con qué prefiere ir cada uno/-a (bici o metro) y por qué.
… contradecir[1] los argumentos del otro/-a.
… poneros de acuerdo.

 Dialogisches Sprechen, S. 108 / 5

Ir en bici:
– ver la ciudad
– parar donde quieras
– …

Ir en metro:
– más rápido
– más espacio
– …

Ir en metro:
– fácil perderse (no ves dónde estás)
– siempre lleno
– …

Ir en bici:
– hacer mucho calor
– más ruido de la calle
– …

[1] contradecir *widersprechen*

cincuenta y siete 57

EL BOLSILLO DE LOS JÓVENES

¡ACÉRCATE!

EL BOLSILLO DEL REVÉS
2|4

Ven a ver dónde vivo
Séptimo sin ascensor
No caben dos aquí no hay sitio

Ya lo ves telarañas en el baño
Ya lo ves que no llego a fin de mes
Ya lo ves el consumo es un atraco
Ya lo ves el bolsillo del revés
Ya lo ves
Ya lo ves

Chenoa, El bolsillo del revés (álbum: Absurda Cenicienta)

CARLOS, 16 años
2|5

«Después de la ESO quiero hacer el bachillerato para poder estudiar en el conservatorio la carrera de ‹Licenciatura en Percusión› porque ¡es mi gran sueño! Toco la batería en una banda de punk desde hace cuatro años, pero para pasar el examen de admisión también tengo que dominar otros estilos de música».

El **44,5 %** hace el bachillerato.
El **16,5 %** hace una formación profesional.

universidad
formación profesional de grado superior
bachillerato 2º curso / 1er curso — formación profesional de grado medio
educación secundaria obligatoria (ESO) 4 años
educación primaria obligatoria 6 años

Al terminar la ESO, el alumno tiene dos opciones: hacer una formación profesional o hacer el bachillerato.
La formación profesional prepara a los jóvenes para el mundo laboral. Pueden elegir entre varios oficios como técnico en jardinería, técnico en comercio, técnico en peluquería, etc.
Los jóvenes que quieren estudiar una carrera universitaria hacen el bachillerato. Pueden especializarse en distintas áreas: Humanidades y Ciencias Sociales, Ciencias de la Naturaleza y de la Salud, Artes, Tecnología.

■■■ COMPRENDER Y COMENTAR

1 a Escucha la canción «El bolsillo del revés» y di de qué trata.

b ¿Conoces alguna canción que trate del mismo tema? ¿Cuál?

ALEJANDRA, 15 años

«¿Qué voy a hacer después de la ESO? Todavía no lo tengo claro. Pero sé que para mí es superimportante tener suficiente tiempo libre porque tengo muchas aficiones».

FELIPE, 14 años

«Quiero hacer una formación profesional de Auxiliar de Enfermería porque no tengo ganas de seguir estudiando muchos años y la FP dura sólo dos años».

VALENTINA, 15 años

«¿Cómo será mi futuro profesional? La verdad es que todavía no lo sé, pero tengo varias opciones en mente. De todas maneras quiero trabajar en algo que me haga feliz. El salario no es lo más importante para mí, pero claro que tiene que alcanzar para vivir».

ROCÍO, 15 años

«Cuando trabaje, quiero hacer algo donde gane mucho dinero. Creo que voy a estudiar Administración y Dirección de Empresas».

ÁLVARO, 17 años

«Yo ya sé que en el futuro quiero tener una familia y por eso lo más importante para mí es tener un trabajo seguro. Tal vez voy a ser funcionario, pero para eso tengo que aprobar las oposiciones y me han comentado que hay que estudiar muy duro para aprobarlas …».

CARMEN, 15 años

«En el futuro, me gustaría ser mi propia jefa. Creo que me gustaría tener un restaurante porque mi padre, que es mexicano, me ha enseñado a preparar todas las especialidades mexicanas: tortillas de maíz, ensalada de nopales, mole …».

El **11,8 %** de los jóvenes españoles de 16 años ha trabajado alguna vez.

Un joven español de 15 años dispone de una media de **36,45 euros** a la semana.

Los jóvenes españoles gastan su dinero en las siguientes actividades:
1. comidas fuera de casa
2. ir a discotecas
3. ir a bares, cafeterías

Los jóvenes españoles gastan su dinero en las siguientes compras:
1. películas en DVD
2. ropa y calzado
3. juegos de ordenador o de videoconsola

Fuente: INJUVE, Informe Juventud España, 2008

---

2 a Haced una encuesta en clase:
1. ¿Cuántos de vosotros quieren estudiar en la universidad? ¿Cuántos quieren hacer una formación profesional?
2. ¿Cuántos de vosotros han trabajado alguna vez?
3. ¿En qué actividades gastáis vuestro dinero?
4. ¿En qué cosas gastáis vuestro dinero?

b Comparad vuestros apuntes con las estadísticas de los jóvenes españoles: ¿qué diferencias hay?

3 a Lee los comentarios de los jóvenes: ¿qué es importante para ellos al elegir una profesión?

b ¿Qué sería importante para ti al elegir una profesión? Explica por qué.

A ¡YA SOY MAYOR!

Viernes por la mañana, Lidia coge el periódico y lo hojea sin prestar demasiada atención a las noticias del día. Cuando de repente …

Lidia: ¡No me lo puedo creer! ¡«El Canto del Loco» en Madrid! El año pasado me perdí el concierto que dieron en Valladolid. Pero esta vez tengo que ir … Mamá, papá, ¿habéis visto? En junio «El Canto del Loco» dará un concierto en Madrid y …

Madre: ¿En Madrid?

Lidia: Sí, mamá, es que no tocan aquí en Valladolid.

Madre: ¿Y cómo piensas llegar allí?

Lidia: Pues en autobús o en tren.

Madre: ¿Y con quién? ¿No querrás ir sola? Alguien te tendría que acompañar.

Lidia: Estoy segura de que Rosa también va a ir.

Madre: ¿Y después del concierto? ¿Cómo pensáis regresar?

Lidia: Nos podríamos quedar en un albergue juvenil…

Madre: Lidia, me parece demasiado peligroso, sólo tienes 16 años …

Lidia: Pero mamá, tú sabes qué me gusta mucho «El Canto del Loco» …

Madre: Bah, no sé qué le encuentras a ese grupo.

Lidia: Tú sabes que para mí son lo más.

Lidia cruza los brazos y se enfurruña. ¡Siempre lo mismo! Por fin tiene una oportunidad de ver a su grupo favorito ¡y sus padres se oponen!

Lidia: No me lo puedo creer. ¿Por qué no me hacéis este favor?

Madre: ¿Pero tú sabes lo que cuesta eso? Las entradas, el viaje, el hotel … ¡Es demasiado caro!

Lidia: Claro que lo sé, mamá. Es verdad que es caro, pero esperaba que pudiéramos hablar sobre el dinero y que llegáramos a un acuerdo. Tal vez nos podríamos quedar en casa del primo de Rosa que vive en Madrid. Así no tendríamos que pagar el albergue.

Madre: ¿Y las entradas y el viaje? Tú sabes que ahora no estamos para esos gastos.

Lidia: Sí, mamá, sé que es un montón de dinero, pero he ahorrado un poco de lo que me han dado los abuelos en los últimos meses.

Padre: ¿Pero te han vuelto a dar dinero? ¡No quería que te dieran más! Parece que voy a tener que hablar de nuevo con ellos.

Lidia: Papá, cada vez que necesito diez euros tengo que preguntaros. Por eso ya os propuse que me diérais una paga semanal para que yo administrara mi propio dinero. Necesito más libertad. Ya soy mayor y así me siento como una niña.

Lidia se acuerda de que Ana, la vecina, está buscando una canguro para que cuide a su bebé – ¡una posibilidad concreta para ganar un poco de dinero!

Lidia: Tengo otra idea. Ana está buscando una canguro. ¿Qué os parece si hablo con ella? Así ganaría yo también un poco de dinero.

Padre: ¡De ninguna manera! ¿Qué van a pensar de mí si mando a mi hija a trabajar?

Lidia: Pero, papá, tú no me das más dinero, no quieres que los abuelos me den y ahora no quieres que yo me lo gane. Además, sólo se trata de tener un poco más de dinero para ir a conciertos, comprar ropa y salir con mis amigas.

Padre: ¡No insistas, hija! Además, tienes que concentrarte en los estudios. Tienes que mejorar tus notas, si quieres estudiar Enfermería.

Lidia: ¿Entonces por qué no intentamos lo de la paga semanal durante seis meses?

Padre: La verdad es que antes no creía que fuera una buena idea, pero quizás Lidia tenga razón. Cuando yo era pequeño me fastidiaba que mis padres me regañaran por pedir dinero.

Lidia: ¿Y el concierto …? ¿Puedo ir?

Padre: ¡Lidia!

Lidia: ¡Por favor!

Madre: Chicos, yo ahora tengo que irme al trabajo. Si queréis, seguimos hablando por la noche.

Lidia cruza los dedos. Está segura de que convencerá a sus padres …

A diferencia de los jóvenes alemanes, los jóvenes españoles normalmente no trabajan («jobben»). En general sólo reciben la paga, es decir, el dinero de sus padres.

El bolsillo de los jóvenes | ¡Ya soy mayor!

■■■ COMPRENDER Y COMENTAR

1 a Lidia y sus padres discuten porque la chica quiere ir al concierto de «El Canto del Loco». Apunta los argumentos a favor y en contra.

b Por la noche, la discusión sigue: ¿qué otros argumentos podría dar Lidia para convencer a sus padres? Añádelos a la lista de **a**.

c ¿Pensáis que Lidia puede convencer a sus padres con estos argumentos e ir al concierto? Discutid en clase.

■■■ APRENDER MEJOR

Einen kreativen Text schreiben   Kreatives Schreiben, S. 112 / 4

2 Continúa la historia de Lidia: ¿puede ir al concierto? Escribe un texto narrativo.

1. Lee el texto otra vez y apunta: ¿cómo son Lidia y sus padres?, ¿qué piensan?, ¿cómo se sienten?, ¿cómo reaccionan?
2. Mira tus apuntes de 1. y los argumentos del ejercicio **1**: toma apuntes de cómo podría continuar el texto.
3. Haz un plano del texto: ordena los apuntes de 2. Piensa también cómo podría terminar el texto.
4. Escribe el texto. Para estructurarlo no olvides utilizar:

| primero
después / entonces
al final
también / además | antes de + *infinitivo*
después de + *infinitivo*
cuando
mientras
al + *infinitivo* | como
porque
por eso
así que | pero
aunque
sin embargo |

■■■ ¡ACUÉRDATE!

3 Al final, Lidia y Rosa fueron al concierto. Cuenta cómo les fue en pretérito indefinido. Utiliza:

Ejemplo: 1. Primero Lidia y Rosa <u>compraron</u> entradas para el concierto de «El Canto del Loco».

primero   después   entonces
al mediodía   por la tarde   al final

■■■ DESCUBRIR

4 a Lee las siguientes frases: ¿cómo las dices en presente? ▶▶ Resumen 1, p. 66

1. «Esperaba que **pudiéramos** hablar sobre el dinero y que **llegáramos** a un acuerdo».
2. «No creía que **fuera** una buena idea».
3. «Os propuse que me **diérais** una paga semanal».

b Wann wird das imperfecto de subjuntivo verwendet?

c Suche im Text weitere Formen des imperfecto de subjuntivo (Z. 34) und überlege, von welcher Vergangenheitszeit (und von welcher Person) sie abgeleitet werden.

d Apunta las tres conjugaciones (-ar, -er, -ir). Busca en la lista de los verbos (p. 125) las formas del imperfecto de subjuntivo de charlar y venir.

■■■ PRACTICAR

▶ 47|5
48|6
48|7a
48|7b

5 Lidia le escribe un e-mail a su prima. Completa el texto con el imperfecto de subjuntivo.
▶▶ Resumen 1, p. 66

Para: sol15@terra.es
Asunto: ¡Son lo más!

Hola, prima:
¡El sábado pasado vi a «El Canto del Loco» en Madrid! Tuve que discutir muchísimo con mis padres porque primero no querían que [...] (ir). Es que lo encontraban peligroso y les daba miedo que me [...] (pasar) algo, sin embargo me molestó mucho que [...] (oponerse) tanto. No pensaba que [...] (ser) tan difícil convencerlos. Bueno, yo les propuse que me [...] (dejar) ir con Rosa porque me di cuenta de que para ellos era superimportante que alguien me [...] (acompañar).
Además se quejaron como siempre por el dinero … Es verdad que fue caro, pero mereció la pena gastar ese dinero por el mejor grupo del mundo, ¿o no? ☺ Fue una lástima que [...] (discutir / nosotros) tanto. No esperaba que todo [...] (ser) tan difícil …
¡Pero el concierto estuvo genial! Rosa quería que [...] (estar / nosotras) cerca del escenario. Pero ahí estaba tan lleno… Yo tenía miedo de que la gente nos [...] (apretar) o [...] (empujar). Al final nos quedamos a unos quince metros del escenario. Quería tanto que [...] (tocar / ellos) la canción «Volverá», pero casi sólo tocaron las canciones del nuevo cedé. Sin embargo, lo pasamos superbién. Rosa también tomó algunas fotos. Si quieres, te las muestro la próxima semana.
¿Y qué cuentas tú? Escríbeme pronto.
Besos, Lidia

6 Elige un tema y cuenta de una discusión con tus padres.
Utiliza: ▶▶ Resumen 1, p. 66

Un día yo …

- volver tarde a casa
- ponerse un piercing
- sacar una mala nota
- hablar mucho por teléfono
- hacer dedo[1]

[1] hacer dedo *trampen*

Quería que [...].   Dudaba que [...].   Era imposible que [...].   No creía que [...].
Era importante que [...].   Era una lástima que [...].   No era justo que [...].   Propuse que [...].
Me molestaba que [...].   Esperaba que [...].

El bolsillo de los jóvenes | ¡Ya soy mayor!

7 A Lidia le gusta soñar. ¿Con qué sueña Lidia. Utiliza quizás + presente de subjuntivo.
▶▶ Resumen 2, p. 66

Ejemplo: 1. Quizás Rosa y yo vayamos a otro concierto de «El Canto del Loco».

■■■ HABLAR

DELE **8** Lee el cómic y resúmelo con tus propias palabras.

■■■ ESCUCHAR

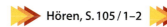

9 a Escucha el radioteatro auténtico y di de qué trata.

b ¿Verdadero o falso? Escucha el texto otra vez y decide.

1. Lali tiene dos hermanos: Azucena y Pablo.
2. Ella va a cumplir 17 años.
3. A Lali le encanta la música punk.
4. Lali sólo lleva ropa de color negro.
5. Lali tiene un piercing y un tatuaje[1].
6. Ella lleva el pelo de otro color.

[1] el tatuaje *das Tatoo*

c ¿Cómo crees que terminará el conflicto?

■■■ VOCABULARIO

10 Lee el texto de la página 60 y haz un mapa mental sobre «el dinero». Después complétalo con otras palabras y expresiones que conozcas.

■■■ ESCRIBIR

11 «Mi bolsillo y yo»: elige una de estas situaciones y escribe un texto de más o menos 150 palabras. Utiliza el vocabulario de 10.

B ENCONTRAR SU CAMINO

■■■ HABLAR SOBRE EL TEXTO

1 *Antes de la lectura:* Lee los títulos y mira las fotos: ¿cuál crees que es el tema de estos textos?

2 *Durante la lectura:* Lee las líneas 2 a 4 del primer texto: ¿qué crees que piensa Edicson de su vida de ahora?

Contrabajista en la Filarmónica de Berlín

«El Sistema» es un programa de educación musical de Venezuela fundado por el músico José Antonio Abreu. Consiste en enseñar a tocar gratuitamente un instrumento a los niños y los adolescentes de familias pobres. La meta es darles una perspectiva para evitar[1] que caigan en la criminalidad y en las drogas. «El Sistema» está compuesto por 120 orquestas juveniles y 60 orquestas infantiles, con un número total de aproximadamente 250.000 jóvenes. Ya han actuado con artistas famosos como Plácido Domingo y Montserrat Caballé.

EDICSON RUIZ,
venezolano, 25 años, músico de la Orquesta Filarmónica de Berlín

Edicson Ruiz nació en 1985 en Caracas, Venezuela. Creció en un barrio pobre y ayudaba económicamente a su madre trabajando en un supermercado. Aquel pequeño Edicson se ha convertido[2] en uno de los mejores músicos del mundo.

Empezó a tocar el contrabajo en una orquesta juvenil con 11 años casi de forma casual, gracias al «Sistema». Sólo seis años más tarde, cuando Edicson todavía era menor de edad, se convirtió en el miembro más joven en toda la historia de la Orquesta Filarmónica de Berlín. Desde entonces ha dado conciertos en Salzburgo, Nueva York, Edimburgo, Pekín y Tokio. Gracias a su trabajo y disciplina ha ganado varios premios internacionales.

En Alemania su vida ha cambiado totalmente: «La vida diaria en Venezuela es más caótica, tenemos que improvisar. En Berlín todo está mejor organizado».

Aunque se ha adaptado a la vida alemana, conserva su carácter latino: «Los latinos tenemos un temperamento diferente a los europeos y esto es un gran enriquecimiento[3] para la música clásica».

1 evitar *vermeiden* **2** convertirse en *sich verwandeln in* **3** el enriquecimiento *die Bereicherung*

«También puedes tener reconocimiento como jardinero»

En España al terminar la ESO, los chicos pueden hacer una formación profesional, por ejemplo, en Jardinería. Esta formación profesional dura 2000 horas, es decir, aproximadamente dos años. Hay varias salidas laborales[4], entre ellas diseñar parques y jardines, trabajar en una floristería o ser profesor de educación medioambiental.

ALBERTO GARCÍA,
español, 27 años, jardinero[5]

Los padres de Alberto querían que él estudiara una carrera, que fuera a la universidad para que fuera médico o abogado. «Me aburría que los profesores me explicaran temas tan lejanos de mi realidad diaria. Terminé el

4 la salida laboral *die Berufsaussicht* **5** el/la jardinero/-a *der/die Gärtner/in*

bachillerato porque mi madre quería que tuviera la oportunidad de estudiar por si cambiaba de idea en el futuro. Pero después hice una formación profesional como jardinero».

Durante los estudios de Jardinería Alberto aprendió, por ejemplo, cómo se diseña un jardín, cómo se cultivan plantas y también cómo se hace un ramo de flores. A los padres les costó aceptar su elección, pero terminaron respetándola.

Hoy, seis años más tarde, tiene su propia empresa con un socio y muchísimos clientes. «Sé que para muchas personas suena mejor decir que eres arquitecto o ingeniero, pero también puedes tener reconocimiento como jardinero. Claro que también tenemos trabajo de administración y a veces es duro trabajar fuera, sobre todo cuando hace mal tiempo, pero ¡me encanta lo que hago!».

Jefa a los 31 años

Administración y Dirección de Empresas[6] es una de las carreras más estudiadas en España. Es una carrera con muchísimas salidas laborales porque todas las empresas[7] necesitan a personas con conocimientos de Economía. Al terminar la carrera, muchos jóvenes se inscriben en un MBA (Master of Business Administration) para profundizar[8] sus conocimientos de Economía y conseguir un buen trabajo.

Las notas de Vanesa en el instituto siempre fueron excelentes. Cuando terminó el bachillerato y aprobó la selectividad[10] con Matrícula de Honor, todavía no sabía muy bien qué quería estudiar: «Me gustaban las asignaturas de Ciencias, pero no sabía bien qué carrera elegir …». Finalmente se matriculó en Matemáticas, pero pronto se dio cuenta de que había cometido un error. Después de tres meses en la facultad, decidió dejarlo y empezar sus estudios de Administración y Dirección de Empresas. «Estudié mucho para recuperar las doce semanas perdidas y conseguí sacar buenas notas en los exámenes finales».

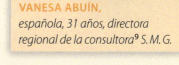

VANESA ABUÍN,
española, 31 años, directora regional de la consultora[9] *S. M. G.*

Según ella, los dos semestres de intercambio como estudiante Erasmus[11] en Manchester marcaron[12] su vida: «No sólo aprendí inglés, que es un idioma imprescindible[13] hoy en mi trabajo, sino que maduré mucho y viví una experiencia inolvidable». Después de volver para terminar su licenciatura[14], hizo un Máster en la Universidad Autónoma de Barcelona.

Como muchos otros estudiantes de su generación, Vanesa empezó en su actual trabajo en la consultora S. M. G. con unas prácticas: «Los tres primeros meses no sólo no recibí sueldo[15], sino que me tenía que pagar yo misma el metro». Pero sus jefes vieron en aquella joven mucho potencial y recibió un contrato por un año.

Tres años más tarde era la jefa de su sección y hoy, con sólo 31 años, es la Directora Regional de Barcelona, con 240 empleados[16] a su cargo.

6 Administración y Dirección de Empresas *Betriebswirtschaftslehre*   **7** la empresa *das Unternehmen*
8 profundizar *vertiefen*   **9** la consultora *das Beratungsunternehmen*   **10** la selectividad *Zulassungsprüfung für spanische Universität*   **11** Erasmus *Austauschprogramm für Studenten*   **12** marcar *prägen*   **13** imprescindible *unentbehrlich*
14 la licenciatura *früher: spanisches Diplom*   **15** el sueldo *das Gehalt*   **16** el/la empleado/-a *der/die Angestellte/r*

 3 *Después de la lectura:* Elegid una de las biografías y transformadla en una entrevista. Después presentad la entrevista en clase.

 Kreatives Schreiben, S. 112/4

RESUMEN DE GRAMÁTICA

GH 33|12 **1** **El imperfecto de subjuntivo | Das imperfecto de subjuntivo**

1.1 Las formas | Die Formen

Infinitiv	hablar	beber	escribir
pretérito indefinido 3. P. Pl.	hablar~~on~~	bebier~~on~~	escribier~~on~~
imperfecto de subjuntivo	hablar**a** hablar**as** hablar**a** hablár**amos** hablar**ais** hablar**an**	bebier**a** bebier**as** bebier**a** bebiér**amos** bebier**ais** bebier**an**	escribier**a** escribier**as** escribier**a** escribiér**amos** escribier**ais** escribier**an**

Infinitiv		*pretérito indefinido* 3. P. Pl.		*imperfecto de subjuntivo*
dar	→	dieron	→	diera, dieras, diera …
decir	→	dijeron	→	dijera, dijeras, dijera …
estar	→	estuvieron	→	estuviera, estuvieras, estuviera …
haber	→	hubieron	→	hubiera, hubieras, hubiera …
hacer	→	hicieron	→	hiciera, hicieras, hiciera …
leer	→	leyeron	→	leyera, leyeras, leyera …
poder	→	pudieron	→	pudiera, pudieras, pudiera …
poner	→	pusieron	→	pusiera, pusieras, pusiera …
querer	→	quisieron	→	quisiera, quisieras, quisiera …
saber	→	supieron	→	supiera, supieras, supiera …
ser / ir	→	fueron	→	fuera, fueras, fuera …
tener	→	tuvieron	→	tuviera, tuvieras, tuviera …
traer	→	trajeron	→	trajera, trajeras, trajera …
venir	→	vinieron	→	viniera, vinieras, viniera …
ver	→	vieron	→	viera, vieras, viera …

Notiere die Formen des imperfecto de subjuntivo von hojear und atraer.

1.2 El uso | Der Gebrauch

Me molestaba que mi hermana siempre **hiciera** tanto ruido.
Quería que todos mis amigos **vinieran** a la fiesta.
No creía que el examen **fuera** tan difícil.
Era imposible que Marco no **supiera** la verdad.
Mis abuelos me regalaron un móvil para que los **llamara** todos los días.
No había nadie que **conociera** al chico nuevo.

GH 36|13 **2** **Quizás con subjuntivo y con indicativo | Quizás mit subjuntivo und Indikativ**

Sofía: Mañana es el cumpleaños de José … **Quizás vaya** a su fiesta, pero no lo creo: tengo que estudiar para el examen.
Rubén: Yo también tengo que estudiar, pero **quizás voy** un poco más tarde porque hoy ya no tengo más planes.

Vergleiche die beiden Sätze mit quizás. Wer von den beiden wird wohl eher zur Party kommen?

¡ANÍMATE!

🎧 Fin de Semana
2|9

    Y pasan cosas, cambian otras, ley de vida,
tal vez todo se acaba.
El ser humano busca un ser que le ame
para su segundo tramo[1].
5 Y yo quiero ser pequeño otra vez.
Yo pago coche, pago casa, pago para comer,
todo se paga.
Y ya no hay *papa*, ya no hay *mama*
sólo un gelocatil[2] de madrugada[3].
10 Si giras[4] el cuello[5] te ves pequeño y con 15 años
y duele, pero ahora estás bien.

    SIEMPRE QUEDARÁ NUESTRO FIN DE SEMANA
NUNCA DEJARÉ DE QUERER VER VUESTRAS CARAS
SIEMPRE QUEDARÁ NUESTRO FIN DE SEMANA
15 Y LLEGARÁ EL DOMINGO OTRA VEZ

    Te acuerdas tanto de esos años, de tu cuarto[6],
del parque y de tu plaza
y de tu madre que decía abrígate[7]
que hace un frío que te cagas.
20 Si giras el cuello te ves pequeño y con 15 años
y duele, pero ahora estás bien.

El Canto del Loco / Fin de semana (álbum: Personas) 2008

1 el segundo tramo *hier: der zweite Lebensabschnitt*
2 el gelocatil *das Aspirin*
3 la madrugada *die (Morgen)dämmerung*
4 girar *umdrehen*
5 el cuello *der Hals*
6 el cuarto *das Zimmer*
7 abrigarse *sich warm anziehen*

1 a 🎧 Escucha la canción y di cuál es el tema.
2|9

  b Ya conoces la letra de la canción. Ahora fíjate también en la música. ¿Qué opinas de la canción?

2 ¿Qué quiere decir la frase: «Si giras el cuello te ves pequeño y con 15 años»?

3 a Busca información sobre «El Canto del Loco» en internet y presenta al grupo en clase.

> el origen   los integrantes[1]   el estilo de música   los éxitos[2]

1 el/la integrante *das Mitglied*
2 el éxito *hier: der Hit*
3 el folleto *die Broschüre*

  b Ya conoces al grupo de música «Culcha Candela» (p. 43) y al cantante «Macaco» (p. 53). Busca también información sobre ellos y haz un folleto[3] con las tres bandas.

REPASO 4

■■■ PRACTICAR

1 a Llegas tarde a casa después de un concierto. ¿Qué te dicen tus padres?

Queríamos que Esperábamos que Nos molestó mucho que Nos daba miedo que	no *(llegar)* tan tarde a casa. no nos *(avisar)*. nos *(llamar)* por teléfono. *(ser)* más responsable. te *(pasar)* algo malo. no *(hacer)* lo que te dijimos.

b ¿Qué les respondes a tus padres? Decide si hay que utilizar el infinitivo o el pretérito de subjuntivo.

Quería (que)	*(quedarse* / yo) más tiempo con mis amigos. *(acompañar* / yo) a Laura a casa. Laura me *(explicar* / ella) los deberes para mañana. *(escuchar* / yo) la última canción. Juan Pablo me *(traer* / él) en su coche a casa. *(charlar* / yo) un rato más con Laura y Juan Pablo.

2 Tu madre te cuenta lo que tu abuela les decía a ella y a tu tía.
Transforma las frases como en el ejemplo.

Ejemplo: Le **molestaba** que **hablara** tanto por teléfono.

1. Me molesta que hables tanto por teléfono.
2. Es imposible que vayáis con una falda tan corta al colegio.
3. Es importante que hagáis todos los días vuestros deberes.
4. Quiero que leáis y no que veáis todo el día la tele.
5. Es necesario que Juan te traiga en coche a casa.
6. Espero que llegues a las ocho a casa para que cenemos todos juntos.

3 ¿Qué piensan estas personas? Utiliza quizás + presente de subjuntivo.

Ejemplo: 1. Quizás vaya al cine.

■■■ VOCABULARIO

4 a ¿Qué palabra es? A veces hay varias soluciones.

1. una persona que cuida a los niños
2. otra palabra para «volver»
3. un lugar para dormir para los jóvenes
4. estar en contra de algo
5. la parte de los pantalones donde se mete, por ejemplo, el monedero
6. lo contrario de «gastar»
7. otra palabra para «molestar»
8. lo contrario de «caro»
9. una comida mexicana
10. un lugar para estudiar «Música»

b Escribe tres adivinanzas para tus compañeros como en a.

■■■ ESCUCHAR

5 a Escucha el principio del spot de la radio ecuatoriana. Hay un hombre y una mujer que conversan. ¿Qué dicen?

b Ahora escucha la canción. ¿Qué pide el joven?

■■■ MEDIACIÓN

6 Resume el cómic en español.

7 a Mira la foto y descríbela.

b Escribe el diálogo entre la madre y la hija.

c Corrige tu texto.

 Fehler selbst korrigieren, S. 116 / 8

PERÚ, EL CORAZÓN DE LOS ANDES

¡ACÉRCATE!

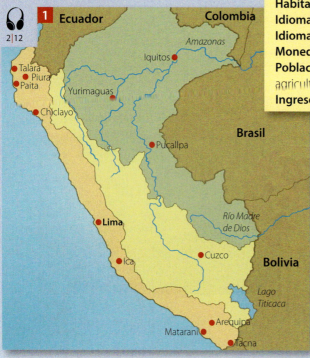

Capital: Lima
Superficie: 1 285 215,6 km²
Habitantes: 29 885 340
Idioma oficial: español
Idiomas cooficiales: quechua y aimara
Moneda: nuevo sol
Población económicamente activa por sector: agricultura 8,2%, industria: 32,1%, servicios: 59,7%
Ingreso medio por mes: 237 €

Perú se divide en tres regiones geográficas: la costa, la sierra y la selva.

La costa peruana es la zona más seca del país. A pesar de esto, también es la más rica ya que allí está Lima, la capital y el centro económico de Perú.

El clima de la selva amazónica peruana es tropical, caluroso y húmedo. Muchos ríos recorren esta zona y la mayoría de ellos es navegable. Para muchos de los habitantes de la Amazonía peruana las canoas y los barcos son el único medio de transporte.

La sierra peruana es el verdadero corazón cultural del país. Muchos de los visitantes van allí para conocer Machu Picchu y otros sitios arqueológicos o para hacer andinismo.

La mayor parte de los peruanos vive en la costa. Sólo en el departamento de Lima se concentra el 39,9% de los habitantes de Perú. Mucha gente de la selva y de la sierra inmigran allí en busca de trabajo.

Los mariscos y pescados son unas de las bases de la dieta costeña. ¡Claro, con una costa de 4 414 km de longitud no es de extrañar!

Los principales productos de exportación peruanos son por un lado minerales (cobre, oro, petróleo) y por otro lado productos agrícolas como espárragos y café. El país importa combustibles y trigo.

Perú es un país bastante joven: la edad media del peruano es de 26 años.

En Miraflores, uno de los barrios de moda de Lima, los jóvenes se reúnen después del colegio. Pasean entre edificios modernos y coloniales y van a la playa mientras toman una Inka Kola y comen salchipapas con ají.

El 54,3% de los jóvenes de la sierra habla quechua como lengua materna. No obstante, sólo en unos pocos colegios de la región se enseña esta lengua.

Uno de cada tres jóvenes peruanos entre 6 y 17 años tiene que trabajar para ayudar a su familia. Mientras que algunos de ellos pueden ir al mismo tiempo al colegio, otros apenas saben leer y escribir.

■■■ COMPRENDER Y COMENTAR

1 Nombra los tres temas de los que trata el texto.

2 Relaciona las siguientes cifras con la información del texto.

> una tercera parte   casi el 40 %   un poco más del 50 %   un poco menos del 10 %
> aproximadamente 4 500 km   tres   26 años

3 Por qué crees que muchas jóvenes tienen que trabajar para ayudar a su familia, l. 37?

VOCABULARIO

4 ¿Qué expresiones y palabras necesitas para hablar de la economía de un país? Búscalas en el texto.

- los ingresos
- la economía
- los productos
  – de exportación
  – de importación
- los sectores

■■■ PRACTICAR

5 Completa las frases con información del texto. ▶▶ Resumen 1, p. 80

1. La costa es la zona más rica de Perú ya que …
2. Como la costa peruana es muy larga …
3. Aunque en la sierra muchos jóvenes hablan quechua como lengua materna …
4. Mientras que dos de cada tres chicos peruanos se dedica solamente a estudiar …
5. En Perú hay muchos climas diferentes: por un lado la selva amazónica es calurosa y húmeda …
6. Entre los principales productos de exportación peruanos se encuentra el crudo. No obstante …
7. La selva y la sierra peruanas tienen mucha materia prima[1]. A pesar de esto sus habitantes …

[1] la materia prima *die Rohstoffe*

■■■ ESCUCHAR

6 a Escucha tres anuncios sobre Perú y relaciona cada uno con una foto.

b Escucha de nuevo. ¿En cuál anuncio mencionan los siguientes números: 1800 y 117?

A ¡PERÚ, ALLÁ VOY!

ACTIVIDAD DE PRELECTURA

1 ¿Qué es un blog? Nombra dos elementos típicos de él.

---

http://sebastianenperu.blogspot.com

Voy a hacer un voluntariado de un año en Cuzco, una ciudad colonial e inca en el corazón de los Andes peruanos. Allí trabajaré en una ONG con chicos pobres que viven en la calle. ¡Estoy seguro de que me espera un año de grandes experiencias! ¡Perú, allá voy!

11 de julio

5 ¡Uf! Hace tres semanas llegué a Lima y recién ahora encuentro tiempo para escribir. Por el momento vivo en casa de Paco, un viejo amigo de mi padre. Paco vino hace 25 años a Perú, y se quedó porque conoció a su mujer, Aylín.
Paco y Aylín viven en Miraflores, un barrio de casas con jardines enor-
10 mes y piscinas. Pero no toda Lima es así. En otras partes las casas son pequeñas, las calles son de tierra y parece que el polvo se le ha pegado a todo: a los coches, a los perros callejeros y hasta a los pocos árboles que hay. Además, Lima es una ciudad grande, demasiado grande para mí. No puedo esperar para irme a Cuzco.

15 **24 de agosto**

Sí, lo sé ... seguro que todos pensáis que este blog no es actualizado con frecuencia, pero es que aquí hay tantas cosas que descubrir ... Desde hace dos semanas estoy en Cuzco. Cuzco es una ciudad antigua que antes era la capital del imperio inca. Su nombre significa
20 en quechua «ombligo del mundo». La ciudad está llena de casas blancas con techo de tejas que me recuerdan a la casa de mi abuela cerca de Granada.
El edificio donde vivo y trabajo es una antigua escuela donde ahora son acogidos chicos de la calle. Ellos vienen, pasan la noche aquí y
25 los que quieren, pueden aprender panadería o carpintería. Yo trabajo en el taller de panadería. El único problema es que yo de panes no sé nada. Los chicos parecen no darse cuenta de eso, porque nos han donado un horno viejo y están más felices que perdices.

30 de septiembre

30 Llevo más de dos meses aquí y ya me siento como en casa. Mis compañeros de trabajo son todos muy amables y se preocupan mucho por mí. ¡Imaginaos que hasta me han regalado un gorro porque el mío estaba lleno de agujeros! También he hecho amigos con los que juego los domingos al fútbol y salgo por las noches. ¡No os
35 creáis que todo es trabajo aquí! ;-)
En el taller los chicos y yo hemos probado algunas recetas y todos están muy satisfechos con nuestros resultados.
Hasta el momento nuestros panes son vendidos en varias panaderías de la ciudad, pero a partir de la próxima semana tendremos nuestra
40 propia panadería. Todos los muebles han sido construidos por los chicos del taller de carpintería y todos están entusiasmados.

Sebastián García
Cuzco, Perú

El barrio Miraflores

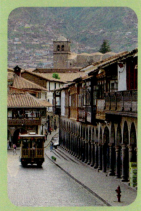

Una de mis calles favoritas en Cuzco

Si bien me siento muy a gusto aquí, también echo un poco de menos España. Aunque con mi metro ochenta no soy especialmente alto, en Perú son casi todos más bajos que yo y los «omnibuses» son hechos a su medida y no a la mía ... En los «omnis» apenas puedo ir de pie, y van tan llenos que parecemos sardinas en lata. Sin embargo, en cada viaje veo algo que me sorprende, por ejemplo, la honestidad peruana. Cuando alguien se monta por detrás en un omnibus repleto, la gente se pasa de mano en mano el dinero para el ticket hasta el conductor. ¡Y siempre llega! Ayer también pasó algo divertido. Una señora se montó con una gallina en una caja de cartón. Quizás por el susto y calor, la pobre gallina se puso a cacarear y todos en el omni se echaron a reír.
En fin, ahora tengo que volver al trabajo. Espero que todos estéis bien por España y ¡escribidme!, que a mí también me gustaría saber cómo estáis vosotros.

¡Machu Picchu es un lugar único!

■■■ COMPRENDER Y COMENTAR

58|1
58|2
58|3

2 Busca en el texto qué dice Sebastián sobre los siguientes temas:

- Lima
- Cuzco
- su trabajo en la ONG
- su tiempo libre
- sus experiencias con la cultura peruana

3 Sebastián dice que echa de menos su país (ll. 43–44). ¿Qué crees que echa de menos y por qué?

■■■ VOCABULARIO

4 Relaciona las siguientes palabras y explica qué relación tienen.
   Ejemplo: carpintería – muebles:
   En una carpintería se fabrican muebles.

la lata   el techo   la caja   la gallina
la carpintería   la panadería   las sardinas
el cartón   el horno   las tejas   cacarear
los muebles

■■■ ¡ACUÉRDATE!

5 ¿Qué dicen las personas? Utiliza los siguientes adjetivos:

1 Vivo en el [...] piso.
2 ¡Ay, qué [...] suerte!
3 ¡Soy un [...] conductor!

malo/-a   mal
bueno/-a   buen
grande   gran
primero/-a   primer
tercero/-a   tercer

4 Un año en otro país es una [...] experiencia.
5 Vargas Llosa es un [...] escritor peruano.
6 Aylín fue mi [...] amor.
7 Pedro es el [...] en la cola.

Perú, el corazón de los Andes | ¡Perú, allá voy!

DESCUBRIR

6 Explica en alemán el significado de los adjetivos subrayados. ▶▶ Resumen 2, p. 80

1. En Cuzco trabajaré con chicos <u>pobres</u>.
2. Paco es un <u>viejo</u> amigo de mi padre.
3. Me espera un año de <u>grandes</u> experiencias.
4. Trabajo en una <u>antigua</u> escuela en la que ahora hay una ONG.
5. Machu Picchu es un lugar <u>único</u>.

1. La <u>pobre</u> gallina se asustó.
2. Nos han donado un horno <u>viejo</u>.
3. Lima es una ciudad (demasiado) <u>grande</u> para mí.
4. Cuzco es una ciudad <u>antigua</u>.
5. El <u>único</u> problema es que no sé nada de panadería.

PRACTICAR

7 ¿Qué dicen las personas? Decide si el adjetivo va antes o después. ▶▶ Resumen 2, p. 80.

1. ¡El [...] Pedro [...] se ha torcido el pie! — pobre
2. En el [...] kiosco [...] abrirán una heladería. — antiguo
3. El Inca Garcilaso fue un [...] escritor [...]. — gran / grande
4. Marina es una [...] chica [...]. — única
5. Este es mi [...] amigo [...] José. — viejo
6. Esta es una escuela para [...] chicos [...]. — pobres
7. El [...] sombrero [...] no me gusta. — gran / grande
8. La catedral es un [...] edificio [...]. — antiguo
9. ¿Por qué llevas tus [...] pantalones [...]? — viejos
10. Este es el [...] libro [...] que tengo. — único

b Escribe diez frases con cada una de los adjetivos de **a**.

¡Presta atención a la colocación de los adjetivos!

8 a Sebastián ha hecho muchas cosas esta semana y va a escribir sobre eso en su blog. ¿Qué piensa? Utiliza el pretérito perfecto.

> Achte auf die unregelmäßigen Partizipien!

1. [...] (*ir*/yo) a Machu Picchu con los chicos.
2. Allí [...] (*ver*/yo) un cóndor¹ enorme.
3. [...] (*empezar*/yo) a aprender quechua.
4. [...] (*descubrir*/nosotros) nuevas recetas.
5. [...] (*resolver*/yo) unos problemas con mi pasaporte².
6. [...] (*volver*/yo) a escuchar un grupo de huayno³ en la plaza.
7. [...] (*abrir*/nosotros) la nueva panadería.
8. …

> Esta semana he ido a Machu Picchu con los chicos.

1 el cóndor *der Kondor*
2 el pasaporte *der Reisepass*
3 el huayno *traditionelle Musik aus den Anden*

b Escribe en el blog de Sebastián lo que ha hecho esta semana. Utiliza algunas ideas de a.

9 Formula las frases en voz pasiva. ▶▶ Resumen 3, p. 80

1. Sebastián actualiza su blog cada mes.
2. La organización acoge a muchos chicos de la calle cada día.
3. Una empresa local dona un horno a la ONG.
4. Los chicos prueban nuevas recetas.
5. Los chicos de la carpintería han construido los muebles de la panadería.
6. Ellos venden panes en su propia panadería.
7. En los omnibuses la gente pasa el dinero de mano a mano hasta el conductor.
8. Científicos ven un oso andino¹ cerca de Machu Picchu.

1 el oso andino *der Brillenbär*

■■■ ESCUCHAR

DELE 10 a Escucha el estudio de la ONG Qosqo Maki sobre los chicos que trabajan en Cuzco y mira el gráfico. ¿De qué trabajos hablan?

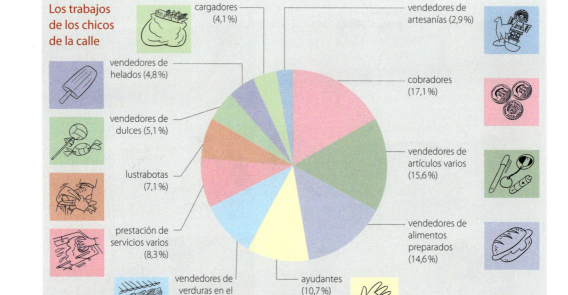

b Escucha otra vez. ¿En qué consisten¹ estos trabajos?

1 en qué consisten *woraus bestehen*

 c Deine Mutter möchte wissen, warum die Kinder und Jugendlichen arbeiten müssen und wie man Qosqo Maki helfen kann. Höre die Aufnahme noch einmal und erkläre es ihr.

APRENDER MEJOR

11 Leer un texto auténtico

62|1
63|2
63|3
64|4
65|5

Tu familia y tú queréis ir a Perú. Has encontrado una página de internet con mucha información. La página está en español. Lee el texto y apunta toda la información posible.

 Lesen, S. 104 / 1–4

a Hazte una primera impresión: ¿qué dicen los títulos?, ¿qué muestran las fotos?

b Lee el texto por encima e identifica las palabras clave para responder ¿qué?, ¿cómo?, ¿quién?, ¿dónde?, ¿cuándo?, ¿por qué?.

c Tus padres tienen algunas preguntas. Busca información en el texto y respóndeles.

> Was ist der Camino Inca?

> Wann ist die beste Zeit, um ihn zu besuchen und warum?

> Welche Voraussetzungen müssen wir erfüllen, um den Camino Inca zu machen?

---

http://guiadelcuzco.perucultural.org.pe

destinos

El camino inca a Machu Picchu

Los caminos incaicos integraron los casi 900 000 km² de extensión que tuvo el imperio inca. El camino más famoso y mejor conservado es el que parte del Km. 88 de la vía de tren Cuzco-Quillabamba y va hasta Machu Picchu. Este
5 camino está en su mayor parte perfectamente empedrado y atraviesa importantes lugares arqueológicos. La geografía del camino inca es irregular pero permite disfrutar de paisajes de gran belleza.
La diversidad ecológica del camino es sorprendente.

10 **Consejos**
El clima en la zona del camino inca es, por lo general, frío durante todo el año. La mejor época para realizar la caminata es durante la estación seca (entre abril y octubre). De noviembre a marzo, las lluvias son frecuentes y el
15 camino puede volverse peligroso y resbaladizo.
Durante el día, la temperatura media llega a los 23 °C. De noche puede llegar a los 0 °C. Junio es el mes más frío y agosto ofrece un clima estable.
Ya que los tramos de subida son a menudo bastante
20 empinados, se recomienda tener un buen estado físico para disfrutar al máximo del recorrido. Sin embargo, cualquier persona con una condición física normal, está en capacidad de realizar esta aventura. Es necesario planear cuatro días como mínimo para recorrerlo.
25 También se recomienda pasar varios días en la ciudad de Cuzco para acostumbrarse a la altura y evitar así el soroche, un malestar producido por los cambios rápidos de altura.

B LOS ALFAJORES[1] DE HELENA PINTO

▪▪▪ ACTIVIDAD DE PRELECTURA

1 ¿De dónde conoces la figura literaria de «la bruja»?

2|16
2|17

Alfajores

– Se murió Helena Pinto – dijo mamá. Me acordé de sus alfajores y sentí un sabor[2] a azúcar en polvo en la boca[3].
Helena Pinto vivía frente a nosotros en una casa antigua, amarilla y triste. La primera vez que entré allí me sorprendió el olor[4]. Era un olor a limpieza[5] y a medicinas[6] que venía del segundo piso. De allí bajó mi vecina, vestida de negro de pies a cabeza. Su marido todavía estaba vivo, pero ella llevaba ya el luto[7] porque, según ella, el pobre ya estaba muy enfermo.
Helena Pinto tenía una nariz[8] enorme y roja, los ojos pequeñitos y los dientes desordenados. Y sus poros[9] eran tan grandes que parecían géiseres.

– Te voy a traer un alfajorcito. Los hago yo misma – dijo Helena y se fue a la cocina.
Entonces mamá me explicó que Helena era una extraordinaria cocinera[10] y que para llegar a fin de mes hacía pasteles, galletas, etc. para bodas[11], primeras comuniones[12] y otras ceremonias.

– Sus alfajores no parecen de este mundo – agregó.

En un plato de porcelana blanca había seis alfajores cubiertos con azúcar en polvo. Tomé el más grande. Su sabor tan delicado (a vainilla y limón) hizo que los ojos se me llenaran de lágrimas[13].
Después de comer el último alfajor, miré a Helena y me pareció ver un brillo[14] raro en sus ojos. Tuve tanto miedo que sentí un ladrillo[15] en el estómago[16].

Cuando esa noche le conté a Feliciana lo que había pasado, mi ama[17] dijo:

– Seguro bruja es.

El marido de Helena murió unos meses más tarde, después de estar enfermo muchos años. Pero a mí su muerte me parecía muy rara. ¿Quizás Helena le había hecho un mal de ojo[18]?
Tal vez por pensar tanto en eso me enfermé yo también poco después. Tuve altas fiebres que me hacían delirar[19]: en mis pesadillas[20] veía los poros de la cara de Helena Pinto explotando. Mi madre intentaba bajarme la temperatura con pañuelos mojados[21], pero nada.
Uno de esos días Helena vino a verme. Mamá se fue a la cocina a hacerle un té y me dejó sola con ella.
Helena me puso la mano en la frente y dijo:

– Estás con fiebre, pero tu tía Helena te va a curar.

---

1 el alfajor *ein Gebäck* **2** el sabor *der Geschmack* **3** la boca *der Mund* **4** el olor a *der Geruch nach etw.*
5 la limpieza *die Sauberkeit* **6** la medicina *die Medizin* **7** llevar el luto *Trauer tragen* **8** la nariz *die Nase*
9 el poro *die Pore* **10** el/la cocinero/-a *der Koch, die Köchin* **11** la boda *die Hochzeit* **12** la primera comunión
die Erstkommunion **13** llenarse los ojos de lágrimas *die Augen füllen sich mit Tränen* **14** el brillo *der Glanz*
15 el ladrillo *der Ziegelstein* **16** el estómago *der Magen* **17** el ama *f. die Amme, etwa: das Kindermädchen*
18 hacer el mal de ojo *mit dem bösen Blick verhexen* **19** delirar *im Fieber reden* **20** la pesadilla *der Albtraum*
21 el pañuelo mojado *das feuchte Tuch*

Perú, el corazón de los Andes | Los alfajores de Helena Pinto

Entonces, empezó a rezar²² en voz baja. Luego descubrió mi barriga²³ y empezó a soplar²⁴ fuertemente y a rezar. Solo se detuvo cuando oyó que mamá venía a mi habitación.

Por la noche, Feliciana vino a darme las buenas noches. Entonces le conté todo lo que había pasado.
– Ves, bruja es. Eso lo he visto también en mi tierra – dijo. Además, según Feliciana esa era la mejor manera de curar²⁵ a alguien.
Esa noche dormí muy bien. No tuve fiebre y tampoco pesadillas. Al día siguiente me desperté con un sabor a naranja y vainilla en la boca y con azúcar en polvo sobre los labios²⁶. Dos días después me levanté y me sentía bien. Supe entonces que estaba en deuda²⁷ con Helena Pinto.

– No se sabe qué le pasó – repitió mamá –, estaba preparando sus alfajores y de pronto …
Mamá y yo fuimos al velorio²⁸. Al entrar en la casa, sentí de nuevo ese olor a limpieza y a medicina. El ataúd²⁹ estaba en el salón. Como era tan pequeña no podía ver bien a Helena. Lo único que veía era su nariz ahora pálida³⁰. Después de un rato, Julia, la sobrina de Helena Pinto nos llamó a tomar café y galletas. Solo yo me quedé al lado del ataúd.

Cuando todos se fueron tomé una silla y me subí en ella. Cuando decidí finalmente darle a Helena su propia terapia, las manos se me pusieron muy frías por el miedo. Descubrí su barriga seca y amarilla y sentí ganas de vomitar³¹. Soplé hasta sentir que la cabeza me daba vueltas. Soplé hasta que la mano de Helena tocó mi cabeza.
Me caí de la silla y corrí hacia el comedor.
– ¡Helena no está muerta! ¡No está muerta!
– Está niña – dijo mi madre con vergüenza –, es tan loquita …

Helena Pinto hizo los alfajores de mi primera comunión y llegó a enterrar³² a su sobrina Julia.
Fuente: El cuento peruano.
Leyla Bardet, texto adaptado

22 rezar *beten* **23** la barriga *der Bauch* **24** soplar *pusten* **25** curar *heilen* **26** el labio *die Lippe* **27** estar en deuda con alg. *jdm. etw. schuldig sein* **28** el velorio *die Totenwache* **29** el ataúd *der Sarg* **30** pálido/-a *blass* **31** sentir ganas de vomitar *sich übergeben wollen* **32** enterrar *begraben*

■■■ HABLAR SOBRE EL TEXTO

 Literarische Texte erschließen, S. 116 / 1

2 ¿Qué piensas del texto? ¿Qué partes te parecen especialmente emocionantes o aburridas? ¿Por qué?

> El cuento (no) me gusta porque …
> El inicio / final del cuento me parece interesante / gracioso / desconcertante / extraño … porque …

3 ¿Quién cuenta «Los alfajores de Helena Pinto»?

4 a ¿Quiénes son los dos personajes principales del cuento y cómo son? Haz una lista con sus características (aspecto físico, carácter, sentimientos).

b ¿Qué otros personajes hay y qué sabes sobre ellos?

5 a ¿En qué lugares se desarrolla la acción? Descríbelos.

b ¿Cómo se siente la chica en esos lugares?

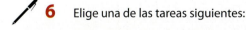 **6** Elige una de las tareas siguientes:

> Escribe el cuento desde la perspectiva de Helena Pinto.

> Escribe un diálogo entre la chica y el ama después de que Helena Pinto vuelve a la vida.

RESUMEN DE GRAMÁTICA

1 Los conectores por un lado … por otro lado, a pesar de, no obstante y ya que |
Die Konnektoren por un lado … por otro lado, a pesar de, no obstante und ya que

Perú es un país muy rico. **Por un lado** porque tiene mucha historia y **por otro lado** porque allí se producen muchos productos minerales y agrícolas. **A pesar de** esto, hay mucha gente pobre.
En Perú mucha gente habla quechua. **No obstante**, esta lengua casi no se enseña en los colegios.
Los jóvenes de Lima se reúnen en Miraflores **ya que** este es un barrio de moda.

2 Colocación y cambio de significado de algunos adjetivos |
Stellung und Bedeutungsänderung einiger Adjektive

Sebastián trabaja con chicos **pobres** que viven en la calle.
Pablo está muy nervioso: El **pobre** chico tiene un examen mañana.

Ellos viven en una casa **vieja** sin luz eléctrica y sin agua corriente.
Paco es un **viejo** amigo de mi padre.

Mis tíos tienen una casa pequeña con un jardín muy **grande**.
Me encanta como tocas la guitarra. Eres un **gran** músico.

Cuzco es una ciudad **antigua** que antes era la capital del imperio inca.
Ayer en la plaza mi madre encontró a su **antigua** profesora de inglés.

Eva siempre hace cosas interesantes y tiene ideas originales. Es una chica **única**.
El **único** plato que no me gusta es el pescado.

Wie lassen sich die Adjektive in den Beispielsätzen auf Deutsch wiedergeben?

3 La voz pasiva | Das Passiv

Los turistas	**son**	acogidos	**por** el director	en el hotel.
Estas sillas	**han sido**	construidas	**por** los chicos	en el taller de carpintería.
La obra	**fue**	escrita	**por** un autor famoso.	
Este blog	**será**	actualizado		todos los días.

> La gente **llama** a Cuzco «el corazón de los Andes».
>   → Cuzco **es llamada por** la gente «el corazón de los Andes».
>
> En la antigua escuela **acogen** chicos de la calle.
>   → En la antigua escuela **son acogidos** chicos de la calle.

Welche Möglichkeiten kennst du, das Passiv im Spanischen auszudrücken?

¡ANÍMATE!

27.08.10 **Alfajores**

Mi abuelita Luz era experta preparando alfajores … siempre se los encargaban para cumpleaños, bautizos, primeras comuniones, matrimonios, en fin, para cualquier ocasión especial. Los hacía muy ricos, del tipo que les das una mordida y prácticamente se deshacen en la boca.

Lamentablemente, ¡nunca me dio su receta! Así que pasé años probando distintas combinaciones en un intento por replicar los que ella preparaba.

Un día, mi amigo Guillermo me dio una receta y ¡quedé encantada! La masa es muy fácil de trabajar y el resultado es delicioso.

Ingredientes para los alfajores
2 1/4 tazas (250 gramos) de harina
6 cucharadas (42 gramos) de azúcar en polvo
1 taza (225 gramos) de mantequilla
Manjar blanco o mermelada para rellenar

 Mezcla la harina con el azúcar. Luego agrega la mantequilla y forma una bola. Pon la masa en la nevera dos horas.

 Estira la masa y corta círculos. Mételos en el horno a 150° C unos 15 minutos hasta que estén dorados.

 Déjalos enfriar y rellénalos con manjar o con mermelada. Si quieres puedes espolvorearlos con azúcar en polvo.

ACERCA DEL AUTOR:

Verónica Rebata:
Mi casa siempre huele a galletas recién horneadas, a canela, a vainilla, a almendras. Mucha gente cree que estoy loca porque todo eso se puede comprar en el supermercado pero es que una vez que pruebas algo hecho en casa y ¡bien hecho!, no hay comparación. La repostería no es una ciencia oculta, solo hay que seguir las instrucciones y usar un poco de imaginación.

ENTRADAS RECIENTES

Postres para microondas
Tartaletas
Cheesecake
Alfajores
Budín de pan

ARCHIVO

---

1 ¿Cuál es el tema de esta página?

2 Observa la página, ¿dónde puedes encontrar: información sobre la autora, sus últimas recetas, todas sus recetas?

3 Explica a Verónica una receta típica de tu región.

REPASO 5

■■■ ESCUCHAR

1 Escucha la entrevista con Manuela, una chica que hizo un voluntariado en Colombia y contesta las siguientes preguntas:

- ¿De dónde es?
- ¿Qué hizo exactamente[1]?
- ¿Le gustó? ¿Por qué (no)?

1 exactamente *genau*

Manuela

■■■ HABLAR

2 ¿Y a ti, te gustaría hacer un voluntariado? ¿Por qué (no)? Explica qué (no) te gustaría hacer.

A mí me gustaría ayudar a chicos que no tienen tanta suerte como yo.

Yo prefiero hacer algo que me sirva para el futuro, por ejemplo, unas prácticas[1] en una empresa[2].

1 las prácticas *das Praktikum*
2 la empresa *das Unternehmen*

■■■ PRACTICAR

3 Cuenta la historia del descubrimiento de Machu Picchu. Utiliza la voz pasiva en presente.

1. En 1911 Hiram Bingham organiza una excursión a los Andes peruanos. El inglés […] *(acompañar)* por Melchor Arteaga, un campesino de la zona.
2. El 24 de julio Bingham […] *(despertar)* por una lluvia muy fuerte. ¡Qué mala suerte!
3. Unas horas después llueve menos. Sólo pocas cosas […] *(empacar)* en las mochilas ya que la caminata será[1] muy dura.
4. Al llegar a un río sólo encuentran un puente hecho con troncos[2]. El puente […] *(cruzar)* sin problemas por Arteaga, pero Bingham tiene miedo.
5. Después de caminar mucho, los hombres llegan a una pequeña casa donde […] *(recibir)* por unos campesinos.
6. ¡Bingham no lo puede creer! Las antiguas terrazas[3] de los incas […] *(utilizar)* por los campesinos para cultivar maíz, patatas y otras cosas.

Hiram Bingham

1 la caminata *die Wanderung*
2 el tronco *der Baumstamm*
3 la terraza *die Terrasse*

4 ¿Cómo dices estas frases en español?

1. Cuzco ist die ehemalige Hauptstadt der Inka.
2. Die Kirche San Isidoro ist ein altes Gebäude aus dem 18. Jahrhundert.
3. In den armen Vierteln von Lima gibt es viele Straßenhunde.
4. Gabriel ist der einzige Junge aus Guatemala, den ich kenne.
5. Sebastián machte in Cuzco großartige Erfahrungen.
6. Die arme María hat sich in Lima verlaufen.
7. Carmen ist eine alte Klassenkameradin meiner Mutter.
8. Sandra ist ein einzigartiges Mädchen: super intelligent und super sympathisch.
9. Der alte Fernseher meiner Großmutter funktioniert nicht mehr.
10. Ich wohne in dem großen Haus neben der Kirche.

¡Presta atención a la colocación de los adjetivos!

VOCABULARIO

5 a Relaciona los siguientes adjetivos con su significado en alemán.

1. navegable
2. reconocible
3. reciclable
4. financiable
5. explicable
6. disponible
7. elegible

a. verfügbar b. schiffbar
c. finanzierbar d. (wieder)erkennbar
e. wählbar f. verständlich
g. wieder verwertbar

b Explica qué significan los siguientes adjetivos.

1. inimaginable
2. irreconocible
3. inexplicable
4. inolvidable
5. impensable
6. incomprensible

«Inimaginable» es algo que …

6 ¿Qué querrá decir …? Explica qué significan las frases subrayadas.

1. Asdrubal y Marina se llevan como el perro y el gato.
2. Por fa, Sonia, hazme el favor, hoy por mí, mañana por ti.
3. En Barcelona Margarita está como pez en el agua.
4. Antonio es como un libro abierto.
5. Luisa se cree el ombligo del mundo.

ESCRIBIR

7 a Elige una foto y apunta en tu cuaderno palabras en español que relacionas con ella (sustantivos, verbos y adjetivos).

En Perú puedes hacer muchos deportes de aventura.

En Cuzco hay muchas ONG que ayudan a los niños de la calle.

Un viaje en barco por la Amazonía peruana es una experiencia única.

b Inspírate en la foto y escribe un e-mail a un chico peruano, un artículo para el periódico de tu instituto o un poema. Utiliza las palabras de **a**.

c Corrige el texto de tu compañero/-a.

 Fehler selbst korrigieren, S. 116 / 8

BALANCE 2

■■■ COMPRENSIÓN AUDITIVA

1 Escucha a Pablo y completa la tabla en tu cuaderno.

edad	clase	problema	carácter[1] y actividades favoritas	rendimiento[2] en el instituto	carreras que le interesan
[...]	[...]	[...]	[...]	[...]	[...]

[1] el carácter *der Charakter* [2] el rendimiento *die (schulische) Leistung*

■■■ EXPRESIÓN ESCRITA

2 Escribe un e-mail a Pablo. Dale consejos para su futuro profesional y cuéntale también cómo tú ves tu futuro profesional.

> Creo que …   Me parece que …   Es necesario que …   En mi opinión, deberías …
> Por un lado … por otro lado …   Es verdad que …   … en cambio …
> Es importante que …   Sobre todo hay que ver que …

■■■ COMPRENSIÓN DE LECTURA

DELE 3 Lee el artículo. Después termina las frases en tu cuaderno.

Iker Casillas para goles contra la pobreza en Perú

«Sé lo que es no tener nada. Nací en un piso de 60 metros»

MÁBEL GALAZ 08/07/2008

A Iker Casillas no se le han olvidado sus orígenes. Todo lo contrario. Sabe lo que es nacer en un hogar en el que llegar a final de mes era una heroicidad. Cuando
5 subió al primer equipo del Real Madrid con apenas 16 años, su madre trabajaba como limpiadora. Diez años después, Iker sigue siendo un tipo solidario. Por eso no dudó en acudir a la llamada de
10 Plan España -www.plan-espana.org-, una ONG que trabaja con niños desfavorecidos.
Horas después de acabar con las celebraciones tras el triunfo en la Eurocopa, Iker
15 se subió a un avión camino de Perú y allí, a 4.000 metros de altitud, jugó un partido en el que, dice, disfrutó tanto como en la

final contra Alemania. «Los niños le esperaban en la estación», cuenta Concha López, directora general de Plan. «Comenzaron a gritarle: Iker, Iker, Iker, y él se emocionó».

«Yo sé lo que es la pobreza. Nací en Móstoles en un piso de 60 metros y pasaba los veranos en Ávila con mi abuela», recuerda el portero, que ayer regresó a Madrid para seguir con sus vacaciones.

Iker viajó acompañado de otro jugador histórico del Real Madrid, Emilio Butragueño, que forma parte del consejo directivo de Plan. Ambos participaron en el partido, pero esta vez en equipos diferentes. El equipo de Butragueño ganó al de Casillas 2-0 y los dos goles los marcó el hijo de Butragueño que a sus 12 años apunta maneras de delantero porque no se amilanó, pese a tener enfrente al que está considerado como el mejor portero del mundo.

Parar la pobreza es el lema de la campaña que apoya Casillas y en la que van a participar otros deportistas en los próximos meses. Iker visitó la ciudadela inca de Machu Picchu, la aldea de Ollaytatambo, donde se levanta un centro de enseñanza de primaria impulsada por esta ONG y, más tarde, el pueblo de Aguas Calientes, en las faldas de la escarpada montaña.

«Su visita ha llevado la alegría a muchos niños y también a muchos mayores. En Aguas Calientes demostró la alegría que es capaz de contagiar y se puso a bailar con un grupo de mujeres que se lo pidieron», narra Concha López.

Iker estuvo el año pasado en Sierra Leona para impulsar un proyecto que une fútbol y educación promovido por la Fundación del Real Madrid. El portero del equipo merengue y de la selección también colabora en proyectos solidarios en España aunque prefiera hacerlo de manera anónima.

© *El País*, 2008

1. Iker Casillas no ha olvidado sus orígenes porque [...].
2. Fue a Perú para [...].
3. Conoció la ciudad Ollaytatambo porque ahí [...].
4. «Parar la pobreza» es un proyecto en el que [...].
5. Iker Casillas también participa en proyectos en España, pero [...].

■■■ MEDIACIÓN

4 Tu amigo/-a no puede leer el artículo sobre Iker Casillas porque no habla español. Explícale en alemán:

1. Bei welcher Organisation engagiert sich Iker Casillas und für wen?
2. Wer hat das Fußballspiel in Peru gewonnen?
3. Wer hat die Tore geschossen?
4. Welche Orte in Peru hat Iker Casillas besucht?
5. Engagiert er sich auch noch für andere Projekte? Wenn ja, für welche?

■■■ EXPRESIÓN ORAL

DELE **5** Antonio quiere tener un ordenador portátil, pero sus padres no están de acuerdo.
Buscad argumentos. Después representa la discusión entre Antonio y sus padres.
Al final los padres y Antonio tienen que llegar a un acuerdo.

Antonio	padres
– trabajar para pagar una parte del ordenador – usarlo para el instituto – …	– estar demasiado tiempo frente al ordenador – muy caro – …

facultativo · facultativo · facultativo · facultativo · facultativo · facultativo · facultativo · facultativo · facultativo · facultativo

ESPAÑA Y EUROPA

1 EUROPA ES ...

ACTIVIDAD DE PRELECTURA

1 Apunta cinco adjetivos que asocies con la Unión Europea.

🎧 2|20

1 Económica: Con el euro, moneda oficial en toda la Unión desde 2002, ya no es necesario cambiar dinero cuando se viaja por Europa.

2 Libre: Desde 1986 los europeos pueden viajar libremente de un país a otro. Ya no hay que mostrar el pasaporte en las fronteras.

3 Urbana: Tres de cada cuatro europeos viven en una ciudad (a nivel mundial sólo uno de cada dos).

4 Internacional: En Europa se hablan más de 20 lenguas. En algunos países se habla la misma lengua y en otros hay varias que son oficiales.

5 Diversa: El gran lema de la Unión Europea es «Unida en la diversidad».

6 Social: Asistencia médica, educación y jubilación para todos ... Los países de la Unión se preocupan del aspecto social.

7 Gastronómica: Su gran diversidad de comida va desde la mozzarella italiana o el jamón serrano español al pan alemán.

España
Capital: Madrid
Lengua oficial: español
Lenguas cooficiales: catalán, gallego y vasco
Forma de gobierno: monarquía parlamentaria
Habitantes: 47.000.000
PIB: 27.510 euros al año
Entrada en la Comunidad Económica Europea: 1986
Introducción del euro: 2002

según: OKAPI, no. 42

8 Poblada:
¿Somos muchos?
China: 1.330 millones de habitantes
India: 1.166 millones
Europa: 501 millones
Estados Unidos: 308 millones

9 Bien alimentada:
Un alemán come 85 kilos de pan al año.
Un irlandés consume 200 kilos de productos lácteos al año.
Un portugués come 57 kilos de pescado y un español 100 kilos de carne al año.

10 Grande y pequeña:
La distancia entre Lisboa y Helsinki es de 4.419 kilómetros. ¿Grande? Europa ocupa sólo el 7% del territorio del planeta.

11 Democrática: Un régimen democrático y el respeto a los derechos humanos son condiciones necesarias para entrar a la Unión Europea.

12 Unida: Europa tiene leyes comunes en el área de la salud, de la educación, del medio ambiente …

> Si no tuviéramos el euro, tendríamos que cambiar dinero al salir de nuestro país.

> Si aprendiéramos más lenguas, podríamos hablar con más chicos de otros países europeos.

> Si tuviera la oportunidad, me gustaría hacer unas prácticas en Alemania.

Raúl, 15 años
Juan Pablo, 16 años
Marisa, 17 años

COMPRENDER Y COMENTAR

66|1 **2** Lee las definiciones de Europa: ¿cuál te parece la más interesante?, ¿cuál la más sorprendente[1]?, ¿cuál la más importante? Justifica tu opinión.

1 sorprendente *überraschend*

VOCABULARIO

3 a ¿A qué continentes / países / regiones / ciudades corresponden[1] estos adjetivos?
¿Cómo se llaman los continentes / los países / las regiones / las ciudades?
Utiliza un diccionario.

[1] corresponder *entsprechen*

> sueco/-a   suizo/-a   griego/-a   rumano/-a   austríaco/-a   belga   chipriota   danés/-esa
> bávaro/-a   berlinés/-esa   madrileño/-a   andaluz/-a   europeo/-a   barcelonés/-esa   inglés/-esa
> malagueño/-a   americano/-a   español/a   francés/-esa   italiano/-a   holandés/-esa

b Lee el principio y el final del poema y complétalo. Utiliza los adjetivos de **a**.

> Tu pizza es italiana.
> Tu democracia es griega.
> Tus vacaciones son españolas.
> ...
> ¿Cómo te atreves[1] a decir que tu vecino es extranjero?

[1] atreverse *sich trauen*

Autor: anónimo

el chocolate   el queso
la camiseta   los tomates
los zapatos   el coche
el reloj   el pan
el jamón   la música
...

PRACTICAR

4 a José, un chico de Málaga, está de intercambio en Berlín y vive con una familia alemana. Todavía no está muy contento. Transforma las frases como en el ejemplo. ▶▶ Resumen 1, p. 95

Ejemplo: Si hablara mejor alemán, podría hablar más con la familia.

1 No hablo bien alemán. Por eso no puedo hablar mucho con la familia.

2 Somos muchos alumnos en la clase de alemán. Así no aprendo mucho.

3 Hace frío y llueve mucho. Por eso no hacemos excursiones al bosque o al lago.

4 La habitación está muy desordenada. No me siento muy bien en casa.

5 Los perros hacen mucho ruido. No puedo dormir bien.

6 No tengo mucho dinero. Por eso no salgo mucho.

b ¿Qué harías tú si fueras José?

Ejemplo: Si no hablara bien alemán, practicaría todos los días con mi familia.

5 Elige una de las siguientes situaciones y explica qué harías. ▶▶ Resumen 1, p. 95

Ejemplo: Si me ofrecieran una beca para ir de intercambio a España, iría a Barcelona porque quiero conocer la ciudad.

Te ofrecen una beca[1] para ir de intercambio a España.	Encuentras 1.000 euros en la calle.
Te enamoras[2] de un/a español/a en las vacaciones.	Tu amigo/-a se muda a Portugal.
Hace mal tiempo durante todas las vacaciones.	Tu mejor amigo/-a ya no habla contigo.

[1] la beca *das Stipendium*   [2] enamorarse de alg. *sich in jdn. verlieben*

España y Europa | Europa es …

■■■ **HABLAR**

6 a Elige uno de los carteles y descríbelo. Utiliza un diccionario.

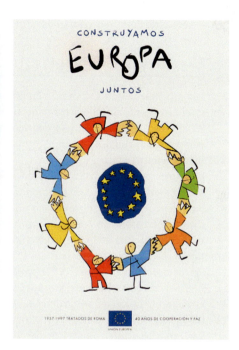

b Explica la relación entre la imagen y el texto.

7 a Buscad información sobre los países europeos en internet: http://europa.eu/index_es.htm. Cada grupo elige un país y lo presenta en clase.

> la bandera[1]   la/s lengua/s oficiales
> el número de habitantes   la moneda
> el nombre del presidente[2]
> datos geográficos   la capital
> sitios de interés[3]   países vecinos   …

1 la bandera *die Flagge*
2 el presidente *der Präsident*
3 el sitio de interés *die Sehenswürdigkeit*

b ¿Qué sabéis sobre Europa? Haced un concurso en clase. Cada grupo formula cinco preguntas. Los otros grupos tienen que contestar.

■■■ **ESCRIBIR**

8 a Quieres hacer unas prácticas en España. Elige uno de los lugares abajo y escribe una carta de solicitud.

Eine Bewerbung schreiben, S. 114 / 6

– «Oficina de la Comisión Europea» en Madrid
– «Parque Nacional Doñana» en Andalucía
– hotel «La Reina» en Barcelona
– agencia de viaje[1] «Mar y Sol» en Alicante
– guardería «¡A jugar!» en Salamanca

1 la agencia de viaje *das Reisebüro*

b Adjunta tu currículum.

Einen Lebenslauf verfassen, S. 115 / 7

ochenta y nueve **89**

2 LOS ESPAÑOLES Y LOS MEDIOS DE COMUNICACIÓN

■■■ ACTIVIDAD DE PRELECTURA

1 ¿Qué medios de comunicación utilizas? ¿Para qué?

2|21

Las nuevas tecnologías: los españoles a la cabeza

Los españoles están a la cabeza de Europa en el uso de redes sociales a través del móvil, en el envío de SMS y el uso del teléfono para escuchar música, según el estudio de Sybase 365. Así, un 21% de los usuarios españoles recibe actualizaciones de redes sociales en su móvil semanalmente, un 56% tiene música en sus móviles y un 90% manda mensajes de texto cada semana, muy por encima del promedio europeo (79%). El informe señala que un 40% de los usuarios entrevistados ya dispone de internet en sus teléfonos y un 43% ha enviado algún correo electrónico a través del móvil.

Los móviles inteligentes o de nueva generación han permitido que los usuarios chateen y vean TV en directo: un porcentaje muy importante de usuarios españoles (32%) utilizan el móvil para chatear. También es significativo que el 10% de los españoles vea la televisión en directo en su móvil.

© El País, 2009

Presencia de los medios de comunicación en la vida diaria de los españoles

televisión	99,7%
móvil	92,1%
radio	55,3%
revistas	51,3%
internet	51%
diarios	39,8%

© INE, 2009

Iván, 15 años

Víctor, 59 años

Rosa, 62 años

«Mis padres dicen que los móviles no son necesarios, pero el otro día perdí el último autobús a casa después del entrenamiento. Si no hubiera podido llamar a mis padres por teléfono, no habría sabido cómo volver a casa».

«Cuando yo era joven no existía internet. Creo que si hubiéramos tenido ordenadores en nuestra juventud, no habríamos salido tanto con los amigos. Pero cada generación cree que la mejor época es la que le tocó vivir, ¿no es cierto?».

«Si en mi juventud hubieran existido tantos medios para comunicarse, seguramente no habría perdido el contacto con el amor de mi vida. Pero no lo vais a creer... Después de 40 años lo encontré de nuevo en internet».

España y Europa | Los españoles y los medios de comunicación

6

■■■ COMPRENDER Y COMENTAR

2 a ¿Para qué usan los españoles el móvil?

b Haced una encuesta en clase: ¿para qué usáis vosotros el móvil?

c Comparad los resultados de **a** y **b**.

■■■ VOCABULARIO

3 a ¿Qué expresiones utiliza el autor del artículo de la página 90 para presentar los datos?

b Comenta la estadística de la página 90. Utiliza también el vocabulario de **a**.

■■■ ¡ACUÉRDATE!

4 Formula preguntas como en el ejemplo. Tu compañero/-a contesta.

Ejemplo:

¿Has visto alguna vez una película en 3D?

Sí, el mes pasado vi una con mi hermano. / No, todavía no.

1. *ver* una película en 3D
2. *colgar* fotos en la red
3. *chatear* con un/a joven español/a
4. *escribir* en un blog
5. *comprar* algo en internet
6. *ver* una película en un móvil
7. *leer* una revista en internet
8. *poner* información sobre ti en una página de redes sociales
9. *hacer* los deberes con la ayuda de internet
10. *pelearse* con alguien en un chat

■■■ DESCUBRIR

5 a Lee las frases y explica la diferencia. ▶▶ Resumen 2, p. 95

1. Si **tuviéramos** ordenadores, no **saldríamos** tanto con los amigos.
2. Si **hubiéramos tenido** ordenadores, no **habríamos salido** tanto con los amigos.

▶ 70|3 **b** Después del entrenamiento, Iván perdió el último autobús a casa, pero gracias al móvil pudo avisar a los padres. ¿Qué dicen sus padres?

1. Si Iván no [...] *(tener)* móvil, no habría podido llamarnos.
2. Si no nos [...] *(avisar/él)*, nos habríamos preocupado mucho.
3. Si no [...] *(llegar/él)*, habríamos llamado a sus amigos.
4. Si Iván no nos [...] *(llamar)*, no habríamos sabido que está solo en la calle a esa hora de la noche.
5. Si no [...] *(perder/él)* el autobús, ya habría llegado a las 9 a casa.

c ¿Y qué dice Iván?

1. Si no hubiera tenido móvil, mis padres [...] *(ponerse)* muy nerviosos.
2. Si no hubiera llamado a mis padres, me [...] *(buscar/ellos)* por todas partes.
3. Si mis padres no me hubieran recogido, [...] *(llegar/yo)* a casa a las 3 de la mañana.
4. Si hubiera estado mucho tiempo afuera, [...] *(pasar/yo)* mucho frío con mi chaqueta de verano.
5. Si no hubiera tenido móvil, [...] *(caminar/yo)* a casa.

facultativo · facultativo · facultativo · facultativo · facultativo · facultativo · facultativo · facultativo · facultativo · facultativo

■■■ PRACTICAR

6 ¿Qué hubiera hecho Claudia ayer por la tarde sin ordenador? ▶▶ Resumen 2, p. 95
Ejemplo: Si Claudia no hubiera tenido ordenador, habría hecho más deporte.

> *hacer* más deporte   *quedar* más con los amigos   *aprender* a tocar la guitarra
> *aburrirse*   *salir* más de casa   *tener que* buscar información en los libros
> *escribir* postales en lugar de e-mails   *leer* más libros y revistas

7 Imagina que tu despertador[1] no ha sonado hoy por la mañana. Describe cómo habría sido tu día, si te hubieras levantado tarde. ▶▶ Resumen 2, p. 95

1 el despertador *der Wecker*

> Si mi despertador no hubiera sonado, me habría levantado demasiado tarde.

> Si me hubiera levantado demasiado tarde, ….

■■■ ESCUCHAR

8 a Escucha los textos y presta atención a en los medios de comunicación que aparecen. Relaciona los textos con los dibujos.

b ¿Te ha pasado alguna vez algo similar? Cuenta qué pasó y cómo resolviste el problema.

9 a Escucha el poema: ¿como crees que se siente la persona?

b Lee el poema y di de qué trata.   **Lyrische Texte erschließen, S. 117 / 2**

> ### La Tecnología
>
> La nueva tecnología
> me da dolor de cabeza,
> la dejo para otro día,
> ahora, no me interesa.
>
> 5 No entiendo cómo funciona
> tanto aparato moderno,
> mi mente ya no razona
> ni se propone entenderlo.
>
> Tantas teclas y botones
> 10 me tienen desconcertada,
> yo no entiendo de razones
> cuando he tratado de usarlas.
>
> Me cuesta mucho trabajo
> lograr que algo funcione,
> 15 y después, para pararlo
> ocupo quien me asesore.
>
> Los inventos se suceden
> con bastante rapidez,
> y yo, en tiempos anteriores
> 20 me hubiera sentido bien.
>
> *Maricela Rodríguez, Poemas y cuentos de amor y esperanza*
> © Editorial Amate, 2004

c Compara: ¿concuerda[1] tu idea de **a** con el tema del poema? Explica por qué.

d Escribe un poema sobre el tema «mi ordenador».

1 concordar *übereinstimmen*

■■■ ESCRIBIR

10 Imagina cómo habría sido tu vida si hubieras vivido en otra época. Elige a una persona y escribe un texto. Utiliza también frases condicionales irreales en el pasado.

Eres un/a indígena en el tiempo de la conquista de América.
Eres uno de los marineros en uno de los viajes de Cristóbal Colón.
Eres un/a madrileño/-a del siglo XIX.

3 «ME SIENTO EUROPEO»

Hoy tenemos en nuestro encuentro digital a este actor de nombre interminable: Daniel César Martín Brühl González Domingo. Ahora podéis hacerle preguntas:

Rosa_RN: Hola, Daniel, ¿por qué hablas tan bien español?

Daniel Brühl: Lo que pasa es que soy medio español. Nací en Barcelona, mi madre es española y mi padre alemán.

MaiteB: ¿Se te ocurre algo más diferente que un español y un alemán? ¿Cómo te pones de acuerdo con tus dos mitades?

Daniel Brühl: Tan diferentes no somos, sobre todo los alemanes y los catalanes. Y para mí no es ningún problema. Me siento europeo.

Nawer6: Has participado en películas de toda Europa en varias lenguas, ¿qué te aporta eso?

Daniel Brühl: Como crecí con dos culturas, siempre era mi reto trabajar en distintos idiomas y estoy muy contento de vivir estas experiencias.

Sergio90: ¿Qué tal fue la experiencia de rodar una película en España?

Daniel Brühl: La verdad es que rodar en España me ha encantado, me parece que hubo menos presión que en un rodaje alemán.

RedManuel: Hola Daniel, como tú me llamo Daniel y también soy hijo de una española y un alemán. Me gusta mucho comparar lo que escriben sobre tu exitosa carrera en Alemania y en España y ver que tanto en la prensa alemana como en la española todos intentan «nacionalizar» tus éxitos diciendo que eres español o alemán. ¿Cómo lo llevas tú y qué le dices a la gente cuando te preguntan sobre este tema? Muchas gracias. Bleib so!

Daniel Brühl: Eso del nacionalismo me da igual. Me siento en casa en los dos países. A mí me gusta que me digan que soy actor europeo. Mach´s gut, Daniel!

Nandete7: ¿Qué echas de menos en Alemania de España y viceversa?

Daniel Brühl: Jamón de Jabugo y Bratwurst.

Encarna72: Hola, Daniel, yo soy de Barcelona y estoy viviendo en Berlín. Te he visto varias veces tomando café tranquilamente. ¿Cómo te gusta vivir tu fama, de manera anónima o te gusta que te reconozcan? Lo pregunto para saludarte la próxima vez que te vea …

Daniel Brühl: Puedes decirme «hola». Berlín es una ciudad bastante anónima. La gente te reconoce pero te deja en paz, pero si eres una persona simpática tomaremos un café juntos.

según: El Mundo, 2006

comentar

Aquí podéis dejar vuestros comentarios sobre el chat con Daniel Brühl:

Tim88: Daniel Brühl dijo que se sentía europeo. Eso me parece muy interesante porque demuestra que uno se puede sentir europeo por encima de español o alemán, es decir, se puede ser perfectamente español, alemán y europeo al mismo tiempo.

Marion_N: Comentó que en un rodaje había habido menos presión en España que en Alemania. ¿Será más agradable trabajar en España?

ChristophXX: Encarna dijo que había visto a Daniel varias veces en Berlín y quería saber si lo podía saludar. A mí me gusta mucho cómo reaccionó Daniel porque le respondió que la próxima vez tomaría un café con ella. Parece ser una persona muy natural, distinta a esas estrellas de cine que generalmente son muy arrogantes.

■■■ COMPRENDER Y COMENTAR

1 ¿Qué le interesa saber a la gente de Daniel Brühl?

2 «Me siento europeo» (l. 9): ¿qué quiere decir Daniel Brühl con esta frase?

■■■ DESCUBRIR

3 Suche im Chat mit Daniel Brühl die folgenden Sätze und vergleiche: Wie verändern sich die Zeiten in der indirekten Rede in der Vergangenheit? ▶▶ Resumen 3, p. 95

1. Daniel Brühl dijo que **se sentía** europeo. (Z. 9)
2. Comentó que en un rodaje **había habido** menos presión en España que en Alemania. (Z. 14/15)
3. Encarna dijo que **había visto** a Daniel varias veces en Berlín. (Z. 25)
4. Ella quería saber si lo **podía** saludar. (Z. 27)
5. Daniel le respondió que la próxima vez **tomaría** un café con ella. (Z. 29)

■■■ PRACTICAR

4 Daniel Brühl queda al día siguiente con un amigo español y le cuenta lo que le preguntaron los chicos. ¿Qué dice? Utiliza el estilo indirecto en el pasado. ▶▶ Resumen 3, p. 95

> me preguntaron si …   querían saber si …

1. ¿Viajas muchas veces a Barcelona?
2. ¿Siempre quisiste ser actor?
3. ¿Tienes hermanos?
4. ¿Cuándo vas a rodar la próxima película?
5. ¿Tienes novia?
6. ¿Has viajado alguna vez a América Latina?
7. ¿En el primer rodaje estabas muy nervioso?
8. ¿Antes de rodar «Un poco de chocolate» ya habías trabajado alguna vez en España?
9. ¿Rodarás una película con Penélope Cruz?
10. ¿Te tomarías un café conmigo?

5 a Lee los comentarios de los chicos: ¿qué dijeron las personas originalmente? ▶▶ Resumen 3, p. 95

1. Simón: Daniel me dijo que había nacido en España.
2. Karina: Me explicó que ahora vivía en Berlín.
3. Sofía: Yo no sabía que tenía una madre española.
4. Leo: Le comenté que me había gustado mucho su última película.
5. Fernanda: Agregó que me mandaría un autógrafo.

b Haz una lista con los verbos que introducen el estilo indirecto.

c Escribe tres comentarios como los de **a**. Utiliza los verbos de **b**. Tu compañero/-a dice lo que dijo la persona originalmente.

■■■ ESCRIBIR

6 a Lee la reseña de la película «Un poco de chocolate» con Daniel Brühl: ¿qué información hay en una reseña?

> «Un poco de chocolate» es la historia de cuatro personajes solitarios. Uno de ellos es Lucas, un anciano que ha comenzado a perder la cabeza. Recuerda al amor de su vida, Rosa, y a sus amigos y en sus recuerdos revive momentos de su vida: las aventuras de la guerra, los partidos de fútbol en la playa, los besos de su mujer y las despedidas subiendo al tranvía.
> La historia de «Un poco de chocolate» no es realista. Se trata más bien de un cuento mágico. Por eso el comportamiento de los personajes no es lógico. Además, la película no siempre logra conectar bien las distintas historias.
> Algunos movimientos de cámara parecen artificiales (un par de travellings circulares, por ejemplo, no parecen necesarios) y la música es un poco simple.
> Sin embargo vale la pena ver la película porque cuenta con la participación de unos actores espectaculares, entre ellos Daniel Brühl.

 b Ahora tú: escribe una reseña de tu película favorita.   **Eine Rezension schreiben, S. 112 / 3**

España y Europa | Resumen

RESUMEN DE GRAMÁTICA

GH 40|17 **1** **La frase condicional irreal en presente** | Der irreale Bedingungssatz der Gegenwart

Bedingungssatz (= „si-Satz")
Si no **lloviera**,
Si no **tuviera que** estudiar para el examen,
Si mi amigo me **llamara**,

Hauptsatz
iría a la piscina.
me quedaría más tiempo en la fiesta.
lo **invitaría** al cine.

a Welche Verbform steht im Bedingungssatz, welche im Hauptsatz?

b Wie kann man diese Sätze auf Deutsch wiedergeben?

GH 41|18 **2** 2.1. **El pluscuamperfecto de subjuntivo** |
Das pluscuamperfecto de subjuntivo

2.2. **El condicional compuesto** |
Das condicional compuesto

hubiera			habría	
hubieras			habrías	
hubiera	hablado		habría	hablado
hubiéramos	comido		habríamos	comido
hubierais	salido		habríais	salido
hubieran			habrían	

2.3 **La frase condicional irreal en pasado** | Der irreale Bedingungssatz der Vergangenheit

Bedingungssatz (= „**si**-Satz")
Si no **hubiera llovido**,
Si no **hubiera tenido que** estudiar para el examen,
Si mi amigo me **hubiera llamado**,

Hauptsatz
habría ido a la piscina.
me habría quedado más tiempo en la fiesta.
lo **habría invitado** al cine.

a Welche Verbform steht im Bedingungssatz, welche im Hauptsatz?

b Wie kann man diese Sätze auf Deutsch wiedergeben?

GH 43|19 **3** **El estilo indirecto en el pasado** | Die indirekte Rede in der Vergangenheit

Ana:
«**Compro** las entradas».
presente
«**Han empezado** las vacaciones».
pretérito perfecto
«**Fui** a Berlín».
pretérito indefinido
«Allí **hacía** mal tiempo».
pretérito imperfecto
«Nunca **había estado** en Argentina».
pretérito pluscuamperfecto
«**Viajaré** a Madrid».
futuro simple
«**Voy a ir** a Berlín».
futuro compuesto
«**Trabajaría** en Madrid».
condicional

Ana dijo / decía / había dicho …
→ … que **compraba** las entradas.
   pretérito imperfecto
→ … que **habían empezado** las vacaciones.
   pretérito pluscuamperfecto
→ … que **había ido** a Berlín.
   pretérito pluscuamperfecto
→ … que allí **hacía** mal tiempo.
   pretérito imperfecto
→ … que nunca **había estado** en Argentina.
   pretérito pluscuamperfecto
→ … que **viajaría** a Madrid.
   condicional
→ … que **iba a ir** a Berlín.
   pretérito imperfecto del verbo ir + infinitivo
→ … que **trabajaría** en Madrid.
   condicional

a Mit welchen Verbzeiten wird die indirekte Rede in der Vergangenheit eingeleitet?

b In welchen Fällen ändert sich die Verbzeit nicht, wenn man einen Satz in der indirekten Rede der Vergangenheit wiedergibt?

REPASO UNIDAD 6

■■■ VOCABULARIO

1 a Elige la preposición correcta para cada verbo.

> nacer   pensar   alegrarse   criarse   disponer   empezar
> encargarse   inisistir   enseñar   acordarse

> de   en   a

b Ya conoces más verbos con preposiciones. Prepara un ejercicio como **a** para tu compañero/-a.

c Utiliza los verbos y las preposiciones de **a** y **b** para contar algo de tu vida.

Ejemplo: Nací en Hamburgo.

■■■ PRACTICAR

2 ¿Qué harías si tuvieras que pasar un fin de semana sin los siguientes objetos? Cuenta y utiliza frases condicionales irreales en presente.

Ejemplo: Si tuviera que pasar un fin de semana sin móvil, no sería ningún problema para mí. Visitaría a mis amigos para hablar con ellos.

> el móvil   el ordenador   el televisor[1]

1   el televisor   *der Fernseher*

3 ¿Qué habría pasado si los españoles no hubieran traído estos productos a Europa? Utiliza frases condicionales irreales en pasado.

Ejemplo: 1. Si los españoles no hubieran traído tomates a Europa, los italianos no habrían inventado[1] la pizza.

1   inventar   *erfinden*

ultativo · facultativo · facultativo · facultativo · facultativo · facultativo · facultativo · facultativo · facultativo

Repaso | Unidad 6

4 a Escucha los datos biográficos de Daniel Brühl y haz apuntes.

b ¿Qué dijo el locutor? Mira tus apuntes y utiliza el estilo indirecto en el pasado.

Ejemplo: El locutor dijo que Daniel Brühl había nacido cerca de Barcelona.

■■■ ESCRIBIR

5 a Tú y los medios de comunicación: escribe un texto y explica qué medios utilizas, cuándo, cuántas veces y por qué / para qué.

b Corrige el texto de tu compañero/-a.

■■■ HABLAR

6 a Mira el cartel y descríbelo.

b Comenta el cartel.

> Pienso que …
> Creo que …
> Opino que …
> Diría que …
> Me parece que …
> Para mí …
> En mi opinión, …

■■■ ESCUCHAR

7 a ¿Verdadero o falso? Escucha el comentario y decide.

1. La persona tiene un televisor[1] en casa, pero no ve la tele.
2. Echa mucho de menos ver la tele.
3. Ahora tiene más tiempo para hacer otras cosas.
4. Le gustaría que la gente viera menos la tele.
5. Quiere que todo el mundo venda su televisor.

1 el televisor *der Fernseher*

b La persona dice que «la televisión influye[2] demasiado en la gente». Comenta esta idea.

2 influir en *jdn. beeinflussen*

noventa y siete **97**

Lectura:

FAMILIA NO HAY MÁS QUE UNA

EL TELÉFONO

Se trata de un aparato que sirve para hablar largo y tendido con los amigos y traer al padre por la calle de la amargura[1].
—No, si voy a terminar poniendo un candado[2] al teléfono.
—Si no llamamos casi nada, papá. Siempre nos llaman a nosotros.
—Eso da igual porque cuesta lo mismo. Lo que cuenta es el tiempo que estás hablando.
—¡Qué dices, papá!
—Digo lo que acabáis de oír.
—Pues para nada, porque sólo paga el que llama.
—Y la cuenta de este mes ¿qué ha sido? ¿O es que vuestro padre se inventa las cosas?
—No sé...
—Yo sí que lo sé. El teléfono está para dar un recado[3], y punto. Se llama, se dice lo que se tiene que decir y se cuelga. Nada de estar media hora de cháchara[4].
—No es cháchara. Son cosas importantes.
—Pues ya me habéis oído. Yo no creo que tengáis tantas cosas importantes que deciros. Más importantes son mis cosas y yo no llamo nunca.
—Será que no tienes amigos.
—Será lo que diga tu padre, y punto. Ya me habéis oído.
El teléfono suena en el pasillo y el pequeño se levanta a cogerlo.
—Es para Mayte.
La hija se levanta y el padre pregunta al pequeño que quién es.
—No sé. Un chico...
Toda la familia comienza las burlas[5].
—¿Un chico, Mayte...?
—¿Qué chico?
—Es su novio[6].
—Yo no tengo novio.
—¡Mayte tiene novio!
—Tienes novio. Tienes novio...
—Mayte está enamorada[7]...
—¡Dejadme en paz!
La hija cierra la puerta que comunica el pasillo con el comedor para que no puedan escuchar su conversación. Apenas ha cogido el aparato cuando escucha la voz de su padre desde lejos.
—Dile que estás comiendo y que te llame luego, que no son horas.
Pasados diez minutos el padre comienza a perder los nervios...
—¡Mayte, cuelga y vuelve a la mesa!
Al rato regresa la hija con cara de mosqueo[8].
—¿Quién era?
—Un amigo.
—¿Qué amigo?
—Uno.
—Es su novio.
—¡Déjame en paz!
—¿Y a un amigo tienes tantas cosas que contarle para estar veinte minutos colgada del teléfono?... Chicos, es que yo no sé cómo hay que deciros las cosas.
—¡Jo!
—Ni jo, ni ja. Además os he dicho mil veces que el teléfono hay que dejarlo libre para las llamadas importantes. Yo nunca puedo recibir un recado en esta casa. Cada vez que me llama alguien comunica. Así que hacedme el favor de usarlo menos, que yo tengo que recibir llamadas.
—Y nosotros ¿qué?
—Bueno, haced lo que os dé la gana. No sé para qué hablo. Aquí no me hace caso[9] ni el gato.

---

1 la amargura *die Verbitterung* **2** el candado *das Schloss* **3** el recado *die Nachricht* **4** la cháchara *die Plapperei* **5** la burla *der Spott* **6** el/la novio/-a *der/die feste Freund/in* **7** enamorado/-a *verliebt* **8** con cara de mosqueo *misstrauisch* **9** hacerle caso a alg. *auf jdn. hören*

LA LLAMADA DE LA HIJA MAYOR

Ocurre un viernes por la noche. La hija tiene diecisiete años y ha quedado con una amiga para irse por ahí. Se lo están pasando fenomenal y no les apetece[1] nada irse a casa a las diez. Deciden llamar a sus padres, pero como han gastado[2] la historia de que el autobús no viene, en un alarde de valentía[3] llaman para decir que se quedan a dormir en casa de la amiga. Labor que[4] lleva a cabo[5] cada una de ellas diciendo que se queda en casa de la otra.

Se pone la madre.
—Dígame.
—Mamá.
—Dime, hija.
—Que me quedo a dormir en casa de Conchi.
—Pero, ¿por qué?
—Venga, mamá...
—Espera, que se pone tu padre.
—No, no...

Pero no da tiempo. La madre ya ha dejado el auricular[6] sobre la mesita y se ha ido al cuarto de estar[7] a por el cabeza de familia.

Al otro lado del hilo telefónico[8] se produce la siguiente situación:

—¿Qué te ha dicho?
—¡Jo, tía, la he fastidiao[9]! Se va a poner mi padre.

Por fin habla su padre.
—¿Qué dice tu madre?
—Que me quedo en casa de Conchi y, así, acabamos un trabajo que tenemos que entregar[10] el lunes.
—Pues lo podías haber acabado esta tarde.
—¡Jo, papá, anda, si no pasa nada!
—Bueno, anda, pero mañana ven a comer.

Más o menos la misma historia, pero con los padres de la otra, se produce tres minutos más tarde. Al final terminan durmiendo en casa de una amiga que está sola porque los padres se han ido a Gandía.

Media hora después de la conversación telefónica el padre dice a su mujer que llame a casa de Conchi porque tiene la mosca detrás la oreja[11].

—Concha, soy la mamá de Virginia. Oye, ¿están ahí las chicas?
—Pero si me ha llamado mi hija diciendo que se quedaban en tu casa.

Y ya se ha «liao[12]».

A la mañana siguiente aparece la niña con ojeras[13].

La madre se adelanta y comenta a su hija que menudo[14] está su padre. La chica entra al cuarto de estar donde el padre mira la tele sin prestarle ninguna atención.

Ella le da un beso entre cariñosa y acongojada[15].

—¿Qué, qué tal el trabajo?
—Muy bien.
—¿Pero tú crees que yo soy idiota?

La hija se lleva una bronca tremenda y un castigo ejemplar que consiste en[16] no salir durante quince días o más. Castigo semejante[17] al que Conchi ha recibido por parte de sus padres. Pero al cabo de poco tiempo la historia se vuelve a repetir.

---

1 apetecer *gefallen* **2** gastar *hier: zu häufig erzählt* **3** en un alarde de valentía *in einem mutigen Augenblick* **4** labor que *eine Aufgabe, die* **5** llevar a cabo *durchführen* **6** el auricular *der Hörer* **7** el cuarto de estar *das Wohnzimmer* **8** el hilo telefónico *die Telefonschnur* **9** fastidiao = fastidiado **10** entregar *abgeben* **11** tener la mosca detrás de la oreja *vermuten, dass etwas nicht ok ist* **12** liao = liado *von: liarse durcheinander kommen* **13** las ojeras *die Augenringe* **14** menudo/-a *hier: verärgert* **15** acongojado/-a *beängstigt* **16** consistir en *darin bestehen* **17** semejante *ähnlich*

LA COMPRA DE ROPA

Se hace normalmente un sábado por la mañana. La madre le dice a su marido[1] que hay que ir a comprar ropa a los chicos porque no tienen nada para la temporada[2]. A la hora de la comida el padre dice a los hijos que por la tarde se van de compras. Los mayores pasan[3], alegando[4] que ellos prefieren que les dé el dinero y se lo compran por ahí a su gusto. El padre se cabrea[5], pero al final accede[6].

—Pues nada, nada, si ya no queréis nada con nosotros, pues muy bien; así vais como fantoches, que yo no sé cómo no os da vergüenza salir a la calle con esas pintas[7]. Y encima como es diseño de algún listo por ahí, que os comen el coco[8], os sacan un dineral... bueno, me lo sacan a mí.

—Vale papá.

—¡Ni vale ni nada! ¿O es mentira? Ahora, si no queréis venir, no vengáis.

El caso es que a las cuatro y media de la tarde los únicos que salen de compras son los padres con el pequeño. Se van a unos grandes almacenes[9] porque allí tienen de todo y no hay que patearse la ciudad de una tienda a otra.

Al niño no le dejan elegir nada y cada vez que le prueban una prenda[10] monta un escándalo.

—Mamá yo quiero ése.

—Ese no puede ser que es muy caro. Pruébate éste que es prácticamente igual[11].

—Sí..., ¡igualito!

—Te queda muy bien.

—¡Jo, mamá!..., ¡si me está enorme!

—¡Nada, le enrollas un poco las mangas y ni se nota[12]. ¿No querías un chaquetón de piel vuelta[13]?

—Sí, pero esto es un abrigo de piel de perro.

—¡Anda, no digas tonterías!

La madre indaga el precio y, al descubrir que están de oferta[14] por tratarse de tallas[15] supergrandes que nadie quiere, decide comprarlo.

—¡Hale, te está fenomenal! Además, así te dura para toda la vida.

—Sí, ya...

—No ves que si te compro uno de tu talla el año que viene se te quedaría pequeño...

Así que durante los primeros meses el niño lleva remangados[16] hasta los pañuelos de los mocos[17].

Luego está lo de los pantalones cortos.

—Jo, mamá, si es que se ríen de mí en el cole, y además paso un frío tremendo.

—Nada, nada.

—Sí, nada, nada, porque el que va con pantalones cortos soy yo.

—Pero si estás mucho más guapo.

—De eso nada.

—Tú qué sabes.

—Pues claro que lo sé, que soy el que los lleva.

En definitiva, que al niño le compran los pantalones cortos y así se va al colegio. Viene a casa con las piernas llenas de cabrillas protestando.

—Jo, mamá, qué frío paso.

—Qué frío ni qué historias...

—Jo mamá, que sí. Que paso mucho frío en las piernas y los compañeros me tiran pelotillas de papel con gomas y me duele mucho.

—Nada, nada, que las piernas no son del cuerpo.

Y con el cuento de que las piernas no son del cuerpo[18] el niño pasa más frío que un soldado, además de ser el hazmerreír del colegio por ir todavía con pantalones cortos a su edad.

Gomaespuma, Familia no hay más que una © Ediciones Temas de hoy

---

1 el marido *der Ehemann* **2** la temporada *die Saison* **3** pasar *hier: kein Interesse haben* **4** alegar *anführen* **5** cabrearse *sich ärgern* **6** acceder *einwilligen* **7** la pinta *der „Look"* **8** comer el coco a alg. *jdm. etwas aufschwätzen* **9** el almacén *das Kaufhaus* **10** la prenda *das Kleidungsstück* **11** igual *gleich* **12** notar *bemerken* **13** de piel vuelta *wendbar* **14** estar de oferta *im Angebot sein* **15** la talla *die Größe* **16** remangado/-a *hochgekrempelt* **17** el pañuelo de los mocos *umg. das Taschentuch* **18** el cuerpo *der Körper*

■■■ HABLAR SOBRE EL TEXTO

EL TELÉFONO

1 El cuento es de los años 90 y la tecnología no era tan moderna como ahora. Busca ejemplos en el texto.

2 Ponte en el lugar de Mayte y escribe un monólogo sobre la pelea en casa.
Puedes empezar así: El otro día tuvimos una tremenda pelea en casa. Me llamó ...

LA LLAMADA DE LA HIJA MAYOR

3 Resume el cuento con tus propias palabras.

primero	después	luego	entonces	al final	cuando	mientras	pero
sin embargo	aunque	también	además	porque	como	así que	

4 a «Pero al cabo de poco tiempo la historia se vuelve a repetir»:
Imaginad lo que pasa la próxima vez. Escribid un diálogo en parejas.

b Presentad el diálogo en clase.

LA COMPRA DE ROPA

5 ¿Qué crees que significan estas expresiones? Trata de sacar su significado por el contexto.

(parecer) un fantoche (l. 12)	enrollar las mangas (l. 35)
sacar un dineral (l. 15)	pasar frío (l. 55)
quedar muy bien (l. 33)	(tener) las piernas llenas de cabrillas (l. 66)
estar enorme (l. 34)	ser el hazmerreír (l. 78)

6 ¿Has tenido alguna vez un conflicto con tus padres por alguna prenda de ropa? Cuenta lo que pasó.

LOS TRES CUENTOS

7 ¿Quiénes forman parte de la familia y cómo son?

PREPARAR EL EXAMEN DELE

En estas páginas encuentras ejercicios típicos de los exámenes del «Diploma de Español como Lengua Extranjera (DELE)».

I COMPRENSIÓN DE LECTURA

Lee el siguiente texto y marca las respuestas correctas.

¿Estamos durmiendo lo suficiente?
Dormir siete u ocho horas cada noche es muy importante para la salud. Pensamos todo el tiempo cuánto dormimos y si estas horas son suficientes. Algunos dicen que dormimos más que antes, pero hace 100 años la mayoría de la gente dormía en condiciones terribles. La situación hoy en día es mejor, y la mayoría de nosotros en realidad dormimos muy bien. Entre siete u ocho horas cada noche es probablemente lo mejor.

¿Son los modelos actuales de sueño «normales»?
En realidad, dormir durante la noche probablemente no es normal. Dos períodos de sueño al día era antes la práctica más común en la mayor parte del mundo, y todavía lo es. La gente de los países del Mediterráneo hace siestas que duran varias horas y sólo necesita dormir cuatro o cinco horas en la noche y puede mantenerse despierta hasta más tarde.

Antes los europeos tomaban lo que llamaban «el primer sueño» cerca de las seis de la tarde, durante cerca de una hora, de manera que se sentían mejor para cualquier actividad social que ocurriera más tarde.
[…] Una siesta debe ser corta, de no más de 20 minutos, de lo contrario podría convertirse en un sueño total y se sentirá aturdido al despertar como si estuviera pasando por un *jet lag*.

De: Revista BBC Focus (texto adaptado, 2011)

1. Según el texto la cantidad de horas de sueño es un tema que …
   a) nos preocupa mucho.
   b) no nos importa absolutamente.
   c) nos importa sólo a veces.

2. Las prácticas del sueño …
   a) son para la mayoría de la gente igual que hace 100 años.
   b) son igual a la situación en el siglo pasado excepto en los países mediterráneos.
   c) han cambiado durante los siglos.

3. Dos etapas de sueño al día …
   a) son aún frecuentes en muchas partes del mundo.
   b) no son necesarias.
   c) son muy buenas para la salud.

4. La siesta debe ser …
   a) a las seis de la tarde.
   b) breve.
   c) de una hora de duración.

8 puntos

II EXPRESIÓN ESCRITA

Tú estás en Barcelona con unos amigos para pasar un fin de semana. Es vuestro primer viaje sin vuestros padres. Escribe una carta a tus padres y dales algunas informaciones sobre por ejemplo:

| las atracciones | las actividades | los otros chicos | la comida | el tiempo |

Escribe entre 80 y 100 palabras. Puedes empezar así:

¡Hola papá, hola mama!
Barcelona es genial …

102 ciento dos

III GRAMÁTICA Y VOCABULARIO

A la izquierda tienes 10 frases. En cada frase hay en letra negrita una palabra que no es adecuada. Sustitúyela por alguna de la lista de la derecha.

1. **Mientras** la semana nunca veo a mi novia.
2. Mi abuela siempre está **a** casa con su gato Lucas.
3. En esa fiesta **son** muchos estudiantes.
4. Es una chica muy elegante, nunca **trae** ropa deportiva.
5. **Antes de** dos semanas no conocía a Paco.
6. No quiero ir **porque** tengo muchas ganas.
7. **Como** era pequeña me encantaba jugar en la calle.
8. La biblioteca abre **por** las once de la noche.
9. **En** los domingos Ana juega al tenis.
10. Este es el chico **el cual** hermana va a mi clase.

a. cuya
b. En
c. Lleva
d. Aunque
e. Cuando
f. Hace
g. Durante
h. Hasta
i. todos
j. Hay

5 puntos

IV COMPRENSIÓN AUDITIVA

2|30

Escucha el siguiente diálogo, lee las preguntas y marca la opción correcta.

1. ¿Quién es la nueva novia de Luis?

2. ¿Dónde estaban Luis y Sonia estudiando Matemáticas?
   a) En el instituto.
   b) En la biblioteca.
   c) En casa de Luis.

3. ¿Qué va a hacer Luis esta tarde?
   a) Va a ir a la biblioteca a estudiar Matemáticas.
   b) Quiere jugar un partido de tenis.
   c) Va a ir al cine.

6 puntos

V EXPRESIÓN ORAL

Describe las viñetas 2 y 4 del siguiente cómic. Después narra la acción del cómic desde de la primera hasta la última viñeta. (10 minutos de preparación)

7 puntos

DESTREZAS

Die **Destrezas** sind wichtige Lern- und Arbeitstechniken, die du aus ¡Apúntate! 1, ¡Apúntate! 2, ¡Apúntate! 3 und ¡Apúntate! 4 kennst.

■■■ LESEN

Je nach Aufgabenstellung entscheide dich vor dem Lesen eines Textes für eine Lesestrategie:

1 Text über seine Gestaltung erschließen
Bevor du einen Text komplett liest, kannst du auf Grund seiner Gestaltung folgende Vermutungen über den Inhalt anstellen:
- Verrät das Druckbild etwas über die Textsorte (Artikel, Brief, Dialog, etc.)?
- Gibt es Bilder, die Informationen beisteuern können und den Inhalt des Textes verdeutlichen?
- Was sagen Überschrift(en) und Zwischenüberschriften aus?

2 Globales Lesen
Beim *globalen* Lesen überfliegst du den Text, ohne dich auf Einzelheiten zu konzentrieren. Überlege vor dem Lesen, um welche Textsorte es sich handelt und was du schon zum Thema des Textes weißt. Die W-Fragen (Was?, Wer?, Wo?, Wann?, Wie?, Warum?) können dir helfen, den Text global zu verstehen.

Die W-Fragen			
Was?	¿Qué?	Wann?	¿Cuándo?
Wer?	¿Quién?	Wie?	¿Cómo?
Wo(hin / her)?	¿(A / De) dónde?	Warum?	¿Por qué?

3 Selektives Lesen
Beim *selektiven Lesen* geht es darum, dem Text bestimmte Informationen zu entnehmen. Lies dir die Aufgabenstellung vorher genau durch und konzentriere dich beim Lesen nur auf die entsprechenden Passagen im Text:
- Was willst du wissen? Markiere wichtige Passagen, so findest du sie später schneller wieder.
- Gibt es Schlüsselwörter im Text? Notiere sie auf einer Karte in der Reihenfolge, in der sie im Text erscheinen oder erstelle eine mapa mental. (▶ Destrezas, S. 120/4)

4 Detailliertes Lesen
Beim *detaillierten* Lesen musst du den Text (z. B. Gebrauchsanweisung) im Detail verstehen.
- Untersuche die Passagen des Textes, die du gut verstehst („Verstehensinseln" bilden).
- Erschließe danach Schritt für Schritt alle unbekannten Wörter. Verwende dazu, wenn nötig, ein Wörterbuch. (▶ Destrezas, S. 120/5)

5 Textinhalt visuell darstellen
Untersuche zum genaueren Verständnis eines Textes gezielt einzelne Passagen und ordne sie nach bestimmten Kategorien, z. B. Beschreibung einer Person, Darstellung von Aktivitäten, Präsentation von Argumenten.
- Schaue dir die entsprechenden Textabschnitte genau an.
- Ordne die Informationen in Form einer mapa mental, einer Tabelle o. Ä.

Beispiel eines Stichpunktzettels

¿Quién?	→	¿Qué pasa?	→	¿problema?
– un chico y sus padres		– vuelven a Madrid		– el chico no está contento porque …
– Águeda		– está en Barcelona		– el chico la quiere mucho a ella
– una chica en Madrid		– [...]		– [...]

Destrezas | Hören

■■■ HÖREN

1 Globales Hörverstehen

Um Gespräche auf Spanisch zu verstehen, musst du nicht jedes einzelne Wort kennen. Wichtig ist es, den Text in seiner Gesamtheit zu erfassen.

Vor dem Hören:
Beachte die Aufgabenstellung. Manchmal wird die Gesprächssituation bereits angegeben. So kannst du dir vorab überlegen,
- worum es in dem Gespräch gehen könnte,
- welche und wie viele Personen sprechen,
- was die Personen sagen könnten.

Achte beim Hören
- auf Hintergrundgeräusche (z. B. Verkehrslärm, Schulhof),
- auf die Anzahl der sprechenden Personen (Monolog, Dialog, mehrere / viele Personen),
- auf den Tonfall der Sprecher (z. B. aufgeregt, erfreut, verärgert),
- nur auf die Abschnitte, die wichtig sind, um die Fragen zu beantworten. Die W-Fragen (Was?, Wer?, Wo(hin)?, Wann?, Wie?, Warum?) helfen dir, die wichtigsten Informationen aus dem Hörtext zu entnehmen.
- Wenn du den Text mehrfach hören kannst, konzentriere dich beim Hören auf alles, was du verstehst, einzelne Wörter oder vielleicht sogar Sätze. Beim nächsten Hören kannst du an diese Informationen anknüpfen.

> **Beim Hören Notizen machen**
> - Notiere nur Stichwörter.
> - Schreibe jede neue Information in eine neue Zeile. Verwende Spiegelstriche.
> - Kürze lange Wörter ab, lasse Artikel und Konjunktionen weg.
> - Verwende Abkürzungen / Symbole:
>   p. ej. (por ejemplo), – (weniger/menos), + mehr/más, = (gleich/igual), ≠ (gegensätzlich / diferente) usw.
> - Achte nicht auf die Rechtschreibung. Korrigiere später.
> - Höre während des Schreibens weiter zu.

2 Selektives Hörverstehen

Vor dem Hören:
Lies dir zunächst genau die Aufgabenstellung durch und mach dir klar, welche Informationen du heraushören sollst. Manchmal ergibt sich bereits aus der Aufgabenstellung, dass du eine Tabelle anlegen kannst, in die du die gesuchten Informationen einordnest.

Beim Hören:
- Achte auf Schlüsselwörter oder -sätze und ignoriere den Rest.
- Notiere dir beim Hören Stichpunkte oder trage die Informationen in eine Tabelle ein.

Beispiel einer Tabelle zu S. 14/4a

Rafa	Ana	Marisa	Tomás
salir a pasear con el perro	[...]	[...]	[...]

3 Detailliertes Hörverstehen

Manchmal (z. B. beim Erfragen einer Adresse) ist es wichtig, alle Einzelheiten zu verstehen.
- Höre den Text zunächst so wie beim globalen Hörverstehen.
- Wenn du die Hauptaussage verstanden hast, achte nun auf die detaillierten Informationen, die du verstehen sollst und mache dir dazu Notizen.

■■■ DIALOGISCHES SPRECHEN

1 Gespräche

Um dich in unterschiedlichen Gesprächssituationen richtig und sicher ausdrücken zu können, solltest du die Redewendungen aus den „Para comunicarse"-Kästen in den chronologischen Vokabellisten lernen. Mit diesen Redewendungen kannst du dich im Spanischen flüssig ausdrücken.

Wenn dir in Gesprächen das richtige Wort nicht einfällt, kannst du es mit verschiedenen Ausdrücken erfragen. Hier findest du eine Übersicht wichtiger Ausdrücke für bestimmte Gesprächssituationen:

nachfragen / um Erklärungen bitten	Ärger ausdrücken
¿Perdón, puede(s) hablar más despacio, por favor?	¡Qué paliza!
Perdón, (yo) no lo entiendo.	¡Qué palo!
¿Puede(s) repetirlo, por favor?	¡No es justo!
No entiendo la palabra / la frase […].	Me molesta que […].
¿Puedes(s) explicar la palabra […]?	A mí me aburre que […].
¿Qué significa / quiere decir […]?	Estoy harto de […].
	Me fastidia que […]
	¡Basta!

Freude ausdrücken	Einverständnis ausdrücken	Uneinigkeit ausdrücken	Bedauern ausdrücken
¡Es una pasada!	¡Estoy de acuerdo!	¡No estoy de acuerdo!	¡Qué pena!
¡Qué genial!	¡Por supuesto!	¡No hombre!	¡Lo siento!
	¡Vale! ¡Claro!		

2 Eine Diskussion vorbereiten

Wichtige Argumente sammeln

Schreibe das Thema und dein Diskussionsziel auf. Sammle alle Argumente, die dir einfallen, um dein Ziel zu erreichen. Ordne sie anschließend:
- Welches sind deine stärksten / schwächsten Argumente?
- Stelle dir die möglichen Gegenargumente deines Gesprächspartners vor.
- Überlege, mit welchen deiner eigenen Argumente du diese entkräften kannst.
- Überlege dir auch ein Kompromissangebot.

Hier findest du wichtige Redemittel, die du in einer Diskussion verwenden kannst:

Argumente für / gegen etwas	seine Meinung äußern
No es justo que …	Mira. Oye.
Es necesario que …	En cambio …
No creo que …	por eso
Me fastidia que …	además
Es importante que … ⎫	¿Y qué?
Es una vergüenza que … ⎬ + subjuntivo	Vamos a ver.
Es una lástima que … ⎭	… es más importante que …
Espero que …	Ese aspecto (no) es nuevo para mí.
Ojalá que …	No sólo … sino también …
Me da miedo que …	Por supuesto, …
Para que …	No pasa nada.
	¿Nunca has oído hablar de …?
Creo que … ⎫	No seas tan cabezón.
Pienso que … ⎬ + indicativo	Al contrario.
Me parece que … ⎭	Lo siento.

Destrezas | Dialogisches Sprechen

Alternativen vorschlagen	unterbrechen / Thema wechseln
¿Qué tal si …? ¿Por qué no …? ¿Qué te / le parece si …?	Cambiando de tema, … Déjate de cuentos. Un momento, … ¿Qué dices?

zustimmen	ablehnen
Vale. Bueno, te entiendo. Sí, tienes razón. Hay que aceptar que … ¡Qué buena idea! Sí, ya lo sé. Yo también / tampoco. Claro que sí. De acuerdo.	No estoy de acuerdo con … Sin embargo yo creo que … Ah no, no es verdad. Estás exagerando. Pero tú también tienes que entender que … Eso me parece interesante / …, pero … Pero, por favor, … Sí, pero … No es justo. ¡Qué va!

3 Eine Debatte durchführen

Bei einer Debatte treten zwei Personen oder Teams gegeneinander an, die konträre Standpunkte zu einer Frage, einer These oder einem Problem vertreten. Eine Jury entscheidet, wer überzeugender aufgetreten ist.

Vorbereitung: Überlege dir zunächst – wie bei einer Diskussion – schlagkräftige Argumente für deine Position. Formuliere sie aus und übe sie ein (Redemittel ▶ Destrezas, S. 104–105 / 2). Versuche, dir die Argumente der Gegenseite vorzustellen und überlege, wie du sie entkräften kannst. Überlege dir ggf. auch, mit welchen Nachfragen du dein Gegenüber verunsichern kannst.

Ablauf: Die Debatte läuft nach vorher festgelegten Redezeiten in einem Dreierschritt ab:
1. Zu Beginn legt jede Seite nacheinander in einem kurzen Eingangsstatement ihre Position dar.
2. Danach führen beide Seiten abwechselnd ihre Argumente aus. Nach jedem Argument kann der Gegenseite kurz Gelegenheit gegeben werden, Zwischenfragen zu stellen.
3. Am Ende fassen beide Seiten ihre Position und die Hauptargumente kurz zusammen.

Bewertung: Die Jury achtet auf die Redezeiten. Sie protokolliert und bewertet die Debatte. Dabei bewertet sie neben der Sprache (Aussprache und Intonation, Grammatik, Wortschatz) die Gesprächsstrategien (Auftreten des Redners, Aufbau und Überzeugungskraft der Argumentation) und den Inhalt der Argumente (Nachvollziehbarkeit und Verständlichkeit, Wahl der Beispiele).

So könnt ihr die Debatte bewerten:

Sprache	Strategie	Inhalt	Punktezahl
(max. 10 Punkte)	(max. 5 Punkte)	(max. 5 Punkte)	(= max. 20 Punkte)

4 Das Interview

Bei einem Interview befragst du eine Person zu einem bestimmten Thema.
- Sammle Fragen, die für das Gespräch von Interesse sein könnten.
- Überlege dir einen Einleitungs- und Schlusssatz sowie eine Begrüßungs- und Abschiedsformel.
- Benutze nur Themenkärtchen mit Stichpunkten, so kannst du die Reihenfolge deiner Fragen flexibler variieren.

ciento siete 107

Beispiel eines Themenkärtchens

Costa Rica	**Costa Rica**
Animales	Geografía
→ ¿Qué / animales?	→ ¿Dónde?
→ ¿Cúales / peligrosos?	→ ¿Cómo / la naturaleza?

Wenn du etwas nicht genau verstanden hast, frage noch einmal nach. Damit das Gespräch lebendig bleibt, kannst du folgende Redemittel verwenden:

Fragen zum Thema stellen	**zu einer weiteren Frage überleiten**	**eine Aussage bestätigen**
¿Qué [...]?	Bueno [...].	¡Por supuesto!
¿Dónde está [...]?	Pues, [...].	¡Qué interesante!
¿Cómo/Cuál es [...]?	Ahora me gustaría hablar de [...].	¡Claro que sí!
¿Por qué [...]?		Estoy de acuerdo.
¿De verdad?	Otro aspecto interesante es [...].	
¿Hay otras cosas interesantes en [...]?	Y por último [...].	

5 Rollenspiele

Vor dem Rollenspiel:

- Mach dir die Situation und die Figuren klar, die dargestellt werden sollen.
- Notiere auf einer Rollenkarte (ficha de rol) die Eigenschaften der Figur, die du darstellen willst und was sie sagen oder tun soll.
- Überlege, welchen Charakter deine Mitspieler verkörpern und wie sie reagieren werden (▶ Destrezas, S. 110 / 3).

Beispiel einer Rollenkarte zu S. 57 / 6

tu amigo/-a	tú
– no muy activo/-a	– deportista
– [...]	– [...]

Während des Rollenspiels:
- Sprich möglichst frei.
- Sprich laut und deutlich, damit die Zuschauer dich verstehen.

Bei einem Hörspiel ist es besonders wichtig, wie gesprochen wird. Denke daran, dass den Zuhörern nur die Stimmlage und die Hintergrundgeräusche helfen, die Situation und die Dialoge zu verstehen.

■■■ MONOLOGISCHES SPRECHEN

1 Ein Referat halten

Vor der Erstellung eines Referats überlege dir:
- Wie lang soll das Referat werden?
- Wie viele Teile soll es haben? Womit willst du beginnen und enden?
- Bereite Themenkärtchen mit den wichtigsten Informationen vor. So kannst du das Referat flexibel gestalten und auf deine Zuhörer besser eingehen.

Destrezas | Monologisches Sprechen

Folgende Ausdrücke helfen dir bei der Strukturierung des Referats:

Einführung des Themas	Strukturierung des Referats
El tema de mi presentación es [...]. He elegido este tema porque [...]. Hoy voy a hablar sobre [...]. Aquí en este cartel / en esta foto [...].	En mi introducción os quiero hablar / presentar [...]. Después [...] os voy a dar más información sobre [...]. Para terminar / al final [...]. Si tenéis preguntas, levantad la mano, por favor.

Ein Referat halten
- Teile die Gliederung deines Referats an deine Mitschüler aus.
- Sprich laut, langsam, deutlich und möglichst frei.
- Halte Blickkontakt mit deinen Zuhörern.
- Fasse jeden Abschnitt deines Referats kurz zusammen. Gib deinen Zuhörern die Gelegenheit, Fragen zu stellen. Sei darauf gut vorbereitet.

Ein Referat beurteilen
Wenn du ein Referat beurteilen möchtest, kann ein Evaluierungsbogen sehr nützlich sein. Er sollte folgende Punkte enthalten:

	ja	nein	mehr oder weniger
1. War die Präsentation interessant?	☐	☐	☐
2. Wurde die Präsentation inhaltlich gut vorbereitet?	☐	☐	☐
3. Waren alle Informationen zum Thema enthalten?	☐	☐	☐
4. War das Referat zu lang / zu kurz?	☐	☐	☐
5. Hat der Referent ansprechende Zusatzmaterialien (Bilder, Tonmaterial etc.) verwendet?	☐	☐	☐
6. Hat der Referent laut, deutlich und frei gesprochen?	☐	☐	☐
7. Gab es die Möglichkeit Fragen zu stellen?	☐	☐	☐

2 Einen Kurzvortrag halten (Charla de un minuto)

Vorbereitung
- Überlege genau, welche Informationen zu deinem Thema wichtig sind, und ob du sie innerhalb von einer Minute präsentieren kannst.
- Sammele alle notwendigen Ausdrücke und Redewendungen (evtl. in Form eines Mind-Maps oder einer Tabelle).
- Formuliere den Text zunächst unter folgenden Gesichtspunkten aus:
  1. Welche Informationen interessieren die Zuhörer/innen?
  2. Welche Reihenfolge bietet sich für die Darstellung der Informationen an?
  3. Gibt es unbekanntes Vokabular, das erklärt werden muss?
- Fertige anschließend einen Stichwortzettel an, damit du den Kurzvortrag möglichst frei halten kannst. (Formulierungen ▶ Destrezas, S. 108 / 1).
- Versuche den Vortrag visuell zu unterstützen (z. B. in Form eines Plakats, mit Fotomaterial etc.), damit dir deine Mitschüler/innen besser folgen können.

Durchführung
- Sprich laut, langsam, deutlich und so frei wie möglich, ohne aus den Augen zu verlieren, dass dein Vortrag die Länge von einer Minute nicht überschreiten sollte.
- Halte Blickkontakt mit deinen Zuhörern/-innen.

3 Ein Bild / Foto beschreiben

Bei einer Bildbeschreibung solltest du folgende Dinge beachten:

- Sage zunächst, worum es auf dem Bild geht (Este es un dibujo / Esta es una foto de …)
- Gib dann eine strukturierte Beschreibung. Wähle dazu eine sinnvolle Reihenfolge, um die abgebildeten Elemente zu nennen: z. B. von der Mitte nach außen oder von oben nach unten oder umgekehrt.
- Versuche sinnvolle Zusammenhänge zu schaffen und nicht bei der Beschreibung im Bild hin- und her zu „springen".
- Achte bei deinen Formulierungen auf den Gebrauch von estar (sich befinden) und hay (es gibt …). Wenn auf dem Bild Personen zu sehen sind, kannst du ihr Äußeres beschreiben. Willst du deren Handlungen beschreiben, verwende estar + gerundio.
  Beispiel: En la foto hay dos personas. Una está sentada, la otra está caminando.

Folgende Ausdrücke für die Bildbeschreibung kannst du verwenden:

Arriba A la izquierda En el centro A la derecha Abajo En el primer plano Al fondo	hay [...]. puedes ver [...].	Cerca Detrás Delante Al lado	del / de la [...]	hay un/a [...]. está el / la [...].

4 Eine Person / Figur beschreiben

las profesiones
ser: alumno/-a; profesor/a; detective; moderador/a; …

las relaciones familiares
ser: el hijo / la hija (de); el padre / la madre (de); …

el origen
ser: de Alemania; alemán / alemana de España; español / española; …

el cuerpo
ser: alto/-a; bajo/-a; delgado/-a; *gordo/-a*

el pelo
ser: rubio/-a; moreno/-a; *pelirrojo/-a*

tener el pelo: castaño; corto / largo / rizado

la ropa
llevar: gafas de sol; una camisa de manga corta; …

hablar sobre
una persona / un personaje
tener … años

ser: abierto/-a, aburrido/-a, activo/-a, agresivo/-a, alegre, atento/-a, atractivo/-a, bueno/-a, cariñoso/-a, cerrado/-a, deportista, elegante, famoso/-a, fantástico/-a, feliz / felices, feo/-a, gracioso/-a, guapo/-a/, importante, impresionante, imprudente, inquieto/-a, inteligente (listo/-a), interesante, malo/-a, tonto/-a

estar: cansado/-a, contento/-a, enfermo/-a, (medio) loco/-a, nervioso/-a, perplejo/-a, sano/-a

5 Einen Ort beschreiben

Redemittel und Wortschatz zur Beschreibung einer Landschaft / eines Ortes:

> ¿Qué distancia hay entre [...] y [...]?
> Hay más de [...] kilómetros. / Hay unos [...] kilómetros.
> La ciudad [...] está cerca de [...].
> está cerca de la frontera con [...].
> limita con [...].
> está en la provincia de [...].

> [...] es la capital de [...].
> Los habitantes de [...] hablan [...].
> [...] es una ciudad muy bonita / muy grande / [...].
> [...] es la ciudad más grande de [...].
> [...] tiene montañas / mar / playas / barrios (bonitos) / [...]
> La montaña más alta de [...] es [...].
> El río más largo es [...].

el paisaje:
la costa – el mar – la playa –
el campo – la sierra – la montaña –
la ciudad – el pueblo –
la isla – el desierto

el tiempo:
hace buen / mal tiempo
la tormenta – el sol –
hace calor / frío / sol
hay muchas nubes

la naturaleza:
el cielo – el árbol – el bosque –
el jardín – la flor – el río – el lago –
el animal – la tienda de campaña –
la primavera – el verano – el otoño –
el invierno

en mi barrio:
el polideportivo – la panadería –
el edificio – la calle – la iglesia –
la torre – la casa – el castillo –
el kiosco

en la calle:
el semáforo – el coche – el camino

el clima:
tropical – caluroso – húmedo

sitio

6 Recherchieren

Grenze dein Thema genau ein. Stelle dir selbst Fragen zu dem gegebenen Thema und notiere dir alles, was dir dazu einfällt. So kannst du klären, welche Informationen unbedingt dazu gehören bzw. welche über das Thema hinausgehen.

Benutze unterschiedliche **Quellen** für die Informationssuche:
– Welche Informationen gibt dir das **Lehrbuch** (im Anhang, in den Lektionstexten, aber auch über Bilder)?
– Hast du eigene **Nachschlagewerke** (z. B. Enzyklopädien, Geschichtsbücher, Atlanten, Reiseführer) zu Hause oder findest du solche in der Bibliothek?
– Kennst du geeignete **Internetseiten**? Wenn nicht: Welche Suchbegriffe führen dich zu den für dich wichtigen Informationen? Denk daran: Nicht alle Internetseiten sind verlässliche Quellen! (Informationen von Wikipedia müssten mit Hilfe einer weiteren Quelle abgesichert werden.)
– Gibt es **Personen** oder **Organisationen,** die dir Auskünfte erteilen oder Informationsmaterial zur Verfügung stellen können? Dann musst Du gegebenenfalls ausreichend Zeit für die Beschaffung einrechnen.

Wenn du deine Informationen zusammengetragen hast, überlege dir, wieviel davon du zusammenfassen willst und wie du sie ansprechend präsentieren kannst.

SCHREIBEN

1 Einen Text schreiben

Bevor du einen Text schreibst, überlege, welche **Textsorte** (Brief, Dialog, Zusammenfassung, informativer Text) du verfassen willst und wer den Text lesen wird.

- Beim Schreiben helfen dir die Redewendungen aus den Lehrbuchtexten und aus den „Para comunicarse"-Kästen in den chronologischen Wortlisten.
- Versuche den Satzbau zu variieren, um den Text für den Leser interessanter zu gestalten.
- Benutze Konnektoren, um die Sätze aufzulockern.

Konnektoren

pero	mientras	cuando	después de	antes de
	entonces	sin embargo	además	por un lado
por otro lado	primero	luego	etc.	

2 Eine Zusammenfassung schreiben

Die Zusammenfassung eines Textes ist immer kurz. Die wichtigsten Informationen des Ausgangstextes findest du, indem du

- bei einem erzählenden Text die W-Fragen stellst (Wer?, Was?, Wann?, Wie?, Weshalb?, Warum?).
- bei einem informativen Text nach dem Thema, der Hauptinformation und einer möglichen Schlussfolgerung fragst.

Schreibe die Zusammenfassung immer im Präsens. Verfasse sie mit deinen eigenen Worten. Beachte, dass sie nur Fakten, keine direkte Rede oder Zitate enthält.

3 Eine Rezension schreiben

Bei einer Rezension verfasst du eine persönliche Stellungnahme zu einem Buch oder einem Film. Dabei sprichst du eine deutliche Empfehlung dazu aus, an der sich andere Leser bzw. Zuschauer orientieren können.

- Fasse die Handlung kurz zusammen und charakterisiere ggf. kurz den/die Protagonisten.
- Nenne die wichtigsten Aspekte des Buches bzw. des Filmes (z. B. Ist die Handlung überzeugend? Ist die Verhaltensweise der Figuren logisch? Ist die Struktur sinnvoll?).
- Gib Zusatzinformationen an (z. B. über den/die Autor/in bzw. Regisseur/in, Auszeichnungen, Spezialeffekte, Filmmusik).
- Erkläre, warum dir das Buch bzw. der Film (nicht) gefällt. Vergiss nicht zu erwähnen, ob du es/ihn weiterempfehlen würdest und erkläre auch warum.

4 Kreatives Schreiben

Bei der Aufforderung einen kreativen Text zu schreiben, soll ein Text weitergeschrieben oder in eine andere Textsorte umgewandelt werden. Eine Geschichte kann aus einer anderen Perspektive erzählt werden oder eine Abbildung kann ein Anlass sein, sich in eine bestimmte Situation hineinzuversetzen. Diese Fortführungen oder Umwandlungen sollen dir helfen, die Geschichte genauer zu verstehen.

Die Arbeitsanweisungen lauten *continúa*, *inventa* oder *imagina*. Du sollst dich mit Phantasie in die Aufgabe hineinversetzen und Handlungen bzw. Dialoge frei erfinden. Trotzdem musst du dich an die inhaltlichen Vorgaben halten (z. B. den Charakter einer bestimmten Person) und die Merkmale der verlangten Textsorte berücksichtigen (z. B. Brief, Tagebucheintrag, Blog, Streitgespräch).

Destrezas | Schreiben

- Lies den Ausgangstext genau durch und überlege dir, welche Informationen für deine kreative Aufgabenstellung wichtig sind. Wenn es darum geht, sich in eine Figur hineinzuversetzen, kannst du dir überlegen, wie sich die Figur in dieser Situation fühlt, was sie denkt und wie sie reagieren könnte.
- Notiere deine eigenen Ideen und Assoziationen. Ordne diese mit Hilfe einer *mapa mental* und lege für dich fest, wie die Geschichte weitergehen bzw. ausgehen soll.

5 Einen Brief schreiben

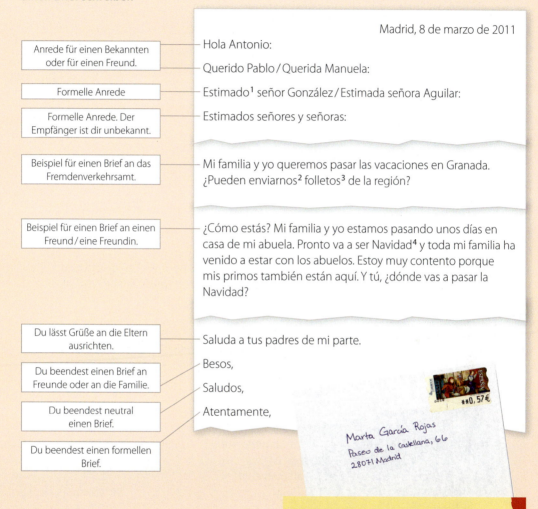

1 estimado/-a *sehr geehrte/r*
2 enviar *senden*
3 el folleto *Prospekt*
4 (la) Navidad *Weihnachten*

Tipp: Wenn du einen Brief schreibst, achte auf die spanische Schreibweise des Datums (ein **de** vor der Jahresangabe). Außerdem vergiss nicht den Doppelpunkt nach der Anrede sowie die Großschreibung danach.

ciento trece 113

6 Eine Bewerbung schreiben

In einem Bewerbungsschreiben erläuterst du knapp, warum du dich für die Tätigkeit interessierst bzw. warum du dafür besonders geeignet bist.

Tim Lorenz
Sonnenstraße 14
20144 Hamburg

A la atención de[1]: Pedro Sánchez López
Hotel Mirasol
Avda. Mallorca, 53, 4° 3ª
37012 Salamanca

19 de marzo de 2011

Asunto: Prácticas en el «Hotel Mirasol»

Estimado[2] señor Sánchez:

Me dirijo a[3] usted para solicitar[4] unas prácticas en su hotel en este verano.

Dispongo de las condiciones necesarias. Ya he adquirido experiencia[5] en el sector de turismo: el año pasado hice unas prácticas en una agencia de viajes[6]. También tengo experiencia en el área gastronómica porque trabajo dos veces por semana en un restaurante español en Hamburgo.

Llevo estudiando tres años español en el instituto y estoy seguro de que ya tengo el nivel[7] necesario para informar[8] a los huéspedes[9] sobre el hotel y para contestar sus preguntas.

Tengo disponibilidad[10] en todo el mes de agosto.

Con mucho gusto[11] voy a responderle sus preguntas.

En espera de su respuesta le saluda atentamente[12]

Tim Lorenz

Adjunto: Currículum Vitae

---

1 a la atención de *zu Händen von* **2** estimado/-a *sehr geehrte/r* **3** dirigirse a *sich wenden an* **4** solicitar *sich bewerben* **5** adquirir experiencia *Erfahrung sammeln* **6** la agencia de viajes *das Reisebüro* **7** el nivel *das Niveau* **8** informar *informieren* **9** el huésped *der Gast* **10** la disponibilidad *die Verfügbarkeit* **11** con mucho gusto *sehr gerne* **12** en espera de su respuesta le saluda atentamente *in Erwartung auf Ihre Antwort verbleibe ich mit freundlichen Grüßen*

7 Einen Lebenslauf verfassen

Ein tabellarischer Lebenslauf nennt Angaben zur Person (Name, Adresse, Geburtsdatum, etc.), schulischen Bildung sowie weiteren Kenntnissen (z. B. Sprachen, Computerkenntnisse), Berufserfahrung (z. B. Praktika) und Freizeitaktivitäten.

CURRÍCULUM VITAE[1]

INFORMACIÓN PERSONAL[2]

Nombre:	Tim Lorenz
Dirección[3]:	Sonnenstraße 14
	20144 Hamburg
Teléfono:	040/81 32 61 56
E-mail:	tim.lorenz@gmx.de
Fecha de nacimiento[4]:	25 de junio de 1995
Nacionalidad[5]:	alemana

EDUCACIÓN Y FORMACIÓN

Estudios:	Gymnasium (E.S.O.)
Lenguas:	alemán (lengua materna)
	español (B1)
	inglés (B2)
Conocimientos de informática[6]:	Word y Excel

EXPERIENCIA LABORAL[7]

Agosto de 2010:	Prácticas en la agencia de viajes[8] «Bali» en Hamburgo
Actualmente[9]:	Camarero en el restaurante «Tapas» en Hamburgo

INTERESES PERSONALES[10]

hacer deporte, viajar, leer

Hamburgo, 19 de marzo de 2011

Tim Lorenz

---

1 (el) currículum vitae *(der) Lebenslauf*   **2** (la) información personal *persönliche Daten*   **3** (la) dirección *(die) Adresse*   **4** (la) fecha de nacimiento *(das) Geburtsdatum*   **5** (la) nacionalidad *(die) Staatsangehörigkeit*   **6** conocimientos de informática *Computerkenntnisse*   **7** (la) experiencia laboral *(die) Arbeitserfahrung*   **8** la agencia de viajes *das Reisebüro*   **9** actualmente *derzeit*   **10** intereses personales *persönliche Interessen*

8 Fehler selbst korrigieren

Um die Anzahl deiner Fehler zu verringern, mach dir eine Checkliste mit deinen „Lieblingsfehlern":

1.	Hast du die Begleiter, Artikel und Adjektive an das Geschlecht und die Zahl des Nomens angepasst?	vuest**ras** amig**as**, **el** **a**gua fresca (f.), **el a**ula llena (f.), **los** pintor**es**, un**os** chandal**es** amarill**os** y nuev**os**
2.	Hast du an die Verschmelzung des Artikels gedacht?	el zapato **del** chico Dale el cuaderno **al** profe.
3.	Hast du an die Verkürzung bestimmter Adjektive gedacht?	el **buen** amigo, el **mal** jugador
4.	Stimmen die Verbformen mit ihrem Subjekt überein?	**Hay** pocas person**as**. / Poc**os** jueg**an** al fútbol. / **Nadie** sab**e** el camino.
5.	Hast du an die Akzente der Fragewörter gedacht?	¿Q**ué** quieres? / ¿Ad**ó**nde vas? / ¿De d**ó**nde eres? …
6.	Hast du an die Akzente der Pronomen t**ú**, **é**l, m**í** gedacht?	T**ú** eres mi amiga. / **É**l es mi hermano. / A m**í** me gustaría aprender alemán.
7.	Hast du auf die Unregelmäßigkeiten bestimmter Verben / Verbformen geachtet?	Siempre v**ue**lvo temprano del insti. / ¿Qu**ie**res ir al centro? S**i**gue esta calle todo recto.
8.	Hast du die richtige Vergangenheitsform verwendet?	Ayer **estuve** con Teresa. Esta mañana **he estado** en el instituto.
9.	Hast du beachtet, dass bestimmte Ausdrücke den **subjuntivo** auslösen?	**Es necesario que** sepamos lo que vamos a decir.
10.	Hast du das **pretérito indefinido** und das **pretérito imperfecto** richtig verwendet?	Al mediodía, Pablo **fue** a la biblioteca porque **tenía** que devolver unos libros.

9 Die Rechtschreibung verbessern

Spanische Wörter, die dem Deutschen oder Englischen ähneln, sind meist einfach zu lernen. Aber achte besonders bei diesen Wörtern auf die Rechtschreibung. Überprüfe sie mit Hilfe eines Wörterbuchs oder der alphabetischen Liste.

■■■ LITERARISCHE TEXTE ERSCHLIEẞEN

1 Narrative Texte erschließen

Die bestimmenden Elemente eines Erzähltextes sind Handlung, Figuren, Zeit und Raum. Die wichtigsten narrativen Gattungen sind Roman, Erzählung und Kurzprosa (z. B. Kurzgeschichten).

- Verschaffe dir zunächst einen Überblick über den Inhalt des Textes: zentrales Thema und Situation, handelnde Personen, Zeit und Ort, Erzählperspektive (Wer erzählt?).
- Wenn du den Ich-Erzähler bzw. eine im Text vorkommende Person charakterisieren sollst, so belege deine Charakteristik mit allen Informationen, die der Text enthält (z. B. Aussehen, Familie, Herkunft, Verhalten, Verhältnis zu anderen Figuren, etc. ▶ Destrezas, S. 110 / 3). Diese Informationen können auch indirekt im Text enthalten sein.
- Untersuche dann die formalen und stilistischen Besonderheiten, die in Zusammenhang mit dem Inhalt und der Aussage des Textes stehen und beschreibe ihre Wirkung und Funktion.

Destrezas | Literarische Texte erschließen

La novela / El cuento (corto) trata de[1] …
El argumento[2] es …
El tema es …

El / La protagonista[3] es …
Los personajes secundarios[4] son …

La acción[5] tiene lugar[6] | en el siglo XX.
en Barcelona.

El lenguaje[7] es | sencillo / complejo[8].
coloquial[9].

La novela / El cuento (corto) tiene un narrador[10] | en primera persona.
en tercera persona / omnisciente[11].

1 tratar de *handeln von* **2** el argumento *die Handlung* **3** el / la protagonista *die Hauptfigur* **4** el personaje secundario *die Nebenfigur* **5** la acción *die Handlung* **6** tener lugar *stattfinden* **7** el lenguaje *die Sprache* **8** complejo/-a *komplex* **9** coloquial *umgangssprachlich* **10** el / la narrador/a *der / die Erzähler/in* **11** omnisciente *allwissend*

2 Lyrische Texte erschließen

Untergattungen von lyrischen Texten sind z. B. Gedichte und Lieder.

Gedichte
Kläre die inhaltlichen Aspekte:
- Was ist das Thema? Was erfährst du über den Sprecher (das „lyrische Ich")? Gibt es einen Adressaten des Textes?
- Die Botschaft eines lyrischen Textes kannst du erschließen, indem du auf auffällige Strukturen achtest (z. B. Wiederholungen).

Schau dir auch die formalen Aspekte an: Besteht der Text aus Strophen? Wenn ja, aus wie vielen Versen besteht eine Strophe?

El tema del poema[1] es …

La persona (el «yo lírico»[2]) tiene un tono[3] | alegre.
triste.

Se dirige[4] a | los jóvenes.
una persona amada.

La persona (el «yo lírico») expresa[5] …

El poema tiene | … | estrofas[6].
versos[7].

1 el poema *das Gedicht* **2** el yo lírico *das lyrische Ich* **3** el tono *der Ton* **4** dirigirse a *sich wenden an* **5** expresar *ausdrücken* **6** la estrofa *die Strophe* **7** el verso *der Vers*

Lieder
Lieder haben viele Merkmale mit Gedichten gemeinsam. Sie sind in der Regel in Strophen und Refrains gegliedert. Der Refrain liefert oft den Schlüssel zum Textverständnis. Die Musik wirkt meist unterstreichend.

La letra[1] es | fácil / difícil de comprender.
profunda[2] / superficial[3].
cursi[4].

La música es | alegre.
triste.
aburrida.
agradable.

1 la letra *der Text* **2** profundo/-a *tiefgründig* **3** superficial *oberflächlich* **4** cursi *kitschig*

3 Theaterstücke erschließen

Theaterstücke lassen sich in verschiedene Formen unterteilen: Tragödie, Komödie und Tragikomödie. Ein Theaterstück ist in der Regel in Akte und Szenen unterteilt. Die Bühnenanweisungen informieren darüber, wie sich der Autor die Personen, die Kostüme, etc. vorstellt.

Das Entscheidende an einem Theaterstück ist die Aufführung, daher ist bei der Lektüre wichtig, sich auch das Bühnenbild und die handelnden Personen vorzustellen.

La obra de teatro trata de …			Tiene … actos[1].	
La escena[2] es	graciosa. triste. romántica[3]. violenta[4].		Las acotaciones[5] son	largas. cortas.
La puesta en escena[6] La escenografía[7]	es	impresionante. aburrida.	El actor / La actriz actúa	bien. mal.

1 el acto *der Akt* **2** la escena *die Szene* **3** romántico/-a *romantisch* **4** violento/-a *gewaltsam* **5** la acotación *die Regieanweisung* **6** la puesta en escena *die Inszenierung* **7** la escenografía *das Bühnenbild*

4 Zitieren

Beim Schreiben eines Textes mußt du dich oft auf den Originaltext beziehen, um die Richtigkeit deiner Argumente zu beweisen oder deine eigene Interpretation überzeugend erscheinen zu lassen.

direkte Zitate:

Ein Zitat gibt den Originaltext wörtlich wieder und es muss stets als solches erkennbar sein durch die Verwendung von
- Anführungszeichen, damit Zitatanfang und Zitatende klar erkennbar sind: «…»
- eckigen Klammern, wenn Wörter hinzugefügt oder weggelassen werden: […]:
  «[Cristóbal Colón y los conquistadores españoles] demostraron definitivamente que la Tierra era redonda […]».
- Klammern mit Angabe der Textzeile: (l. ….): Los indígenas sintieron pena por los españoles: «Estos pobres hombres están peor que nosotros. Es necesario que los ayudemos» (l. 8).

indirekte Zitate:

Según el texto El texto dice que	cabeza de Vaca aprendió a cazar bisontes cuando vivía con los indígenas (ver ll. 1–20).

■■■ SPRACHMITTLUNG

1 Wiedergeben / Zusammenfassen von Textinhalten

Bei der Sprachmittlung geht es darum, den Inhalt eines Textes sinngemäß in der anderen Sprache wiederzugeben bzw. zusammenzufassen.

Achte bei der sinngemäßen Wiedergabe eines Textes auf Folgendes:
- Achte beim Zuhören oder Lesen nur auf die wichtigsten Informationen, die dein Gegenüber braucht, um die Nachricht oder den Text zu verstehen.
- Übersetze nicht wörtlich, sondern formuliere mit deinen eigenen Worten.
- Verwende Schüsselwörter, die du gut kennst und sicher anwenden kannst.
- Umschreibe Wörter, die du nicht kennst, mit einfachen Wörtern.
- Wenn dir Wörter nicht einfallen, nenne Beispiele.

2 Dolmetschen

Beim Dolmetschen geht es um die mündliche Wiedergabe einzelner Äußerungen aus der jeweils anderen Sprache. Dabei übernimmst du die Rolle des Dolmetschers.
- Überlege genau, was die Person für die du dolmetschst, sagen möchte.
- Übertrage diese Äußerungen sinngemäß ins Spanische bzw. Deutsche.

■■■ WORTSCHATZ

1 Die Bedeutung von unbekannten Wörtern herausfinden

Wenn du ein Wort nicht kennst, gibt es viele Tricks und Arbeitstechniken, die dir helfen, seine Bedeutung zu erschließen, ohne gleich zum Wörterbuch greifen zu müssen.

Mit Hilfe anderer Sprachen

Wenn du ein Wort nicht kennst, überlege, ob es Ähnlichkeit mit einem deutschen Wort oder einem Wort einer anderen Sprache hat (Englisch, Französisch, etc.). Zahlreiche Begriffe sind in vielen Sprachen ähnlich, z. B. hotel, museo, información.

⚠ Es gibt auch Begriffe, die denen anderer Sprachen ähneln, aber eine andere Bedeutung haben:
Beispiel: el caramelo = das Bonbon   la clase = der Unterricht   el balón = der Ball

Wortfamilien erkennen

Überlege, ob du schon ein ähnliches Wort kennst. Wenn du das Nomen la visita kennst, wirst du leicht das Verb visitar in einem Text verstehen. Diese Verbindungen zwischen spanischen Wörtern zu erkennen, hilft dir auch bei der Arbeit mit einem Wörterbuch (▶ Destrezas, S. 118/5).

Mit Hilfe des Kontextes

Achte auf den Kontext: Auch Textelemente wie Titel, Zwischenüberschriften oder Fotos und Zeichnungen können hilfreich sein, um das Wort zu verstehen. So kannst du Begriffe oder Redewendungen wie z. B. Saludos y hasta luego am Ende eines Briefes oder einer E-Mail selbst erklären.

2 Wörter umschreiben

Wenn dir ein Wort auf Spanisch nicht einfällt, kannst du es umschreiben:

Beispiele:

Esta palabra significa …
Es algo como (una chaqueta).
Es el contrario de …

Es (un animal) que …
Lo utilizas para …

3 Wortschatz strukturieren

Ordne Vokabeln nach den folgenden Kriterien:

la familia
el padre / la madre
el hijo / la hija
el hermano / la hermana
el primo / la prima
el tío / la tía
el abuelo / la abuela

Sachgruppen

Lerne Wörter, die thematisch zusammengehören zusammen. Notiere sie dir auf Kärtchen in der gleichen Farbe. Hilfreich ist es, einen Oberbegriff zu notieren und die anderen Wörter darunter zu schreiben. Diese Liste kannst du jederzeit ergänzen.

Wortarten

Je nach Umfang der Sachgruppe kann es hilfreich sein, sie nach weiteren Kriterien zu ordnen, z. B. nach Nomen, Adjektiven oder Verben.

Wortpaare

Zu vielen Wörtern gibt es ein Wort, das das Gegenteil ausdrückt. Lerne diese Gegensatzpaare.
Beispiel: grande – pequeño

Wortfamilien

Es gibt Wörter, die zur gleichen Familie gehören. Notiere sie auf Kärtchen.
Beispiel: el regalo – regalar

4 Vokabeln lernen und wiederholen

Karteikarten
Um neue Vokabeln zu lernen und regelmäßig wiederholen zu können, kannst du sie auf Karteikarten notieren. Schreibe die Übersetzung und einen Beispielsatz auf die Rückseite. Auch ein Bild kann hilfreich sein. Die Kärtchen kannst du überall mitnehmen und damit Vokabeln wiederholen.

Bei Verben kannst du dir Kärtchen anlegen, in denen du dir die besonderen Formen, die du dir z.B. einprägen musst, markierst und in der rechten Spalte notierst. Knicke das Kärtchen und schaue dir immer nur eine Spalte an. Überlege dir, wie die restlichen Formen lauten.

Beispiel:

1.	1. hago
2. haces	2.
3. hace	3.
4. hacemos	4.
5.	5. hacéis
6. hacen	6.

Mapa mental
Wenn du eine mapa mental erstellst, setze die Vokabeln oder Informationen in für dich sinnvolle Zusammenhänge.
– Notiere in der Mitte eines Blattes den Oberbegriff. Sammle von dort ausgehend Begriffe oder Ideen als Schlüsselwörter auf Linien, die zum Oberbegriff passen.

– Schreibe nur Schlüsselwörter / Redewendungen und keine ganzen Sätze! Weitere Unterpunkte kannst du unter den Schlüsselwörtern ergänzen.
– Markiere zusammengehörige Begriffe farbig oder zeichne Bilder und Symbole.

5 Arbeiten mit dem Wörterbuch

Das spanisch-deutsche Wörterbuch
In einem spanisch-deutschen Wörterbuch findest du das Wort, das du suchst, nicht immer auf den ersten Blick.

Beachte daher folgende Hinweise:
– Auf den ersten Seiten des Wörterbuchs werden die Abkürzungen und Zeichen erklärt. Dort findest du auch Hilfe zur Lautschrift und zu den Ausspracheregeln.
– Im Wörterbuch werden nur die Infinitive der Verben oder die Grundformen der Wörter aufgeführt. In einem Text begegnen dir aber meist

die veränderten Formen. Deshalb überlege dir vorab, wie die mögliche Grundform aussehen könnte.
– Manchmal werden verschiedene Begriffe für ein bestimmtes Wort angeboten. Es hängt von der jeweiligen Gesprächssituation ab, welcher Begriff der richtige ist. In vielen Wörterbüchern findest du Beispielsätze oder Umschreibungen, die den richtigen Kontext für die unterschiedlichen Begriffe erklären.

Das deutsch-spanische Wörterbuch
Wenn dir beim Schreiben das passende Wort nicht einfällt oder du es vielleicht nicht kennst, kannst du in einem deutsch-spanischen Wörterbuch danach suchen. Aber nicht immer ist der erste Begriff, der dort steht der Richtige! Lies dir deshalb immer den ganzen Eintrag durch und entscheide dich danach für die passende Bedeutung.

■■■ KOOPERATIVES LERNEN

1 Arbeiten in der Gruppe

Oft erhaltet ihr Aufgaben, die ihr in der Gruppe erledigen sollt. Dafür ist es sinnvoll, die Aufgaben innerhalb der Gruppe zu verteilen. Wichtig ist, dass jedes Gruppenmitglied in die Arbeit eingebunden wird und zu einem gemeinsamen Ergebnis beiträgt. Verteilt die Aufgaben so, dass sie euren Neigungen und Fähigkeiten entsprechen. Wenn jeder mit Interesse dabei ist, erhaltet ihr ein gutes Ergebnis. Mögliche Aufgaben könnten z. B. sein:
- Anfertigen eines Stichwortzettels,
- Beachten der zeitlichen Vorgaben,
- Überprüfen der sprachlichen Korrektheit (Wortschatz, Grammatik),
- Vortragen/Präsentieren der Ergebnisse.

2 Think – pare – share (¡Piensa, discute y comparte!)

Think – pare – share ist eine Arbeitsform in drei Schritten:

1. *Think:* Bearbeite die Aufgabe zunächst alleine und mache dir, wenn nötig, Notizen.
2. *Pair:* Besprecht zu zweit, was ihr euch überlegt habt bzw. was ihr vorbereitet habt. Korrigiert euch dabei gegenseitig.
3. *Share:* Tragt anschließend eure Ergebnisse eurer Gruppe bzw. der Klasse vor.

3 Expertengruppen („Einer bleibt, die anderen gehen")

Manchmal sollt ihr in der Klasse Aufgaben zu verschiedenen Themen in Gruppenarbeit erledigen und die Ergebnisse präsentieren. Am Ende soll jeder Schüler über das Arbeitsergebnis aus den anderen Gruppen informiert sein.

Dazu könnt ihr wie folgt vorgehen:
1. Bildet jeweils 4 Stammgruppen. Jede Stammgruppe erarbeitet die Aufgabe und die Präsentation des Ergebnisses.
2. Ist die Erarbeitung der Aufgabe abgeschlossen, bleibt jeweils ein Schüler einer Stammgruppe als Experte am Tisch zurück. Er soll das Ergebnis seiner Gruppe präsentieren. Die anderen Schüler wechseln von Tisch zu Tisch und hören der Präsentation des jeweiligen Experten einer anderen Gruppe zu. Nach einer festgelegten Zeit wechseln die Schüler an einen anderen Tisch.
3. Nach den Präsentationen kehren die Schüler zu ihrer Stammgruppe zurück und informieren den am Tisch zurückgebliebenen Schüler über die Ergebnisse der anderen Gruppen.

4 Kugellagermethode

Die „Kugellagermethode" wendet ihr an, wenn ihr euch mündlich über ein bestimmtes Thema austauschen möchtet oder gemeinsam Dialoge üben wollt. Dabei teilt sich die Klasse in zwei Gruppen und bildet zwei Kreise: einen äußeren und einen inneren Kreis und zwar so, dass sich die Schüler gegenüberstehen. Diese tauschen sich über ein bestimmtes Thema aus. Der Lehrer schreibt als Vorbereitung Fragen zum Thema an die Tafel, die als Orientierung dienen sollen. Nach einer bestimmten Zeit rotieren die Kreise gegenläufig, so dass sich immer wieder neue Gesprächspartner gegenüber stehen. Diesen Wechsel könnt ihr so oft wiederholen, bis ihr wieder eurem Ausgangspartner gegenüber steht.

ANEXO

REGLAS DEL ACENTO ORTOGRÁFICO | Regeln für die Betonung

1. Wörter, die auf **-n**, **-s** oder **Vokal** enden, werden auf der vorletzten Silbe betont.

    e | **xa** | men
    me | sa
    pa | **ta** | ta
    mu | cho

2. Wörter, die auf Konsonant (außer **-n**, **-s**) enden, werden auf der letzten Silbe betont.

    mo | ni | **tor**
    ac | ti | vi | **dad**

3. Wörter, deren Betonung von dieser Regel abweicht, haben einen Akzent auf der betonten Silbe.

    a | **llí**   **ár** | bol
    vi | **vís**   **háms** | ter
    | **pá** | gi | na   **fá** | cil
    Ma | te | **má** | ti | cas   di | **fí** | cil

4. Ausrufewörter und Fragewörter haben immer einen Akzent, auch in der indirekten Frage.

    ¡**Qué** interesante!
    María quiere saber **cómo** se llama la chica.

5. Wenn **-i-** vor einem Vokal einen Akzent trägt, wird es als ganze Silbe gesprochen. Der Akzent verdeutlicht, dass das **-i-** und der folgende Vokal keinen Diphtong bilden.

    r**í**-o
    ca-fe-te-**rí**-a

6. Wegen der Betonungsregeln fällt bei einigen Wörtern der Akzent weg oder es wird ein Akzent hinzugefügt:

    - bei Singular / Plural   la ha-bi-ta-**ción** → las habita**cio**nes
    - bei angehängten Pronomen   ¡Le-**ván**-tate!

7. Bei einigen Wörtern ist der Akzent wichtig für die Bedeutung des Wortes:

mi	mein/e/s	**a mí**	mir, mich
tu	dein/e/s	**tú**	du
se	sich	**sé**	ich weiß
el	*Artikel*	**él**	er
si	ob	**sí**	ja, doch

LOS NÚMEROS EN ESPAÑOL | Die spanischen Zahlen

Los números cardinales | Die Grundzahlen

0	cero	19	diecinueve	200	doscientos/-as
1	uno, una, un	20	veinte	300	trescientos/-as
2	dos	21	veintiuno/-a, -ún	400	cuatrocientos/-as
3	tres	22	veintidós	500	quinientos/-as
4	cuatro	23	veintitrés	600	seiscientos/-as
5	cinco	26	veintiséis	700	setecientos/-as
6	seis	30	treinta	800	ochocientos/-as
7	siete	31	treinta y uno/-a, y un	900	novecientos/-as
8	ocho	32	treinta y dos		
9	nueve	33	treinta y tres	1 000	mil
10	diez	40	cuarenta	2 000	dos mil
11	once	50	cincuenta	10 000	diez mil
12	doce	60	sesenta	100 000	cien mil
13	trece	70	setenta	200 000	doscientos/-as mil
14	catorce	80	ochenta	500 000	quinientos/-as mil
15	quince	90	noventa	1 000 000	un millón
16	dieciséis	100	ciento, cien	2 000 000	dos millones
17	diecisiete	101	ciento uno/-a, un		
18	dieciocho	135	ciento treinta y cinco		

Los números ordinales | Die Ordnungszahlen

1.	primero	3.	tercero	5.	quinto	7.	séptimo	9.	noveno
2.	segundo	4.	cuarto	6.	sexto	8.	octavo	10.	décimo

VERBOS CON PREPOSICIONES | Verben und ihre Ergänzungen

acabar de + *inf.*	gerade etw. getan haben
acabar con alg., a/c	ein Ende setzen, etw. beenden
acordarse de alg., a/c	sich (an jdn./etw.) erinnern
alegrarse de a/c	sich (über etw.) freuen
alojarse en	sich einquartieren in
bajar en a/c	mit etw. hinunterfahren
bajar por (una calle)	hinuntergehen, entlang gehen (eine Straße)
beneficiarse de + *sust.*	profitieren von
concentrarse en a/c	sich auf etw. konzentrieren
convertir a alg., a/c en a/c	jdn./etw. zu etw. machen
criarse en	aufwachsen
dar de comer a alg. a/c	jdn. etw. zu Essen geben, jdn. füttern
despedirse de alg.	sich von jdm. verabschieden
disponer de a/c	über etw. verfügen

emigrar a	auswandern nach
empezar a + *inf.*	anfangen (etw. zu tun)
encargarse de alg., a/c	sich um jdn., etw. kümmern
enfadarse con alg.	sich ärgern, böse werden auf jdn.
enseñar a + *inf.* a alg.	jdm. etw. zeigen / beibringen
enterarse de a/c	etw. mitbekommen
entretenerse con	sich vergnügen
envolver a/c en a/c	(etw.) einpacken in
esperar de alg. (que)	von jdm. erwarten, (dass)
estar lleno de a/c	satt sein
guardar en a/c	auf etw. speichern, aufbewahren
insistir (en) a/c	auf etw. beharren, bestehen
inspirarse en a/c	sich von etw. inspirieren lassen
invitar a + *inf.* a alg.	jdn. einladen etw. zu tun
jugar a a/c	etw. spielen
limitar con a/c	angrenzen
llevarse bien/mal con alg.	sich mit jdm. gut / schlecht verstehen
meter a/c (en a/c)	etw. (in etw.) (hinein) stecken / legen
meterse con alg.	sich mit jdm. anlegen
meterse en a/c	sich (in etw.) einmischen
morirse de hambre *fam.*	vor Hunger sterben
morirse por + *inf. fam.*	unbedingt etw. tun wollen
mudarse a	umziehen
obligar a + *inf.*	verpflichten zu
parar de + *inf.*	aufhören etw. zu tun
participar en a/c	an etw. teilnehmen
pasar de moda	aus der Mode kommen
pasar por a/c	durch etw. durchgehen, an etw. vorbeigehen
pegarse a a/c	sich hängen an
pensar en alg., a/c	an jdn., etw. denken
ponerse a + *inf.*	anfangen etw. zu tun
preocuparse por alg.	sich um jdn. kümmern
presentarse a a/c	sich für etw. bewerben
prestar atención a a/c	etw. beachten
quejarse de alg., a/c	sich über jdn., etw. beklagen
seguir con a/c	mit etw. weitermachen
servir para a/c	dienen als
sufrir de a/c	an etw. leiden
tener cuidado con alg., a/c	auf jdn., etw. aufpassen
terminar de + *inf.*	etw. beenden
trabajar como a/c	arbeiten als etw.
volver a	zurückkommen
volver a + *inf*	etw. wieder / noch einmal tun

Die blau gedruckten Verben sind unregelmäßig oder haben eine Besonderheit.

LOS VERBOS | Die Verben

Hier findest du die Konjugationen oder Konjugationsmuster aller Verben, die du in **¡Apúntate! 1**, **¡Apúntate! 2**, **¡Apúntate! 3** und **¡Apúntate! 4** gelernt hast.

1 Los verbos auxiliares | Die Hilfsverben

	ser	estar	haber	¡OJO!
infinitivo	**ser**	**estar**	**haber**	
presente	soy eres es somos sois son	estoy estás está estamos estáis están	he has ha hemos habéis han	**hay**
pretérito indefinido	fui fuiste fue fuimos fuisteis fueron	estuve estuviste estuvo estuvimos estuvisteis estuvieron	hube hubiste hubo hubimos hubisteis hubieron	**hubo**
pretérito imperfecto	era eras era éramos erais eran	estaba estabas estaba estábamos estabais estaban	había habías había habíamos habíais habían	**había**
futuro simple	seré serás será seremos seréis serán	estaré estarás estará estaremos estaréis estarán	habré habrás habrá habremos habréis habrán	
imperativo	**sé**, sed	**está**, estad		
gerundio	siendo	estando	habiendo	
participio	sido	estado	habido	
presente de subjuntivo	sea seas sea seamos seáis sean	esté estés esté estemos estéis estén	haya hayas haya hayamos hayáis hayan	**haya**
imperfecto de subjuntivo	fuera fueras fuera fuéramos fuerais fueran	estuviera estuvieras estuviera estuviéramos estuvierais estuvieran	hubiera hubieras hubiera hubiéramos hubierais hubieran	**hubiera**

2 Los verbos regulares en -ar/-er/-ir | Die regelmäßigen Verben auf -ar/-er/-ir

2.1 Verbos en -ar

	infinitivo	charlar	¡OJO!
	presente	charlo charlas charla charlamos charláis charlan	**actuar:** act**ú**o, act**ú**as, act**ú**a, act**ú**an
	pretérito indefinido	charlé charlaste charló charlamos charlasteis charlaron	**tocar:** to**qu**é, tocaste … *ebenso:* **buscar, explicar, pescar, practicar, sacar, significar** **apagar:** apa**gu**é, apagaste … *ebenso:* **agregar, apagar, naufragar, obligar, pagar, pegar** **cruzar:** cru**c**é, cruzaste … *ebenso:* **actualizar, alcanzar, cazar, esclavizar, organizar**
	pretérito imperfecto	charlaba charlabas charlaba charlábamos charlabais charlaban	
	futuro simple	charlaré charlarás charlará charlaremos charlaréis charlarán	
	imperativo	charla, charlad	**actuar:** act**ú**a
	gerundio	charlando	
	participio	charlado	
	presente de subjuntivo	charle charles charle charlemos charléis charlen	**tocar:** to**qu**e, to**qu**es … *ebenso:* **buscar, explicar, pescar, practicar, sacar, significar** **apagar:** apa**gu**e, apa**gu**es … *ebenso:* **agregar, apagar, naufragar, obligar, pagar, pegar** **cruzar:** cru**c**e, cru**c**es … *ebenso:* **actualizar, alcanzar, cazar, esclavizar, organizar** **actuar:** act**ú**e, act**ú**es, act**ú**e, act**ú**en
	imperfecto de subjuntivo	charlara charlaras charlara charláramos charlarais charlaran	

Anexo | Los Verbos

2.2 Verbos en -er

infinitivo	**comer**	**¡OJO!**
presente	com**o** com**es** com**e** com**emos** com**éis** com**en**	**recoger:** reco**j**o, reco**g**es … *ebenso:* **acoger, proteger**
pretérito indefinido	com**í** com**iste** com**ió** com**imos** com**isteis** com**ieron**	**creer:** cre**y**ó, cre**y**eron **leer:** le**y**ó, le**y**eron
pretérito imperfecto	com**ía** com**ías** com**ía** com**íamos** com**íais** com**ían**	
futuro simple	comer**é** comer**ás** comer**á** comer**emos** comer**éis** comer**án**	
imperativo	com**e**, com**ed**	
gerundio	com**iendo**	**creer:** cre**y**endo **leer:** le**y**endo
participio	com**ido**	
presente de subjuntivo	com**a** com**as** com**a** com**amos** com**áis** com**an**	**recoger:** reco**j**a, reco**j**as … *ebenso:* **acoger, proteger**
imperfecto de subjuntivo	com**iera** com**ieras** com**iera** com**iéramos** com**ierais** com**ieran**	

2.3 Verbos en -ir

infinitivo	**vivir**	**¡OJO!**
presente	viv**o** viv**es** viv**e** viv**imos** viv**ís** viv**en**	**salir:** sal**g**o, sales … **reunir(se):** (me) re**ú**no, (te) re**ú**nes, (se) re**ú**ne, (se) re**ú**nen
pretérito indefinido	viv**í** viv**iste** viv**ió** viv**imos** viv**isteis** viv**ieron**	
pretérito imperfecto	viv**ía** viv**ías** viv**ía** viv**íamos** viv**íais** viv**ían**	
futuro simple	vivir**é** vivir**ás** vivir**á** vivir**emos** vivir**éis** vivir**án**	
imperativo	viv**e**, viv**id**	**salir:** sal **reunir(se):** re**ú**ne
gerundio	viv**iendo**	
participio	viv**ido**	**abrir:** abierto **escribir:** escrito **descubrir:** descubierto
presente de subjuntivo	viv**a** viv**as** viv**a** viv**amos** viv**áis** viv**an**	**reunir(se):** (me) re**ú**na, (te) re**ú**nas, (se) re**ú**na, (se) re**ú**nan
imperfecto de subjuntivo	viv**iera** viv**ieras** viv**iera** viv**iéramos** viv**ierais** viv**ieran**	

3 Los grupos de verbos | Die Gruppenverben

3.1 Verbos con diptongación: e → ie

infinitivo	**pensar**	¡OJO!	**entender**	¡OJO!
presente	pienso piensas piensa pensamos pensáis piensan		entiendo entiendes entiende entendemos entendéis entienden	
pretérito indefinido	pensé pensaste pensó pensamos pensasteis pensaron	**empezar:** empecé, empezaste … **fregar:** fregué, fregaste …	entendí entendiste entendió entendimos entendisteis entendieron	**preferir:** prefirió, prefirieron *ebenso:* **convertir**(se), **divertir**(se), **sentir**(se) **querer:** quise, quisiste …
pretérito imperfecto	pensaba pensabas pensaba pensábamos pensabais pensaban		entendía entendías entendía entendíamos entendíais entendían	
futuro simple	pensaré pensarás pensará pensaremos pensaréis pensarán		entenderé entenderás entenderá entenderemos entenderéis entenderán	**querer:** querré, querras …
imperativo	piensa, pensad		entiende, entended	
gerundio	pensando		entendiendo	**preferir:** prefiriendo *ebenso:* **convertir**(se), **divertir**(se), **sentir**(se)
participio	pensado		entendido	
presente de subjuntivo	piense pienses piense pensemos penséis piensen		entienda entiendas entienda entendamos entendáis entiendan	**preferir:** prefiramos, prefiráis … *ebenso:* **convertir**(se), **divertir**(se), **sentir**(se)
imperfecto de subjuntivo	pensara pensaras pensara pensáramos pensarais pensaran		entendiera entendieras entendiera entendiéramos entendierais entendieran	**preferir:** prefiriera, prefirieras … *ebenso:* **convertir**(se), **divertir**(se), **sentir**(se) **querer:** quisiera, quisieras …
	ebenso: **apretar**, **cerrar**, **nevar**, **sentar**(se)		*ebenso:* **defender**(se), **encender**, **perder**(se)	

3.2 Verbos con diptongación: o → ue

infinitivo	**encontrar**	¡OJO!	**mover**	¡OJO!
presente	enc**ue**ntro enc**ue**ntras enc**ue**ntra encontramos encontráis enc**ue**ntran		m**ue**vo m**ue**ves m**ue**ve movemos movéis m**ue**ven	**torcer:** tuer**z**o, tuerces …
pretérito indefinido	encontré encontraste encontró encontramos encontrasteis encontraron	**colgar:** col**gu**é, colgaste …	moví moviste movió movimos movisteis movieron	**poder: pude, pudiste** … **dormir:** d**u**rmió, d**u**rmieron *ebenso:* **morir(se)**
pretérito imperfecto	encontraba encontrabas encontraba encontrábamos encontrabais encontraban		movía movías movía movíamos movíais movían	
futuro simple	encontraré encontrarás encontrará encontraremos encontraréis encontrarán		moveré moverás moverá moveremos moveréis moverán	
imperativo	enc**ue**ntra, encontrad		m**ue**ve, moved	
gerundio	encontrando		moviendo	**dormir:** d**u**rmiendo *ebenso:* **morir(se)**
participio	encontrado		movido	**morir(se): muerto** **volver: vuelto** *ebenso:* **devolver, envolver, resolver(se)**
presente de subjuntivo	enc**ue**ntre enc**ue**ntres enc**ue**ntre encontremos encontréis enc**ue**ntren	**colgar:** cuel**gu**e, cuel**gu**es …	m**ue**va m**ue**vas m**ue**va movamos mováis m**ue**van	**dormir:** d**u**rmamos, d**u**rmáis *ebenso:* **morir(se)**
imperfecto de subjuntivo	encontrara encontraras encontrara encontráramos encontrarais encontraran		moviera movieras moviera moviéramos movierais movieran	
	ebenso: **acordarse, comprobar, contar, costar, demostrar, mostrar, recordar, sonar, volar**		*ebenso:* **doler, llover**	

3.3 El verbo jugar: u → ue

3.4 Verbos con debilitación vocálica: e → i

	infinitivo	jugar	¡OJO!	seguir	¡OJO!
presente		juego		sigo	elegir: elijo, eliges …
		juegas		sigues	
		juega		sigue	
		jugamos		seguimos	
		jugáis		seguís	
		juegan		siguen	
pretérito indefinido		jugué		seguí	
		jugaste		seguiste	
		jugó		siguió	
		jugamos		seguimos	
		jugasteis		seguisteis	
		jugaron		siguieron	
pretérito imperfecto		jugaba		seguía	
		jugabas		seguías	
		jugaba		seguía	
		jugábamos		seguíamos	
		jugabais		seguíais	
		jugaban		seguían	
futuro simple		jugaré		seguiré	
		jugarás		seguirás	
		jugará		seguirá	
		jugaremos		seguiremos	
		jugaréis		seguiréis	
		jugarán		seguirán	
imperativo		juega, jugad		sigue, seguid	
gerundio		jugando		siguiendo	
participio		jugado		seguido	
presente de subjuntivo		juegue		siga	elegir: elija, elijas …
		juegues		sigas	
		juegue		siga	
		juguemos		sigamos	
		juguéis		sigáis	
		jueguen		sigan	
imperfecto de subjuntivo		jugara		siguiera	
		jugaras		siguieras	
		jugara		siguiera	
		jugaráramos		siguiéramos	
		jugarais		siguierais	
		jugaran		siguieran	

ebenso: **despedirse**, **pedir**, **repetir**, **servir**

Anexo | Los Verbos

3.5 Verbos del tipo conocer: c → zc

infinitivo	**conocer**	**¡OJO!**
presente	cono**zc**o conoces conoce conocemos conocéis conocen	
pretérito indefinido	conocí conociste conoció conocimos conocisteis conocieron	**producir: produje, produjiste** …
pretérito imperfecto	conocía conocías conocía conocíamos conocíais conocían	
futuro simple	conoceré conocerás conocerá conoceremos conoceréis conocerán	
imperativo	conoce, conoced	
gerundio	conociendo	
participio	conocido	
presente de subjuntivo	cono**zc**a cono**zc**as cono**zc**a cono**zc**amos cono**zc**áis cono**zc**an	
imperfecto de subjuntivo	conociera conocieras conociera conociéramos conocierais conocieran	

ebenso: **conocerse, crecer, nacer, ofrecer, parecer, reconocer**

3.6 Verbos del tipo construir

infinitivo	**construir**	**¡OJO!**
presente	constru**y**o constru**y**es constru**y**e construimos construís constru**y**en	
pretérito indefinido	construí construiste constru**y**ó construimos construisteis constru**y**eron	
pretérito imperfecto	construía construías construía construíamos construíais construían	
futuro simple	construiré construirás construirá construiremos construiréis construirán	
imperativo	constru**y**e, construid	
gerundio	constru**y**endo	
participio	construido	
presente de subjuntivo	constru**y**a constru**y**as constru**y**a constru**y**amos constru**y**áis constru**y**an	
imperfecto de subjuntivo	constru**y**era constru**y**eras constru**y**era constru**y**éramos constru**y**erais constru**y**eran	

ebenso: **destruir**

4 Los verbos irregulares | Die unregelmäßigen Verben

infinitivo	**decir**	**hacer**	**ir**	**saber**
presente	**digo** di**ces** di**ce** de**cimos** de**cís** di**cen**	**hago** haces hace hacemos hacéis hacen	**voy** **vas** **va** **vamos** **vais** **van**	**sé** sabes sabe sabemos sabéis saben
pretérito indefinido	**dije** **dijiste** **dijo** **dijimos** **dijisteis** **dijeron**	**hice** **hiciste** **hizo** **hicimos** **hicisteis** **hicieron**	**fui** **fuiste** **fue** **fuimos** **fuisteis** **fueron**	**supe** **supiste** **supo** **supimos** **supisteis** **supieron**
pretérito imperfecto	decía decías decía decíamos decíais decían	hacía hacías hacía hacíamos hacíais hacían	**iba** **ibas** **iba** **íbamos** **ibais** **iban**	sabía sabías sabía sabíamos sabíais sabían
futuro simple	**diré** **dirás** **dirá** **diremos** **diréis** **dirán**	**haré** **harás** **hará** **haremos** **haréis / harán** **harán**	iré irás irá iremos iréis irán	**sabré** **sabrás** **sabrá** **sabremos** **sabréis** **sabrán**
imperativo	**di**, decid	**haz**, haced	**ve**, id	sabe, sabed
gerundio	di**ciendo**	haciendo	**yendo**	sabiendo
participio	**dicho**	**hecho**	ido	sabido
presente de subjuntivo	**diga** **digas** **diga** **digamos** **digáis** **digan**	**haga** **hagas** **haga** **hagamos** **hagáis** **hagan**	**vaya** **vayas** **vaya** **vayamos** **vayáis** **vayan**	**sepa** **sepas** **sepa** **sepamos** **sepáis** **sepan**
imperfecto de subjuntivo	**dijera** **dijeras** **dijera** **dijéramos** **dijerais** **dijeran**	**hiciera** **hicieras** **hiciera** **hiciéramos** **hicierais** **hicieran**	**fuera** **fueras** **fuera** **fuéramos** **fuerais** **fueran**	**supiera** **supieras** **supiera** **supiéramos** **supierais** **supieran**

ebenso: **irse**

Anexo | Los Verbos

infinitivo	**venir**	**ver**	**caerse**	**dar**
presente	**vengo** v**ie**nes v**ie**ne venimos venís v**ie**nen	**veo** ves ve vemos v**e**is ven	me ca**ig**o te caes se cae nos caemos os caéis se caen	**doy** das da damos d**a**is dan
pretérito indefinido	**vine** **viniste** **vino** **vinimos** **vinisteis** **vinieron**	vi viste vio vimos visteis vieron	me caí te ca**í**ste se ca**y**ó nos ca**í**mos os ca**í**steis se ca**y**eron	**di** **diste** **dio** **dimos** **disteis** **dieron**
pretérito imperfecto	venía venías venía veníamos veníais venían	**veía** **veías** **veía** **veíamos** **veíais** **veían**	me caía te caías se caía nos caíamos os caíais se caían	daba dabas daba dábamos dabais daban
futuro simple	**vendré** **vendrás** **vendrá** **vendremos** **vendréis** **vendrán**	veré verás verá veremos veréis verán	me caeré te caerás se caerá nos caeremos os caeréis se caerán	daré darás dará daremos daréis darán
imperativo	**ven**, venid	ve, ved	cáete, caeos	da, dad
gerundio	v**i**niendo	v**ie**ndo	ca**y**endo	dando
participio	venido	**visto**	ca**í**do	dado
presente de subjuntivo	venga vengas venga vengamos vengáis vengan	vea veas vea veamos veáis vean	**me caiga** **te caigas** **se caiga** **nos caigamos** **os caigáis** **se caigan**	d**é** des d**é** demos deis den
imperfecto de subjuntivo	viniera vinieras viniera viniéramos vinierais vinieran	viera vieras viera viéramos vierais vieran	me cayera te cayeras se cayera nos cayéramos os cayerais se cayeran	**diera** **dieras** **diera** **diéramos** **dierais** **dieran**

ebenso: **provenir**   ebenso: **darse**

infinitivo	oír	poner	reír	traer	tener
presente	oigo oyes oye oímos oís oyen	pongo pones pone ponemos ponéis ponen	río ríes ríe reímos reís ríen	traigo traes trae traemos traéis traen	tengo tienes tiene tenemos tenéis tienen
pretérito indefinido	oí oíste oyó oímos oísteis oyeron	puse pusiste puso pusimos pusisteis pusieron	reí reíste rio reímos reísteis rieron	traje trajiste trajo trajimos trajisteis trajeron	tuve tuviste tuvo tuvimos tuvisteis tuvieron
pretérito imperfecto	oía oías oía oíamos oíais oían	ponía ponías ponía poníamos poníais ponían	reía reías reía reíamos reíais reían	traía traías traía traíamos traíais traían	tenía tenías tenía teníamos teníais tenían
futuro simple	oiré oirás oirá oiremos oiréis oirán	pondré pondrás pondrá pondremos pondréis pondrán	reiré reirás reirá reiremos reiréis reirán	traeré traerás traerá traeremos traeréis traerán	tendré tendrás tendrá tendremos tendréis tendrán
imperativo	oye, oíd	pon, poned	ríe, reíd	trae, traed	ten, tened
gerundio	oyendo	poniendo	riendo	trayendo	teniendo
participio	oído	puesto	reído	traído	tenido
presente de subjuntivo	oiga oigas oiga oigamos oigáis oigan	ponga pongas ponga pongamos pongáis pongan	ría rías ría riamos riais rían	traiga traigas traiga traigamos traigáis traigan	tenga tengas tenga tengamos tengáis tengan
imperfecto de subjuntivo	oyera oyeras oyera oyéramos oyerais oyeran	pusiera pusieras pusiera pusiéramos pusierais pusieran	riera rieras riera riéramos rierais rieran	trajera trajeras trajera trajéramos trajerais trajeran	tuviera tuvieras tuviera tuviéramos tuvierais tuvieran
		ebenso: **disponer, oponer, ponerse, proponer, suponer**	*ebenso:* **sonreír**	*ebenso:* **atraer**	*ebenso:* **entretener**

Anexo | Pequeño diccionario de cultura y civilización

PEQUEÑO DICCIONARIO DE CULTURA Y CIVILIZACIÓN

Kleines landeskundliches Wörterbuch

Die unbekannten Wörter sind mit einem Sternchen versehen und mit ihrer Übersetzung auf Seite 140 alpabetisch aufgelistet. Einige unbekannte Wörter kannst du dir selbst erschließen, da das deutsche Wort ähnlich ist.

SPANIEN

GEOGRAFISCHES / ORTE, PLÄTZE, MUSEEN

el Puerto de Palos de la Frontera

Puerto en la ciudad de Palos de la Frontera en la Comunidad Autónoma de Andalucía. En 1492 Cristóbal Colón partió desde ahí para encontrar una nueva ruta a la India. Pero en lugar de la India Colón descubrió América.

U2 / Ac

Granada *(237 000 habitantes)*
Ciudad en la región de Andalucía, al sur de España. Famosa sobre todo por la Alhambra, una fortaleza* de la época de la ocupación* árabe. **U2** / Ac

Cádiz *(127 000 habitantes)*
Puerto y ciudad más antigua de Andalucía. En la parte antigua de Cádiz están los viejos barrios de El Pópulo, La Viña y Santa María mientras que en la parte nueva de la ciudad hay grandes rascacielos muy modernos. Muchas familias españolas pasan sus vacaciones de verano allí.
U2 / Ac

la Gomera

Una de las siete islas Canarias en el Océano Atlántico. Conocida como la isla colombina porque fue la última tierra pisada por Colón, antes del descubrimiento de América. El lugar donde pasó la última noche es ahora un museo.
U2 / Ac

Girona *(90 000 habitantes)*
Ciudad al norte de la Comunidad Autónoma de Cataluña. Es famosa por sus muchos monumentos* históricos como la catedral Santa María de Girona o los baños árabes.
U3 / A1

Córdoba *(más de 300 000 habitantes)*

La tercera ciudad más grande y más poblada de Andalucía. Situada a orillas* del río Guadalquivir y al pie de Sierra Morena. Cientos de miles de turistas de todo el mundo visitan Córdoba por año. La atracción más famosa de la ciudad es la Mezquita de Córdoba. **U3** / A1

Lloret de Mar *(más de 35 000 habitantes)*
Ciudad en la provincia de Gerona, Cataluña. Está junto al mar y tiene playas muy bonitas. El clima es mediterráneo con temperaturas templadas* durante todo el año. Por eso, en verano muchos turistas van allí para pasar las vacaciones. **U3** / A2

Benidorm *(71 000 habitantes)*
Ciudad de la Comunidad Valencia a orillas del Mar Mediterráneo. Por su clima y sus playas es un lugar muy turístico y muy atractivo para los extranjeros europeos. **U3** / A2

el Parque Güell

Gran jardín público en Barcelona diseñado por el arquitecto Antonio Gaudí. En el centro del parque se encuentra una gran plaza, lugar de encuentros para visitantes, pintores y músicos. Allí tienen lugar muchos conciertos y diferentes actividades culturales durante todo el año. **U3** / Ac

ciento treinta y cinco 135

Zaragoza *(700 000 habitantes)*
Capital de Aragón en el valle del río Ebro. Fue fundada* hace unos 2000 años. Hoy en día Zaragoza es una ciudad muy moderna con mucha industria de automóviles y de ferrocarriles. Una serie de importantes ferias* internacionales tiene lugar allí. U3/Ac

Cataluña
Comunidad autónoma en el norte de España. Capital: Barcelona. Cataluña es una de las Comunidades Autónomas bilingües de España donde se habla catalán. Por su industria textil, agricultura, de automóviles y la producción de vinos* es una de la regiones más ricas de España. U3/Ac

la Sagrada Familia

Iglesia de estilo neogótico diseñada por el arquitecto Antonio Gaudí en 1882. Mide 170 metros de altura y tiene 18 torres. U3/Ac

la torre Agbar
Rascacielos diseñado por Jean Nouvel, ubicado* en Barcelona. Tiene 34 plantas en la superficie y 4 subterráneas*. Mide 145 metros de altura. U3/Ac

la Costa Brava

Zona costera de Cataluña a 214 km. Termina en la frontera con Francia, en Portbou. Antes de la llegada del turismo la región estaba formada por pequeños pueblos de pescadores con callejones* estrechos*. Su belleza y tradiciones fueron fuente* de inspiración para artistas como Chagall, Dalí y Picasso. U3/Ac

Málaga *(560 000 habitantes)*
Segunda ciudad más grande de Andalucía. Fundada por los fenicios* en el siglo VII. Conquistada más tarde, en el año 711 por los musulmanes. A partir de 1960, Málaga se vuelve un importante centro turístico. Hoy en día es una de las ciudades principales de España. U3/Ac

la Barceloneta
Barrio situado en Barcelona cerca del mar. Construido a principios del siglo VIII. En ese tiempo la mayoría de sus habitantes eran pescadores y trabajadores. Limita con las playas del barrio y el mar, con el Muelle de España del Puerto Viejo y con el barrio de La Ribera. A partir de los Juegos Olímpicos en 1992 se volvió un barrio turístico gracias a la renovación de casas y calles. U3/Ac

Centro Comercial Maremágnum

Centro comercial en el puerto de Barcelona. Es un edificio enorme y moderno. Es ideal para los aficionados de las compras. Tiene un montón de tiendas y lugares de entretenimiento*. Para una pequeña pausa hay muchos cafés y restaurantes. U3/Ac

Montejuic
Barrio de Barcelona construido en una montaña. Su nombre significa «Monte de los judíos*» en catalán. En 1751 se construyó en lo más alto de la montaña, un castillo como defensa* de la ocupación francesa. El castillo aún existe, desde ahí se puede ver toda Barcelona. Montjuic es conocido hoy en día como un importante lugar deportivo y de descanso*. U3/Ac

el Puerto Olímpico
Puerto famoso por la práctica de deportes acuáticos*. Está en Barcelona entre las playas la Barceloneta y Nova Icária. En 1992, durante los Juegos Olímpicos se hicieron aquí las competencias de vela*. También es una zona muy turística con muchos restaurantes y lugares de entretenimiento. U3/Ac

Barcelona *(1 620 000 habitantes)*
Capital de la Comunidad Autónoma de Cataluña, a orillas del Mar Mediterráneo. Es la segunda ciudad en España con más habitantes después de Madrid. Es un importante centro de cultura y arte. Su puerto es el más grande de España. Se habla español y catalán. U3/Ac

el Puerto Viejo
Puerto Viejo de Barcelona al final de las Ramblas y al pie de la estatua de Colón. Este puerto se usa ahora con fines deportivos y de recreo. U3/Ac

Anexo | Pequeño diccionario de cultura y civilización

Las Ramblas

Avenida famosa en Barcelona. Está llena de kioscos, actores callejeros, restaurantes y puestos. En las Ramblas hay mercadillos, pintores y dibujantes. Desde la mañana hasta la noche la gente se pasea por allí.

U3 / Ac

Camp Nou
Estadio de fútbol del equipo Fútbol Club Barcelona. Está en Barcelona y fue construido en 1957. Es el estadio con más capacidad* en Europa. Tiene lugar para 98 787 espectadores. También sirve como escenario de conciertos.

U3 / Ac

Castellers

Persona que es parte de una torre humana o «castell». Castell significa «castillo» en catalán. Para formar un castell se necesitan muchos castellers. Pueden ser jóvenes, mayores, hombres, mujeres y hasta niños. Un casteller tiene que ser muy fuerte y estar en forma para el día del concurso y espectáculo.

U3 / B

PERSONEN

Cristóbal Colón *(Christoph Kolumbus) (1451–1506)*
Famoso navegante*. Su sueño fue encontrar un nuevo camino hacia las Indias. Con la ayuda de la reina Isabel, la Católica, sale el 3 de agosto de 1492 del Puerto de Palos en tres carabelas: la Niña, la Pinta y la Santa María. Colón nunca llegó a las Indias, pero descubrió un nuevo continente: América.

U1 / Ac

David Bisbal
Cantante español. Nació en Almería. Ganó el segundo lugar en el concurso de televisión «Operación Triunfo». Sus ritmos son una mezcla de pop latino, balada y flamenco. Es conocido como «Bisbal».

U1 / Ac

Alejandro Sanz
Cantante y compositor español. Nació en Madrid. Estrella del pop-rock latino y famoso internacionalmente. Ha grabado* más de 10 discos. Su música combina ritmos latinos, rumba, flamenco y hasta tecno.

U1 / Ac

Álvar Núñez Cabeza de Vaca *(1490–1550)*
Conquistador español. Exploró* el golfo y noroeste de México. Vivió 7 años con los indígenas. Fue el primer europeo que convivió pacíficamente con ellos. Durante este tiempo fue comerciante* y médico. Fue castigado* por la Corona Española por defender a los indígenas.

U2 / A

Martín Pinzón
Navegante español. Descubrió al lado de Cristobal Colón el Nuevo Mundo en 1492. Guía de la carabela «la Pinta».

U2 / Ac

la Reina Isabel
Reina española conocida como La católica. Apoyó el plan de Cristobal Colón de viajar a la India. Se casó con Fernando de Aragón y en 1469 se convirtieron en Reyes Católicos. Murió en 1504.

U2 / Ac

Rodrigo de Triana
Navegante y compañero de Colón en el descubrimiento de América. No se sabe su origen. Fue el primero en ver la Isla de las Bahamas y se hizo famoso por su grito: ¡Tierra a la vista!

U2 / Ac

Franzisco Pizarro

Conquistador español. Nació en Extremadura. En 1509 navegó hacia el Nuevo Mundo y llegó a tierras incas. Capturó* al inca Atahualpa y conquistó el Perú. Fue jefe en estas tierras. En 1535 fundó la capital de Perú: Lima.

U2 / ej

Malinche
Indígena mexicana. Su nombre verdadero era Malitzin. Los españoles la llamaron Doña Marina. Hablaba varias lenguas: la azteca, la maya y dominaba el español. Fue regalada como esclava a los mayas después de una guerra. Más tarde se convirtió en intérprete del conquistador Hernán Cortés. Gracias a su ayuda, Cortés pudo derrotar* a los aztecas.

U2 / ej

el rey Fernando
Rey de Aragón y de Castilla. Nació en 1452 en territorio aragonés. A finales del siglo XV se casa con Isabel de Castilla con el fin de unir los reinos más importantes de España: Castilla, Aragón y Navarra. Murió en 1516.

U2 / R2

ciento treinta y siete **137**

Antonio Gaudí

Arquitecto catalán. Famoso por el diseño de casas y obras totalmente originales y llenas de fantasía como el Parque de Güell, la casa Milá y la iglesia de la Sagrada Familia.

U3 / Ac

Chenoa

Cantante de nacionalidad española. Nació en Argentina. Famosa a través del programa de televisión español «Operación Triunfo». Ganó el premio «Eurobest» con la canción «It's raining men». Su música es una mezcla de pop dance y rock.

U4 / Ac

Canto de Loco
Grupo de música pop y rock creado en 1994. Es una de las bandas más famosas en España. Sus canciones hablan sobre todo del amor, de los jóvenes y sus experiencias en la vida del instituto. Han vendido más de un millón de discos y recibido varios premios.

U4 / A

Daniel Brühl
Actor alemán. Nació en Barcelona en 1978 y creció en Colonia, Alemania. Ha rodado varias películas en España como «Salvador» y «Un poco de chocolate». Famoso en el mundo por su actuación en películas como «Good Bye Lenin» y «Inglorious Bastards». Ha recibido varios premios nacionales e internacionales.

U6 / C

SONSTIGES

Fútbol Club Barcelona, Barça
Equipo de fútbol de Barcelona. Es conocido como «El Barça». Fue creado en 1899. Es uno de los equipos con más éxito de Europa. Único equipo que siempre ha estado en la primera división.

U1 / Ac

la conquista de América
Ocupación del continente americano por España y otros países europeos a partir del descubrimiento de América por Colón. Los conquistadores ocuparon y destruyeron culturas como la azteca, la inca y la maya. Robaron* tesoros*, se llevaron el oro de pueblos enteros y mataron a muchos de sus habitantes.

U2 / A

el Nuevo Mundo
Nombre que se le dio al continente americano a partir del siglo XV. Antes del siglo XV los europeos pensaban que el mundo se formaba sólo por Europa, Asia y África.

U2 / A

el bisonte

Animal también conocido como búfalo. Habita en México, Estados Unidos y Canadá. El color de su pelo cambia con el clima. En veranos es de color marrón y en invierno se vuelve más claro. Miden hasta 1.80 metros y pesan hasta 1300 toneladas. Para algunos grupos indígenas como los sioux y los lakota es un animal sagrado*.

U2 / A

el catalán
Lengua que proviene del latín y se habla en Cataluña, Comunidad Valenciana, Islas Baleares y Aragón. En Andorra es lengua oficial. El catalán se parece mucho al francés, italiano y castellano.

U3 / A1

Culcha Candela

Banda berlinesa, fundada en 2001. Cantan en alemán, inglés, español y patois. Sus integrantes son de Uganda, Colombia, Polonia, Alemania y Corea. Su música es una mezcla de varios estilos como reggae, dance hall, hip hop, pop y folclore latinoamericano.

U3 / A1

E.O.I. – Escuelas oficiales de idiomas
Centros públicos que ofrecen cursos de idioma en toda la España. Normalmente, tienen horarios de clase por la tarde y hay tres niveles: básico, intermedio y avanzado. Al final del curso, los alumnos reciben un título oficial con el que acreditan* sus conocimientos* de idioma.

U3 / A

el jamón serrano
Jamón muy famoso de España. Se corta* y se deja secar al aire libre. El mejor jamón serrano es el que se deja secar por más de 15 meses.

U6 / A

el jamón jabugo

Tipo de jamón que se produce en la región de Jabugo, Huelva, en España. Aquí se producen jamones desde hace muchos años. Igual que el jamón serrano, se corta y se deja secar.

U6 / A

Anexo | Pequeño diccionario de cultura y civilización

LATEINAMERIKA

GEOGRAFISCHES / ORTE, PLÄTZE, MUSEEN

el Golfo de México
Enorme bahía* que es parte del Océano Atlántico. Al norte y al este limita con México y los Estados Unidos, al sur con Cuba. La superficie del golfo es de 1 550 000 km². La mayoría de las costas del golfo tiene un clima tropical.
U2 / A

la Florida
Estado* federal de los Estados Unidos. Al este limita con el Océano Atlántico, al sur con el golfo de México. Capital: Tallahassee. El clima es variado: en el norte es tropical, pero en verano a veces hay tormentas tropicales muy fuertes. En 1513 Florida fue descubierta por los españoles.
U2 / A

Cuzco (320 000 habitantes)
Ciudad muy antigua. Fue capital del Imperio Inca hasta el siglo XVI. Cuzco se encuentra en la Cordillera de los Andes a 3416 metros de altura en el sureste de Perú. Es el lugar más turístico de Perú. Es famoso por sus edificios, plazas y calles de estilo precolombino.
U5 / A

los Andes

Cadena* de montañas más larga del mundo. Los Andes salen desde Venezuela, pasan por Colombia y Perú y llegan hasta Argentina y Chile. Miden 7500 km de largo. La montaña más alta de los Andes es el Aconcagua, en Argentina y tiene a 6962 metros de altura.
U5 / A

Machu Picchu
Pequeña ciudad histórica de origen inca. Su nombre significa «Montaña vieja» en quechua. Fue construida en una montaña a mediados del siglo XV. Fue usada por el primer emperador inca como casa de descanso y más adelante como centro religioso. Es considerada* una obra maestra de la arquitectura y la ingeniería.
U5 / A

la Amazonía peruana
Parte de la selva amazónica. Se encuentra al este de la cordillera de los Andes en tierra peruana. Es la zona con menor población humana y con mayor variedad de animales y vegetales en el planeta. En ella se encuentran animales y vegetales que no existen en otras partes del planeta.
U5 / Ac

Perú (29 5000 habitantes)
País andino. Está en América del Sur a orillas del Océano Pacífico. Se divide en tres regiones: la costa, la sierra y la selva amazónica. El 60% de sus habitantes vive en la costa. Su capital es Lima. La lengua oficial es el español pero se hablan también quechua y aimara. Es el centro y origen de la cultura inca.
U5 / Ac

Miraflores (99 735 habitantes)

Barrio en Lima desde 1857. Fue un lugar importante para el desarrollo de gran parte de la historia de Perú. Aquí se dieron lugar las Guerras Civiles e importantes reuniones para negociar la paz y la independencia de Perú.
U5 / Ac

Lima (7 600 000 habitantes)
Capital de Perú. Fundada por Francisco Pizarro en 1535. Nombrada por los conquistadores «Ciudad de los reyes». Está en la costa del Océano Pacífico, en el centro de Perú. Entre el siglo XVI y XVII ciudad más poderosa* de América del Sur. Hoy es la ciudad más poblada de Perú y la quinta ciudad con más habitantes en América Latina.
U5 / Ac

PERSONEN

Moctezuma
Rey azteca. Hijo de Moctezuma I. Gobernó Tenochtitlan de 1502 a 1520. Luchó* contra el ejército* de conquistadores de Cortés pero perdió. Se convirtió en esclavo de los españoles hasta que lo mataron en 1520.
U2 / ej

SONSTIGES

los mayas
Pueblo de América altamente desarrollado. Habitaron en territorios que hoy son México, Guatemala y Honduras. Eran muy buenos en matématicas: conocían el cero como los aztecas y tenían un caldendario muy exacto.
U2 / B

los incas
Civilización indígena andina. Nació entre el siglo XIII y el siglo XVI. Su lengua fue el quechua. Su capital fue Cuzco, en Perú. Se extendieron desde el norte de Ecuador hasta el centro de Chile. Las ruinas de la ciudad inca de Machu Picchu son conocidas en todo el mundo. En 1533 fueron conquistados por Francisco Pizarro y Atahualpa, su emperador, fue ejecutado.
U2 / B

ciento treinta y nueve

los aztecas
Pueblo indígena establecido en el territorio que hoy es México. Tenían una cultura muy desarrollada y un propio sistema de escritura. Eran expertos en astronomía: tenían un calendario para calcular cuándo era mejor tiempo para la agricultura*. Su lengua era el náhuatl. Entre 1519 y 1521 fueron conquistados por los españoles. **U2/B**

el quiché
Lengua maya hablada en Guatemala. También se habla en el sureste de México. Es la segunda lengua de los habitantes de Guatemala. Existe una gran variedad de dialectos mayas. «El Popol Vuh» es un libro muy famoso, escrito en maya que cuenta las leyendas del origen de la cultura maya. **U2/B**

el quechua
Lengua de los indígenas de los Andes. Su origen se encuentra en la lengua de la región central de Perú. Es hablada por entre 8 y 10 millones de habitantes. **U5/Ac**

Inca Kola

Bebida gaseosa típica de Perú. Fue creada en 1935 por el británico Lindley. Es de sabor* dulce y color amarillo. Uno de sus ingredientes principales es la planta hierba Luisa. Se hace con una receta secreta. **U5/Ac**

Salchipapas con ají
Plato de comida rápida. Típico en Perú. Consiste en un plato de salchichas enteras o en pedacitos con papas (patatos) fritas, mayonesa y salsa de tomate. Se vende en cualquier puesto de la calle. **U5/Ac**

el andinismo
Deporte del sur de América Latina. Consiste en hacer excursiones en las montañas de los Andes. La altura que hay que subir varía entre los 5000 metros y los 7000 metros. **U5/Ac**

el oso andino

Animal que sólo existe en el sur de América. Es llamado oso de gafas por sus manchas blancas en los ojos. Vive en los bosques andinos y es vegetariano. Puede pesar hasta 140 kg. La mayor parte de osos andinos están en Perú. También los hay en Colombia, Bolivia y Ecuador. **U5/ej**

el cóndor
Una de las aves más grandes del planeta. Es de color negro y tiene plumas blancas. Símbolo nacional en los escudos* de las banderas de Colombia, Perú, Venezuela, Chile y Ecuador. Significa libertad, independencia, valor, poder y grandeza. **U5/ej**

A
acreditar a/c etw. bestätigen
acuático/-a Wasser- + Nomen
la agricultura die Landwirtschaft
a orillas am Ufer

B
la bahía die Bucht

C
la cadena die Kette *Gebirge*
el callejón die Gasse
la capacidad die Kapazität
capturar a alg. jdn. gefangen nehmen
castigar a alg. jdn. bestrafen
el/la comerciante der/die Händler/in
las competencias de vela die Wettkämpfe im Segeln
el conocimiento die Kenntnis
considerar a/c etw. betrachten als
cortar a/c etw. schneiden

D
la defensa die Verteidigung
derrotar a alg. jdn. besiegen
el descanso die Erholung
la división *hier:* die Liga

E
el ejército das Heer
el entretenimiento der Zeitvertreib
el escudo das Wappen
el estado der Staat
estrecho/-a eng
explorar a/c etw. erforschen

F
los fenicios die Phönizier
la feria die Messe
la fortaleza die Festung
la fuente die Quelle
fundar a/c etw. gründen

G
grabar a/c etw. aufnehmen

I
el/la integrante das Mitglied

J
el/la judío/-a der Jude/die Jüdin

L
luchar kämpfen

M
la mancha der Fleck
el monumento *hier:* die Sehenswürdigkeit

N
el/la navegante der/die Seefahrer/in
negociar a/c etw. verhandeln

O
la ocupación die Besetzung

P
la pluma die Feder
poderoso/-a mächtig

R
la renovación die Erneuerung
robar a/c etw. rauben

S
el sabor der Geschmack
sagrado/-a heilig
subterráneo/-a unterirdisch

T
templado/-a lau(warm)
el tesoro der Schatz

U
ubicar sich befinden

V
el vino der Wein

LISTA CRONOLÓGICA

Symbole und Abkürzungen

~ bezeichnet die Lücke, in die das neue Wort einzusetzen ist.
= bezeichnet Wörter und Wendungen mit gleicher oder ähnlicher Bedeutung.
≠ bezeichnet Wörter und Wendungen mit gegensätzlicher Bedeutung.
◆ bezeichnet Wörter und Wendungen aus der gleichen Wortfamilie.
¹ bezeichnet ein Wort, das angeglichen werden muss. Die richtige Form steht am Ende des Kapitels.
👁 bezeichnet eine sprachliche Besonderheit, auf die du aufpassen musst.
Die blaugedruckten Verben sind unregelmäßig oder haben eine Besonderheit.

Grundschrift = obligatorischer Wortschatz   *kursiv* = fakultativer Wortschatz

adj.	adjetivo / Adjektiv	*lat. am.*	latinoamericano / lateinamerikanisch
adv.	adverbio / Adverb	*m.*	masculino / Maskulinum (männlich)
alg.	alguien / jemand / en/-m	*mex.*	mexicano / mexikanisch
a/c	alguna cosa / algo / etwas	*n.*	neutro / Neutrum (sächlich)
f.	femenino / Femininum	*per.*	peruano / peruanisch
fam.	familiar / umgangssprachlich	*pl.*	plural / Plural
ger.	gerundio / Gerundium	*sg.*	singular / Singular
inf.	infinitivo / Infinitiv	*sust.*	sustantivo / Nomen
ing.	inglés / englisch	*umg.*	umgangssprachlich

1 LO QUE ME IMPORTA

¡ACÉRCATE!

fascinar	faszinieren	A María le gusta bucear. A ella le ~¹ los mares y sus animales.
Física *f.*	Physik *Studienfach*	A Pablo le interesan mucho las estrellas y planetas. Quiere estudiar ~.
desde hace poco	seit kurzem	
el telescopio	das Teleskop	Un ~ permite observar las estrellas.
la Luna	der Mond	◆ el Sol
Marte	der Mars	~ es uno de los 9 planetas.
la estrella	der Stern	El Sol es la ~ más cercana a la Tierra.

La Física:
el planeta
Marte
la Tierra
la estrella
la Luna
el telescopio
el Sol

la canción (*pl.* canciones)	das Lied	◆ cantar, el / la cantante
ponerse de acuerdo	sich einigen	Ana y Lidia discuten mucho. Pero al final ~² casi siempre.
el miembro	das Mitglied	A Ana le gusta actuar. Es ~³ del grupo de teatro de su instituto.
la ONG (Organización no gubernamental)	*Nichtregierungsorganisation (NRO)*	
preocuparse por *alg.*	sich um jdn. kümmern	Pablo ~⁴ mucho por su hermana pequeña.

ciento cuarenta y uno **141**

1	el / la anciano/-a	der ältere Mensch	≠ el / la joven
	el hogar de ancianos	das Seniorenheim	Mi abuela vive en un ~. La visita todos los sábados.
	al principio	am Anfang	≠ al final
	el proyecto	das Projekt	
	la alegría	die Freude	Con el regalo Luis le da una gran ~ a su madre.
	comentar a/c	etw. besprechen	El profe ~^{5} los deberes de Mates.
	Fútbol Club Barcelona, Barça	*Fußballverein aus Barcelona*	
	hablar por teléfono	telefonieren	Todos los domingos yo ~^{6} con mi madre para ponernos al día.
	el escenario	die Bühne	En el teatro, el ~ es el lugar donde los actores actúan.
	los estudios *pl.*	die Schule, das Studium, die Ausbildung	◆ estudiar
	la salud	die Gesundheit	≠ la enfermedad

1A1 ¿CÓMO SERÁ EL FUTURO?

	el batido	das Mixgetränk, der Shake	Pablo prefiere los ~^{7} de plátano.
	llamar la atención de alg.	die Aufmerksamkeit von jdm. wecken	Los chicos hablan en clase y el profe les ~^{8}.
	el / la locutor/-a	der / die Sprecher/in	La ~^{9} presenta las noticias en la tele.
	anunciar a/c	etw. ankündigen	***ing.:*** *to announce* / La cantante ~^{10} sus próximos conciertos.
	sufrir (de) a/c	etw. erleiden, leiden an etw.	Mi madre ~^{11} mucho de dolores de cabeza.
	el cambio	die Veränderung	◆ cambiar
	sufrir cambios	Veränderungen durchmachen	
	el / la experto/-a (en a/c)	der / die Experte/-in (für etw.)	El ~^{12} en Física explica las estrellas.
	(estar) casado/-a	verheiratet (sein)	Mis abuelos ya ~^{13} desde hace 35 años.
	¡ni loco/-a!	Nicht im Traum!	– ¿Vas a participar en el concurso de deporte? – ¡~! Odio al deporte.
	la revolución (*pl.* revoluciones)	die Revolution	
	genético/-a	genetisch, Gen- + *Nomen*	
	la ciencia genética	die Genwissenschaft	
	el sexo	das Geschlecht	Una mujer es del ~ femenino.
	a la carta	*hier:* auf Bestellung, nach Wunsch	– ¿Desean comer ~? – Sí.
	verlo todo negro	alles schwarzsehen	
	acabar con alg., a/c	vernichten, ein Ende setzen	◆ terminar / La vacuna ~^{14} la enfermedad.

Das Verb „acabar" hat verschiedene Bedeutungen:

La vacuna acabó con la enfermedad.

Ana acaba de salir la casa.

Anexo | Lista cronológica

1A1

salvar a/c	etw. retten	Al proteger las costas nosotros ~[15] muchos aves.
por lo menos	mindestens, wenigstens	En la clase de Ana hay ~ 10 alumnos que quieren estudiar.
sino que	sondern	
el libro electrónico	das elektronische Buch	Luis lee ~ por internet.
suponer a/c	etw. vermuten	Ana está enferma. Yo ~[16] que no vendrá.
el cambio climático	der Klimawandel	El ~ es un problema de todo el mundo.
casi nunca	fast nie	Mis abuelos ~ se pelean.
el nivel del mar	der Meeresspiegel	Según un estudio ~ puede aumentar dos metros por siglo.
desaparecer	verschwinden	*ing:* to disappear
viajar	reisen	En verano Pablo ~[17] con sus padres a la Costa Brava.
volar (o → ue)	fliegen	◆ el vuelo / En invierno las aves ~[18] al sur.
teletransportarse	„sich beamen"	En la realidad no es posible ~.
la ciencia ficción	die Science-Fiction	Pablo prefiere las películas de ~.

1A2 OPERACIÓN ESTRELLA

Operación Estrella	*Name einer fiktiven Castingshow*	
el casting	das Casting	Pedro está muy feliz. Ha ganado el ~.
presentarse a a/c	sich vorstellen bei, *auch:* sich bewerben für	◆ la presentación
el / la candidato/-a	der / die Kandidat/in	
tener lugar	stattfinden	La clase de español ~[19] en sala A.
fabuloso/-a	großartig	*ing:* fabulous / = estupendo
la oportunidad	die Gelegenheit	Jan tiene la ~ de ir a Madrid para aprender español.
darse a conocer como	bekannt werden als	Salir por la tele es una buena oportunidad para ~ cantante.
practicar a/c	etw. üben	Nuestro grupo de teatro ~[20] una vez a la semana.
el / la ganador/a	der / die Gewinner/in	◆ ganar
concentrarse (en) a/c	sich (auf etw.) konzentrieren	Jan no puede ~ en los deberes porque hay demasiado ruido en la calle.
el rollo *fam.*	der Quatsch, das Gefasel	
el conservatorio	das Konservatorium	A Luis le gusta mucho la música. Quiere ir al ~.
artificial *adj.*	gekünstelt, unecht	≠ natural
tratar bien / mal a alg.	jdn. gut / schlecht behandeln	
el talento	das Talent	
tener talento (para)	talentiert sein (für)	Ana tiene mucho ~ para los idiomas.

ciento cuarenta y tres 143

1 A2 (ser) superfamoso/-a *fam.* — superberühmt — En España el grupo «El Canto del Loco» es ~.

el autógrafo — das Autogramm — La autora escribe su ~ en el libro.
manipular a alg. — jdn. manipulieren
pasar de moda — aus der Mode kommen — Los vaqueros nunca ~.[21]

> Das Verb „pasar" hat verschiedene Bedeutungen:
>
> ¿Qué te pasa?
> Este verano Pablo ha pasado tres semanas en casa de sus abuelos.
> Está prohibdo pasar por esta calle.
> Los sombreros han pasado de moda.

realmente *adv.* — wirklich — *ing.:* real
el karaoke — das Karaoke
animar a alg. — jdn. ermuntern — Ana ~[22] Luis a cantar karaoke.
el estrés — der Stress — José tiene ~ porque trabaja demasiado.
aprovechar a/c — etw. nutzen — Ana ~[23] el buen tiempo para salir.
aprovechar la oportunidad — die Gelegenheit nutzen

PARA COMUNICARSE

Dich fasziniert etwas: — A mí me fascina/n (las estrellas).
Du willst jdn. auffordern, sich zu einigen: — ¡Pongámonos de acuerdo!
Du willst sagen, dass dich etwas glücklich macht: — Me pongo feliz cuando …
Jemand versteht dich nicht. — (María / Mis padres) no me entiende/n.
Du willst sagen, dass du für etwas sterben könntest: — Me muero por (viajar a la Luna).
Du wunderst dich über das Alter von jdn.: — ¡Pero qué mayor / menor eres!
Nicht im Traum! — ¡Ni loco/-a!
Etwas scheint dir keine gute Idee zu sein. — No me parece una buena idea.
Du findest jemanden ulkig: — ¡Qué divertido el chico!

1. fascinan 2. se ponen de acuerdo 3. miembro 4. se preocupa 5. comenta 6. hablo por teléfono 7. batidos 8. llama la atención 9. locutora 10. anuncia 11. sufre 12. experto 13. están casados 14. acabó con 15. salvamos 16. supongo 17. viaja 18. vuelan 19. tiene lugar 20. practica 21. pasan de moda 22. anima a 23. aprovecha

2 ENTRE ESPAÑA Y AMÉRICA

¡ACÉRCATE!

el diario — das Tagebuch *hier:* Logbuch *Seefahrt* — *ing.:* diary / Maria escribe en su ~ sobre el día.

la Reina Isabel — Königin Isabell *historische Figur*
el rey — der König — El ~ de España se llama Juan Carlos.
la reina — die Königin
financiar a/c — etw. finanzieren — Los padres de José ~[1] su carrera.

Anexo | Lista cronológica

2

hacerse realidad	sich erfüllen, wahr werden	
la carabela	die Karavelle *Schiff*	◆ el barco, la barca / «La Niña» fue una de las ~² que Colón usó en su primer viaje al Nuevo Mundo.
la parada	die Haltestelle *hier:* der Zwischenstopp	El autobús hace una ~ en Barcelona.
la Gomera	*eine der kanarischen Inseln*	
las provisiones *pl.*	der Vorrat	María prepara ~ para un viaje.
tanto *adv.*	so lang *zeitlich*	El concierto no dura ~. Sólo una hora y media.
dejar a/c	etw. verlassen	El barco ~³ el puerto.

> Das Verb „dejar" hat verschiedene Bedeutungen:
>
> dejar a/c – El barco deja el puerto.
> dejar a/c a alg. – Luis deja un montón de trabajo a Pedro.
> dejar + *inf.* – Rafa no deja hablar a Javi.

el marinero	der Seemann, der Matrose	◆ el mar
joven *adj.*	jung	
la realidad	die Wirklichkeit, die Realität	◆ real(mente) / ***ing.:*** reality
el monstruo	das Ungeheuer, das Monster	Sólo hay los ~⁴ en las leyendas.
¡Tierra! (a la vista)	¡Land! (in Sicht) *Seefahrt*	
el / la primero/-a	der / die Erste	- ¿Quién empieza? - María es la ~⁵.
lamentablemente *adv.*	leider	~ Ana no puede ir a la fiesta.
dudar que + *subj.*	(be)zweifeln, dass	Yo ~⁶ que Ana venga a la fiesta.
acabarse	zu Ende sein	Hay que hacer compras. El agua se ha ~⁷.
tener miedo de que + *subj.*	Angst haben, dass	Luis ~⁸ de que Ana no lo llame.

> Beachte, dass folgende Ausdrücke den **subjuntivo** verlangen:
>
> Todavía llueve mucho. Pepe duda que podamos ir a la playa.
> Mi madre vuelve tarde a casa. Quiere que yo prepare la cena.
> Ya es tarde. El padre tiene miedo de que el hijo llegue tarde al instituto.

querer que + *subj.*	wollen / möchten, dass	El profe ~⁹ los alumnos hagan los deberes para mañana.
el final	das Ende	El ~¹⁰ de la película no me ha gustado.
(estar) desesperado/-a	hoffnungslos, verzweifelt	Ana está ~¹¹ porque ha perdido la llave.
la costa	die Küste	A Luis le gusta mucho el mar. Quiere vivir en la ~.
hermoso/-a	schön, hübsch	◆ bonito/-a / Las costas en España son muy ~¹².
el ser	das Wesen	En unas películas de ciencia ficción los ~¹³ son de otro planeta.
humano/-a	menschlich, Menschen-	
el ser humano	der Mensch	

2A ÁLVAR NÚÑEZ CABEZA DE VACA

Álvar Núñez Cabeza de Vaca	spanischer Seefahrer und Entdecker	
convertir a alg., a/c en (e → ie)	etw./jdn. zu etw. machen	
el imperio	das Imperium, das Reich	Los incas de Perú crearon el ~ más grande de América.
la época	die Epoche	
demostrar a/c (o → ue)	etw. beweisen	
definitivamente adv.	definitiv, letztendlich	
la Tierra	die Erde *Planet*	La ~ es el tercer planeta del sistema solar.
redondo/-a	rund	La pelota es ~[14].
católico/-a	katholisch	Isabel de Castilla y Fernando de Aragón fueron reyes ~[15].
el Nuevo Mundo	die Neue Welt	
el oro	das Gold	
esclavizar a alg.	*hier:* jdn. versklaven	
matar a alg.	jdn. töten	
la conquista (de América)	die Eroberung (Amerikas)	
brutal *adj.*	brutal, gewaltsam	La guerra es ~.
la Florida	Florida *Bundesstaat der USA*	
(estar) en busca de	auf der Suche nach	◆ buscar / Luis está ~ de trabajo.
el barco	das Schiff	El ~ deja el puerto.

La costa:
pescar
la playa
el puerto
el barco
el marinero
nadar
el/la pescadora
el pescado
el mar

naufragar	Schiffbruch erleiden	En 1912 el Titanic ~[16] en el Océano Atlántico.
el Golfo de México	der Golf von Mexiko	
salvarse (de)	sich retten (vor)	María ~[17] de la tormenta corriendo a la cabaña.
sobrevivir	überleben	Sólo unos 10 personas ~[18] el accidente.
el/la salvaje	der/die Wilde	
vencido/-a	geschlagen, besiegt	
darse por vencido/-a	aufgeben	Ana quiere ganar el juego. Nunca ~[19].
la situación (*pl.* situaciones)	die Situation	
el pánico	die Panik	= el miedo
sentir pánico (e → ie)	Panik verspüren	El perro parece peligroso. Luis ~[20] y cambia de ruta.
la condición (*pl.* condiciones)	die Bedingung	*ing.:* condition
la reacción (*pl.* reacciones)	die Reaktion	
el/la cazador/a	der/die Jäger/in	

2A

el bisonte	das Bison *Wildrind*	
cazar a/c	etw. jagen	El gato ~[21] el ratón.
el/la sobreviviente	der/die Überlebende	
el naufragio	der Schiffbruch	
despreciar a alg.	jdn. verachten	Juan ~[22] a José porque nunca lo apoya.

PARA COMUNICARSE

Du willst sagen, dass sich dein Traum verwirklicht hat:	Mi sueño se ha hecho realidad.
Du bedauerst etwas:	Lamentablemente (no puedo ir a la fiesta).
Du zweifelst an etwas.	Dudo que (Luis venga).
Etwas macht dir Angst.	Me da miedo que (Juan sea el único en la fiesta).
Du willst sagen, dass du Panik verspürst:	Siento pánico (cuando pienso en los próximos exámenes).
Etwas ist notwendig:	Es necesario que (ayudemos a mis primos).

1. financian 2. carabelas 3. deja 4. monstruos 5. primera 6. dudo 7. acabado 8. tiene miedo 9. quiere que 10. final 11. desesperada 12. hermosas 13. seres 14. redonda 15. católicos 16. naufragó 17. se salva 18. sobrevivieron 19. se da por vencida 20. siente pánico 21. caza 22. desprecia

3 CATALUÑA, TIERRA DE CONTRASTES

¡ACÉRCATE!

Cataluña *f.*	Katalonien	~ está en el este de España.
el contraste	der Kontrast	El cuadro tiene muchos ~[1] de colores.
Zaragoza *f.*	Saragossa	
Barcelona *f.*	Barcelona	~ es la capital de Cataluña.
el agua mineral	das Mineralwasser	
del tiempo	*etwa:* mit Raumtemperatur	
el hielo	das Eis *Eiswürfel*	≠ el helado / No hay ~ en la nevera.
cobrar a/c	etw. kassieren, verdienen *Geld*	
¿Me cobras?	*hier:* Die Rechnung bitte!	

diseñar a/c	etw. zeichnen, entwerfen	En clases de Artes Plásticas los chicos ~[2] ciudades del futuro.
el Parque Güell	*berühmter Park in Barcelona*	

3

Spanish	German	Example
Antonio Gaudí	*katalanischer Architekt*	
el / la arquitecto/-a	der / die Architekt/in	La ~³ diseña el edificio.
el dragón (*pl.* dragones)	der Drache	El ~ es una figura de los cuentos.
multicolor *adj.*	mehrfarbig	El loro es un animal ~.
el / la visitante	der / die Besucher/in	*ing.:* visitor / Cada día hay más de 1000 ~⁴ en el museo.
la entrada	der Eingang, *auch:* die Eintrittskarte	La ~ del museo está en la calle San José.
Montjuïc	*Hausberg von Barcelona*	
el monte	der Berg	= la montaña
(estar) cercano/-a a	nahe von	≠ (estar) lejos de
bajar en a/c	*hier:* mit etw. hinunterfahren	≠ subir a a/c
el funicular	die Bergbahn	
el Puerto Viejo	*alter Hafen von Barcelona*	
el Centro Comercial Maremágnum	*großes Einkaufszentrum in Barcelona*	
el Puerto Olímpico	*olympischer Hafen von Barcelona*	
¡Ojo!	Aufgepasst!	¡~! Hay muchos coches en la calle.
la Sagrada Familia	*bekannteste Kirche in Barcelona*	
la obra maestra	das Meisterwerk	La Mona Lisa es la ~ de Leonardo da Vinci.
inacabado/-a	unvollendet	
inspirarse en a/c	sich inspirieren lassen von etw.	Para su libro la autora ~⁵ en las niñas.
por dentro	innen	≠ afuera
la impresión (*pl.* las impresiones)	der Eindruck	*ing.:* impression
la piedra	der Stein	Mis abuelos viven en una casa de ~⁶.
las Ramblas	*berühmte Einkaufsstraße in Barcelona*	
el espectáculo	das Schauspiel, Ereignis	María participa en el ~ del teatro.
un mar de gente	eine Menschenmenge	En el estadio de fútbol hay un ~.

Mucha gente:

un mar de gente
un mogollón de gente
un montón de gente

Spanish	German	Example
el puesto	der Stand	En la exposición hay un ~ de libros.
el puesto de venta	der Verkaufsstand	En ~ se vende libros.
Camp Nou *m.*	*Fußballstadion in Barcelona*	
la torre Agbar	*großes Bürogebäude in Barcelona*	
la oficina	das Büro	En mi ~ hay dos escritorios.
la planta	das Stockwerk	Mi oficina está en la tercera ~ del edificio.
iluminar a/c	etw. beleuchten, anstrahlen	De noche mis padres ~⁷ el jardín.
la Barceloneta	*Stadtviertel von Barcelona*	

Anexo | Lista cronológica

3A1 INMIGRANTES EN CATALUÑA

el/la inmigrante	der/die Einwanderer/-in	Lin Fu va a un curso de catalán para ~[8].
Culcha Candela	*Musikgruppe aus Berlin*	
emigrar a	auswandern nach	José ha encontrado trabajo en Berlín. Va a ~[9] a Alemania en dos semanas.
el/la colombiano/-a	der/die Kolumbianer/in	María es de Colombia. Es ~[10].
un par de años	einige Jahre	
el catalán, la catalana	der/die Katalane/-in	Mi abuela es de Barcelona. Es ~[11].
doblemente	doppelt	*ing.:* double
extranjero/-a	fremd, ausländisch	
sentirse + *adj.* (e → ie)	sich fühlen	Jan acaba de llegar a Madrid. Todavía ~[12] extranjero.
el/la novio/-a	der/die (feste) Freund/in	≠ el/la amigo/-a, el/la compañero/-a
integrarse	sich integrieren	La nueva chica de la clase ~[13] muy rápido.
por completo	vollständig	Juan no comprende la tarea de Mates ~.
matricularse (en a/c)	sich einschreiben (in etw.)	Jan ~[14] ayer en un curso de español.
el/la marroquí	der/die Marrokaner/in	
Córdoba	Córdoba *Stadt in Andalusien*	
ahorrar	sparen	Ana quiere ~[15] para comprarse zapatillas de deportes.
el contrato de trabajo	der Arbeitsvertrag	José lee las condiciones de trabajo en el ~.
crecer (c → zc)	wachsen, aufwachsen	Lin Fu ~[16] en Peking. Ahora vive en Barcelona.
el/la chino/-a	der/die Chinese/-in	El amigo de Ana es de Peking. Es ~[17].
chino	Chinesisch *Sprache*	La lengua maternal de Lin Fu es ~.
la mezcla	die Mischung	El batido de plátanos es una ~ de leche con plátanos.
las coques	*katalanisches Gebäck, herzhaft oder süß*	
el rollito de primavera	die Frühlingsrolle	
la primavera	der Frühling	← el verano, el invierno
el barcelonés/la barcelonesa	Einwohner/in von Barcelona	
el/la andaluz/a (los andaluces/ las andaluzas)	der/die Andalusier/-in	
fuera de	außerhalb von	≠ dentro de
Girona	*spanische Stadt im Nordwesten Kataloniens*	
fluidamente	fließend	Lin Fu habla inglés ~.
(estar) jubilado/-a	pensioniert	Mi abuela ya no trabaja. Está ~[18].

3A2 PROBLEMAS EN LA COSTA

Benidorm	*Stadt in Spanien*	
(estar) agotado/-a	erschöpft	María ha trabajado mucho. Está ~[19].
el/la constructor/a	der/die Konstrukteur/in	La ~[20] mira el plano de construcción del edificio.

ciento cuarenta y nueve 149

3A2

el / la ecologista	der / die Umweltschützer/in	Mi hermano cuida las playas. Es ~²¹.
tocar a/c	*hier:* etw. berühren	En el museo está prohibido ~ los cuadros.
el / la pescador/a	der / die Fischer/in	Mi abuelo vive en la costa. Es ~²².
pescar	angeln, fischen	En las vacaciones voy a ir a ~ con mi abuelo.
lamentable *adj.*	bedauerlich	
el / la historiador/a	der / die Historiker/in	El ~²³ investiga los libros antiguos.
nostálgico/-a	nostalgisch	
cuyo/-a	dessen, deren	Este es el chico ~²⁴ hermana va a mi clase.
el ministerio	das Ministerium	
el medio ambiente	die Umwelt	Mi hermano es ecologista. Cuida el ~.

El medio ambiente:
la naturaleza
respetar el medio ambiente
salvar las costas
proteger los animales / las flores
cuidar los ríos y los mares

no destruir los bosques
el / la ecologista
la contaminación
el cambio negativo

(ser) ciego/-a	blind	Mi abuela ya no puede ver. Es ~²⁵.
negativo/-a	negativ	¡Chico, no seas tan ~²⁶!
agregar a/c	etw. hinzufügen	No tengo nada que ~.
comparar a/c	etw. vergleichen	El profe ~²⁷ los resultados de los alumnos.
el desierto	die Wüste	*ing.:* desert / En Perú hay un gran ~ de piedras.
el cemento	der Beton	Para construir una casa se necesita ~.
la población	die Bevölkerung	= los habitantes
destruir a/c	etw. zerstören	La tormenta ha ~²⁸ la casa.
el poder	die Macht *hier:* die Kraft	
mágico/-a	magisch	
los poderes mágicos	die magischen Kräfte	
turístico/-a	touristisch	➥ el turismo, el / la turista
la gallina de los huevos de oro	das Huhn, das goldene Eier legt *Metapher*	
el negocio	das Geschäft, die Verhandlung	
la construcción	der Bau	El constructor es responsable de la ~ del edificio.
sin orden	planlos	➥ el orden
opinar a/c	etw. meinen	➥ la opinión
actuar	schauspielern, *hier:* handeln	➥ el actor, la actriz

Anexo | Lista cronológica

3A2

poner la mano en el fuego por alg., a/c	die Hand für jdn., etw. ins Feuer legen	
deber a/c + *inf.*	etw. müssen	= tener que, hay que
atraer a/c	etw. anziehen, anlocken	La exposición ~29 un montón de gente.
alojarse en	sich einquartieren in	Todo el verano Luis se ha ~30 en casa de un amigo.
el tipo	*hier:* die Art	
el turismo	der Tourismus	
a diferencia de	im Unterschied zu	◆ la diferencia
el resort	*etwa:* das Urlaubsresort *Ferienanlage*	
beneficiarse de + *sust.*	von etw. profitieren	
urbano/-a	städtisch	
el / la taxista	der / die Taxifahrer/in	
el / la camarero/-a	der / die Kellner/in	El ~31 trabaja en un restaurante.
el / la panadero/-a	der / die Bäcker/in	La ~32 hace el pan.

Las profesiones:

el actor / la actriz	el / la campesino/-a	el / la historiador/a	el / la pintor/a
el / la arquitecto/-a	el / la cantante	el / la médico/-a	el / la profesor/a
el / la biólogo/-a	el / la constructor/a	el / la moderador/a	el / la químico/-a
el / la bombero/-a	el / la ecologista	el / la músico/-a	el / la taxista
el / la camarero/-a	el / la fotógrafo/-a	el / la panadero/a	el / la vendedor/a

---

la solución (*pl.* soluciones)	die Lösung	Pedro busca la ~ de su problema.
obligar a + *inf.*	verpflichten zu	
respetar a/c	etw. berücksichtigen, respektieren	Hay que ~ a los ancianos.
el / la dueño/-a	der / die Besitzer/in	El ~33 del hotel saluda a los visitantes.
Lloret de Mar	*Stadt in Spanien*	

PARA COMUNICARSE 3

Du verlangst die Rechnung:	¿Me cobras?
Du bestellst etwas für dich:	Para mí (un zumo de naranja).
Du willst sagen, dass du einen Eindruck von etwas hast:	Tengo la impresión de que (va a llover).
Etwas ist bedauerlich:	Es lamentable que (María no venga).
Etwas ist offensichtlich für dich:	Tendría que ser ciego/-a para (no ver el problema).
Du möchtest etwas zusammenfassen:	En pocas palabras (la solución del problema es …)
Es ist wichtig zu handeln:	Es necesario actuar.
Du bist dir einer Person / Sache 100 % (nicht) sicher:	Yo (no) pondría la mano en el fuego (por Carla).
Du weist auf etwas hin:	¡Ojo!

---

1. contrastes 2. diseñan 3. arquitecta 4. visitantes 5. se inspira 6. piedras 7. iluminan 8. inmigrantes 9. emigrar 10. colombiana 11. catalana 12. se siente 13. se ha integrado 14. se matriculó 15. ahorrar 16. crecí 17. chino 18. jubilada 19. agotada 20. constructora 21. ecologista 22. pescador 23. geógrafo 24. cuya 25. ciega 26. negativo 27. compara 28. destruido 29. atrae 30. alojado 31. camarero 32. panadera 33. dueño

4 EL BOLSILLO DE LOS JÓVENES

¡ACÉRCATE!

del revés	umgekehrt *hier:* linksherum	
la telaraña	das Spinnennetz	
el consumo	der Konsum	El ~ de café no es muy sano.
el atraco	der Überfall	
afectar a/c a alg.	nahegehen	Las peleas que tengo con mi hermana me ~¹ mucho.
la calefacción	die Heizung	En invierno es mejor poner la ~.
Chenoa	*Spanische Popmusikerin*	
la carrera	der Studiengang	Ana quiere estudiar la ~ de lengua castellana.
la Licenciatura en la Percusión	*Spanischer Studiengang mit Musikausrichtung*	
la batería	das Schlagzeug	Pablo toca la ~ desde pequeño.
la banda *fam.*	die Band *Musik*	= el grupo de música

La banda: el micrófono, el escenario, tocar la batería, cantar, tocar la guitarra, los focos

el punk	der Punk *Musikstil*	
la admisión (*pl.* admisiones)	die Zulassung	
dominar a/c	etw. beherrschen	Tom ~² bien el español.
la formación profesional de grado superior	die höhere Berufsausbildung	
tener a/c claro	sich über etw. im Klaren sein	Pablo nunca se apunta sus deberes. Por eso no ~³ qué tiene que hacer en casa.
la afición por (*pl.* aficiones)	die Neigung, die Vorliebe	Ana tiene una ~ por los caballos.
el / la auxiliar de enfermería	*Helfer des Krankenpflegers*	María trabaja en un hospital. Es ~.
disponer de a/c	über etw. verfügen	Ana no puede comprar todo. No ~⁴ de mucho dinero.
la discoteca	die Diskothek	A María y a mí nos gusta mucho bailar en la ~.
el bar	die Bar	Pablo y yo siempre vamos a un ~ a tomar un zumo.
el calzado	das Schuhwerk	El ~ de moda cambia cada verano.
el juego de ordenador	das Computerspiel	Para Navidades deseo un ~.
la videoconsola	die Videokonsole	Después de clase voy a casa y juego con mi ~.
la mente	der Geist, der Verstand	*ing.:* mind

Anexo | Lista cronológica

4 tener a/c en mente — etw. im Kopf haben — Como Pablo nunca apunta sus deberes, luego no los ~[5].

de todas maneras — auf alle Fälle

el salario — das Gehalt — José es funcionario. Tiene un buen ~.

> La vida profesional:
>
> el jefe / la jefa – el / la compañero/-a de trabajo
> la oficina – la estantería – el escritorio – el teléfono – el ordenador
> el trabajo – la reunión
> el salario – ganar dinero
> las vacaciones

alcanzar — (aus)reichen

Administración y Dirección de Empresas — Betriebswirtschaftslehre

el / la funcionario/-a — der / die Beamte/-in — Mi padre es ~ trabaja en el Ministerio.

las oposiciones *pl.* — *Auswahlprüfung für den öffentlichen Dienst (Spanien)*

aprobar a/c (o → ue) — etw. bestehen — Pablo no ha ~[6] el examen de Inglés.

la especialidad — die Spezialität — La paella es una ~ de España.

la ensalada de nopales — *Salat mit Feigenkaktus Mex.*

el mole — *Schokoladensoße mit Chili Mex.*

4A ¡NO ME LO PUEDO PERDER!

hojear a/c — etw. überfliegen — Ana ~[7] el periódico para encontrar rápidamente la noticia.

prestar atención a a/c — etw. beachten, aufpassen — En la clase de Inglés Emilio nunca ~[8].

> Unterscheide:
> llamar la atención de alg.   prestar atención a alg., a/c

el Canto del Loco — *spanische Musikgruppe*

el albergue juvenil — die Jugendherberge — Muchos jóvenes pasan la noche en ~[9].

el brazo — der Arm

cruzar los brazos — die Arme verschränken — Cuando mi madre se queja siempre ~[10] los brazos.

enfurruñarse — ärgerlich werden — Mi hermano ~[11] si entro en su habitación.

oponerse — gegen etw. sein

generalmente *adv.* — normalerweise — = normalmente

el gasto — die Ausgabe *Geld* — ◆ gastar / El ~ mensual que tiene mi hermano es muy alto.

semanal *adj.* — wöchentlich — Cada viernes tenemos una discusión ~ en clase.

administrar a/c — etw. einteilen, verwalten — Yo ~[12] bien mi dinero.

ciento cincuenta y tres 153

4A

la libertad	die Freiheit	◆ libre / *ing.:* liberty
el / la canguro	der / die Babysitter/in	Mi hermana trabaja como ~ los fines de semana.
concreto/-a	konkret	
¡De ninguna manera!	Auf gar keinen Fall!	
insistir (en)	beharren, bestehen (auf)	
¡No insistas!	Hör auf damit!	
cruzar los dedos	die Daumen drücken	

PARA COMUNICARSE — 4

Etwas trifft / betrifft dich (nicht).	A mí (el estrés) no me afecta.
Du hast einen großen Traum.	¡(Vivir en Barcelona) es mi gran sueño!
Du bist dir über etwas noch nicht im Klaren.	Todavía no tengo claro qué quiero estudiar.
Etwas ist das Wichtigste für dich …	Lo más importante para mí es …
Du kannst etwas nicht glauben.	¡No me lo puedo creer!
Auf gar keinen Fall!	¡De ninguna manera!
Hör auf damit!	¡No insistas!
Du musst dich auf etwas konzentrieren:	Tengo que concentrarme en (mis estudios).

1. afectan 2. domina 3. tiene claro 4. dispone 5. tiene en mente 6. aprobado 7. hojea 8. presta atención 9. albergues juveniles 10. cruza 11. se enfurruña 12. administro

5 PERÚ, EL CORAZÓN DE LOS ANDES

¡ACÉRCATE!

el corazón (*pl.* corazones)	das Herz	La capital es el ~ del país.
la moneda	die Währung *auch:* die Münze	La ~ de Perú es el nuevo sol.

Las monedas de unos países latinoamericanos:

Argentina – el peso argentino
Bolivia – el boliviano
Chile – el peso chileno
Colombia – el peso colombiano
Costa Rica – el colón costarricense

Ecuador – el dólar de Estados Unidos
Honduras – la lempira
México – el peso mexicano
Perú – el nuevo sol
Uruguay – el peso

económico/-a	Wirtschafts-, wirtschaftlich	
la población económicamente activa	die erwerbstätige Bevölkerung	
el sector	der Sektor	El ~ de turismo es muy importante en los paises de América Latina.
la industria	die Industrie	La ~ es muy importante para la economía de un país.
los servicios *pl.*	*hier:* die Dienstleistung	*ing.:* service

Anexo | Lista cronológica

5

el ingreso	das Einkommen	= el salario
el ingreso medio por mes	das monatliche Durchschnittseinkommen	
geográfico/-a	geographisch	◆ la geografía
la selva	der Wald	= el bosque / En la ~ viven muchos animales interesantes.
amazónico/-a	Amazonas- + *Nomen*	
(ser) caluroso/-a	heiß	Los veranos en Sevilla son muy ~[1].
húmedo/-a	feucht	≠ seco/-a / En un invernadero el aire siempre es ~[2].
recorrer a/c	etw. durchqueren	Para llegar al instituto Ana siempre ~[3] el parque Simón Bolívar.
navegable *adj.*	schiffbar	La mayoría de los ríos amazónicos es ~.
la Amazonía peruana	Amazonien *Waldgebiet Perus*	
la canoa	das Kanu	Para ir en el río puedes usar una ~.
el medio de transporte	das Transportmittel	El tren es un ~ muy importante.

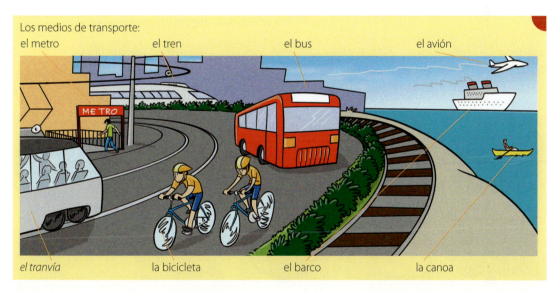

Los medios de transporte:
el metro   el tren   el bus   el avión
el tranvía   la bicicleta   el barco   la canoa

seco/-a	trocken	El desierto es un lugar ~[4].
a pesar de	trotzdem, obwohl	~ que llueve vamos a la playa.
ya que	da, weil	= porque
Machu Picchu *f.*	*Ruinenstadt der Inka*	
arqueológico/-a	archeologisch	Machu Picchu es un sitio ~[5].
el andinismo	das Bergsteigen	El ~ es un deporte de montaña.
hacer andinismo *lat. am.*	klettern	
el/la peruano/-a	der/die Peruaner/in	La madre de Laura es de Perú. Es ~[6].
el departamento	das Department, der Stadtteil	El ~ más moderno de Lima es Miraflores.
Lima	Lima *Hauptstadt von Peru*	
inmigrar	immigrieren	◆ el/la inmigrante / Hoy en día mucha gente ~[7] del campo a la ciudad.
el marisco	die Meeresfrucht	La gente que vive en la costa come muchos ~[8].

5

la dieta	die Nahrung, die Kost	La ~ mediterránea es muy sana.
costeño/-a	Küsten- + *Nomen*	➙ la costa / Los pueblos ~[9] siempre son muy bonitos.
la longitud	die Länge	La ~ de la costa peruana es de 4414 kilómetros.
extrañar a/c a alg.	sich über etwas erstaunen, über etwas staunen	No me ~[10] que Luis no venga. Todavía está enfermo.
¡No es de extrañar!	Das verwundert nicht!	Las buenas notas de Luis, ¡~! Es muy listo.
la exportación (*pl.* exportaciones)	der Export	≠ la importación
por un lado […] y por otro lado	einerseits und andererseits	~ tengo que hacer mis deberes ~ me gustaría ir al cine.
el mineral	das Mineral	
el cobre	das Kupfer	~ tiene el color rojo.
el petróleo	das Rohöl	~ es un producto de exportación muy caro.
agrícola *adj.*	Agrar + *Nomen*	El plátano es un producto ~.
el espárrago	der Spargel	El ~ es una verdura verde o blanca.

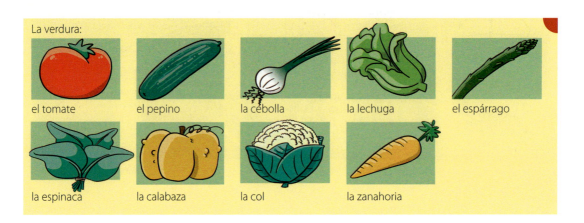

La verdura: el tomate, el pepino, la cebolla, la lechuga, el espárrago, la espinaca, la calabaza, la col, la zanahoria

importar a/c	etw. importieren	Alemania ~[11] petróleo.
el combustible	der Brennstoff	
el trigo	der Weizen	El pan de ~ es muy sano.
la edad	das Alter	
la edad media	das Durchschnittsalter	La ~ de mis amigos es 14 años.
Miraflores *m.*	*Stadtbezirk von Lima*	
colonial *adj.*	Kolonial + *Nomen*	Lima es una ciudad ~.
la Inca Kola	*Cola-Marke aus Peru*	
las salchipapas	*Pommes frites mit Würstchen*	
el ají *per.*	Chili	El ~ es muy picante.
la lengua materna	die Muttersprache	Ana es de Londres. Su ~ es Inglés.
no obstante	trotzdem	= a pesar de

5A ¡PERU, ALLÁ VOY!

¡Allá voy!	Jetzt komme ich!	
el voluntariado	die freiwillige Arbeit	A Pedro le gusta ayudar. Por eso hace un ~.
la experiencia	die Erfahrung	*ing.:* experience / El voluntariado ha sido una gran ~ para Pedro.
por el momento	im Moment, zur Zeit	~ tenemos que estudiar mucho para los exámenes.
el polvo	der Staub	Luis tiene que limpiar su habitación. Hay ~ por todos lados.
pegarse a a/c	sich hängen an *hier:* kleben, heften	
el perro callejero/-a	der Straßenhund	
el blog	der Blog *Internet*	◆ el chat / Mi ~ es mi diario en línea.
actualizar a/c	etw. aktualisieren	
la frecuencia	die Häufigkeit	*ing.:* frequency
con frecuencia	häufig, öfters	María va al cine ~.
el ombligo	der Bauchnabel, *hier:* der Mittelpunkt	
el ombligo del mundo	der Nabel der Welt	
el techo	das Dach	

La casa:
- el techo
- la ventana
- la puerta
- el jardín
- la planta

el techo de tejas	das Ziegeldach	
acoger a alg.	jdn. aufnehmen	
la carpintería	die Tischlerei	Mi tío hace muebles. Trabaja en una ~.
el / la encargado/-a	der / die Verantwortliche	Sara es jefa. Es la ~[12] del proyecto.
donar a/c	etw. spenden	
el horno	der Ofen	El pan se prepara en un ~.
sentirse como en casa (e → ie)	sich wie zu Hause fühlen	Jan está en Madrid desde hace dos meses. Pero ya ~[13].
el / la compañero/-a de trabajo	der / die Arbeitskollege/-in	Mi madre comparte la oficina con una ~[14].
el gorro	die Mütze	◆ la bufanda
el agujero	das Loch	
la receta	das Rezept	◆ el ingrediente / Mi abuela tiene una buena ~[15] de pan de trigo.
(estar) satisfecho/-a	zufrieden	María está muy ~[16] con sus notas de Inglés.
el resultado	das Ergebnis	*ing.:* result / El ~ del último examen de Mates es muy malo.

5A

el mueble	das Möbelstück	

Los muebles:
la estantería
la mesa
el sofá
el armario
la cama
el sillón
la silla

(estar) entusiasmado/-a	begeistert	María está muy ~[17] por nuestro viaje a Colombia.
si bien	obwohl	= aunque / ~ Ana estudia mucho no siempre saca buenas notas.
el gusto	der Geschmack	◆ gustar
a gusto	wohl (angenehm)	María siempre está ~ en casa de su abuela.
el ómnibus (pl. omnibuses) per.	der Bus	El ~ es un medio de transporte muy importante en Lima.
la medida	das Maß	◆ medir a/c
a la medida	nach Maß	
la sardina	die Sardine	Las ~[18] son peces pequeños.
sorprenderse	überrascht sein	◆ la sorpresa / Los resultados del último examen ~[19] mucho a la profesora.
la honestidad	die Ehrlichkeit	
repleto/-a	vollgestopft	Por la mañana el bus siempre está ~[20] de gente.
de mano en mano	von Hand zu Hand	
la caja de cartón	der Pappkarton	Ana guarda sus fotos en la ~.
el susto	der Schrecken	◆ asustarse
cacarear	gackern Tier	La gallina ~[21].
en fin	gut!, na schön!	

PARA COMUNICARSE

Etwas verwundert nicht.	¡No es de extrañar!
Etwas macht dich nervös …	Me pone bastante nervioso …
Du warst dir einer Sache (nicht) bewusst …	(No) me he dado cuenta de …
Du willst sagen, dass du dich wie zu Hause fühlst.	Me siento como en casa.
Du willst sagen, dass du dich wohl fühlst.	Me siento a gusto.
Du willst sagen, dass dich etwas überrascht …	Algo que me sorprende es (…).
Du willst ein(en) Thema / Gedanken abschließen:	¡En fin!

1. calurosos 2. húmedo 3. recorre 4. seco 5. arqueológico 6. peruana 7. inmigra 8. mariscos 9. costeños 10. extraña 11. importa 12. encargada 13. se siente como en casa 14. compañera de trabajo 15. receta 16. satisfecha 17. entusiasmada 18. sardinas 19. le sorprenden 20. repleto 21. cacarea

6 ESPAÑA Y EUROPA

6/1 EUROPA ES …

Europa f.	Europa	Juan quiere viajar por ~. Quiere conocer España, Alemania y Francia.
la Unión Europea	die europäische Union	Desde 1986 España es miembro de la ~.
libremente *adv.*	frei	← la libertad, libre
el pasaporte	der Reisepass	*ing.:* passport / Para poder viajar a México Pablo necesita un ~.
a nivel mundial	weltweit	
internacional *adj.*	international	
varios/-as	verschieden	Javi tiene ~[1] libros en su habitación.
diverso/-a	verschieden(artig), vielfältig	Pablo tiene ~[2] discos de »El Canto del Loco«.
el lema	das Motto	El ~ de la fiesta de Javi es «los años 70».
unido/-a	vereint	*ing.:* united
la diversidad	die Vielfalt	*ing.:* diversity / La tienda ofrece una gran ~ de ropa.
médico/-a	medizinisch	Lucía tiene una profesión ~[3]. Es médica.
la asistencia médica	die medizinische Betreuung	
la jubilación (*pl. jubilaciones*)	die Rente	Mi abuelo ya no trabaja. Recibe ~.
gastronómico/-a	gastronomisch, Gastronomie-	
la mozzarella	Mozzarella *Käsesorte*	
italiano/-a	italienisch	El café espresso es típicamente ~[4].
el jamón serrano	der Serrano Schinken	El ~ es una especialidad de España.
la lengua cooficial	die zweite Amtssprache	
el gobierno	die Regierung	*ing.:* government
la forma de gobierno	die Regierungsform	
la monarquía parlamentaria	die parlamentarische Monarchie	
la entrada	*hier:* der Eintritt	
poblado/-a	bewohnt	Las ciudades grandes están bien ~[5].
la Comunidad Económica Europa	die Europäische Wirtschaftsgemeinschaft *im Jahr 2009 mit Vertrag von Lissabon abgelöst*	
la China	China	La atracción más conocida de ~ es la gran muralla.
la India	Indien	

Unterscheide: la India ≠ las Indias

alimentado/-a	*hier:* reichhaltig essen	
el/la irlandés/-esa	der/die Ire/-in	Scott viene de Dublin. Es ~[6].
consumir a/c	etw. verbrauchen, konsumieren	José ~[7] chocolate cada día.
lácteo/-a	Milch- + *Nomen*	Queso y yogurt son productos ~[8].
el/la portugués/-esa	der/die Portugiese/-in	Lucía es de Lisboa. Es ~[9].

6/1 Los países de la Unión Europea:

País			País		
Alemania *f.*		alemán/-ana	Irlanda *f.*		irlandés/-a
Austria *f.*		austríaco/-a	Italia *f.*		italiano-/a
Bélgica *f.*		belga	Letonia *f.*		letón/-ona
Bulgaria *f.*		búlgaro/-a	Lituania *f.*		lituano/-a
Chipre *m.*		chipriota	Luxemburgo *m.*		luxemburgués/-esa
Dinamarca *f.*		danés/-esa	Malta		maltés/-esa
Eslovaquia *f.*		eslovaco/-a	Países Bajos *m. pl.*		holandés/-esa
Eslovenia *f.*		esloveno/-a	Polonia *f.*		polaco/-a
España *f.*		español/-a	Portugal *m.*		portugués/-esa
Estonia *f.*		estonio/-a	Reino Unido *m.*		británico/-a
Finlandia *f.*		finés/-esa	República Checa *f.*		checo/-a
Francia *f.*		francés/-esa	Rumanía *f.*		rumano/-a
Grecia *f.*		griego/-a	Suecia *f.*		sueco/-a
Hungría *f.*		húngaro/-a			

ocupar a/c	etw. einnehmen	Mi hermana siempre ~[10] el baño por la mañana.
democrático/-a	demokratisch	España tiene una constitución ~[11].
el régimen	das Regierungssystem	
el respeto	der Respekt *hier:* die Anerkennung	Es muy importante el ~ a los padres.
el derecho humano	das Menschenrecht	La educación es un ~.
el área	der Bereich	

6/2 LOS ESPAÑOLES Y LOS MEDIOS DE COMUNICACIÓN

la tecnología	die Technologie	
estar a la cabeza en	an der Spitze stehen	
el uso	die Nutzung	Está prohibido el ~ de móviles.
la red social	das soziale Netz	Casi todos participamos en un ~.
a través de	mittels, durch	Ana aprende idiomas ~ internet.
el envío	der Versand	El ~ de cartas en Europa no es caro.
el usario	der Nutzer	*ing.:* user
la actualización (*pl. actualizaciones*)	die Aktualisierung	

Anexo | Lista cronológica

6/2

por encima de	über, höher als	≠ por debajo de
el informe	der Bericht	Ayer vi un ~ interesante en la tele.
señalar a/c	etw. zeigen	El profe ~12 la solución de la tarea.
entrevistar	interviewen	La reportera ~13 al cantante.
el correo electrónico	die E-Mail	Yo leo mi ~ todos los días.
de nueva generación	der neuen (Handy)Generation	
en directo	live TV	Pablo va a ver «El Canto del Loco» ~.
el porcentaje	der Prozentsatz	

> La estadística:
>
> el estudio / el informe señala […]
> estar a la cabeza de […]
> el porcentaje – un porcentaje muy importante
> el / un 45 % de […]
> el promedio – por encima del promedio
> la mayoría de […]

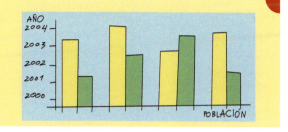

significativo/-a	signifikant	
el entrenamiento	das Training	
la juventud	die Jugend(zeit)	
tocar + inf.	zu tun haben mit, dran sein	

6/3 ME SIENTO EUROPEO

el encuentro	das Treffen	← encontrarse
digital adj.	digital, Digital + Nomen	
lo que pasa es que	es kommt daher, weil	
medio/-a	halb	María está en la cama. Ya está ~ dormida.
ocurrirse	einfallen	¿Se te ~14 algo para resolver el problema?
ponerse de acuerdo con	hier: klarkommen mit	
aportar	einbringen	
el reto	die Herausforderung	Las clases de Mates siempre son un ~ para mí.
rodar a/c	etw. drehen Film	
la presión (pl. presiones)	der Druck	Antes de los exámenes Lucía siempre está bajo ~.
el rodaje	die Dreharbeiten	El ~ de la nueva película de Almodóvar duraba tres meses.

> El rodaje:
>
> el casting – el / la candidato/-a
> la película (de ciencia ficción, romántica, de aventuras)
> el / la director/a – el / la actor / actriz – el / la camarógrafo/-a
> rodar una película – el rodaje – el lugar de rodaje

6/3

tanto … como	sowohl … als auch	
exitoso/-a	erfolgreich	La presentación de Ana fue muy ~[15].
la carrera	die Karriere *auch:* der Studiengang	José trabaja mucho. Quiere hacer ~.
la prensa	die Presse	Magda es reportera. Trabaja para la ~ española.
nacionalizar	verstaatlichen	
el éxito	der Erfolg	Para tener ~ en clase hay que estudiar mucho.
¿Cómo lo llevas tú?	Wie gehst du damit um?	
el nacionalismo	der Nationalismus	
Me siento en casa	Ich fühle mich zu Hause	
natural *adj.*	natürlich	≠ artificial
dar igual a/c a alg.	jdn. etw. egal sein	A mí ~[16] igual cuándo hagamos el examen de Inglés.
arrogante *adj.*	arrogant	Pedro no saluda a nadie. Es ~.
viceversa	umgekehrt	= del revés
vivir la fama	mit dem Ruhm leben	
la manera	die Art	La ~ de bailar de Antonio es muy divertida.
anónimo/-a	anonym	La tarjeta postal no tiene ningún nombre. Es ~[17].
de manera anónima	auf anonyme Art	
reconocer a alg., a/c	jdn. / etw. wiedererkennen	Ayer vi a María en el museo pero no me ~[18].
perfectamente *adv.*	perfekt	
agradable *adj.*	angenehm	
reaccionar	reagieren	

PARA COMUNICARSE

Etwas ist für dich (nicht) problematisch.	Para mí (no) es (ningún) problema.
Etwas ist eine Herausforderung für dich.	Para mí es un reto (hablar inglés).
Etwas ist dir egal.	(…) me da igual.
Du willst sagen, dass du dich wie zu Hause fühlst.	Me siento en casa.
Du willst sagen, dass etwas angenehmer wäre …	Será más agradable (ir al cine).

1. varios 2. diversos 3. médica 4. italiano 5. pobladas 6. irlandés 7. consume 8. lácteos 9. portuguesa 10. ocupa 11. democrática 12. señala 13. entrevista 14. occurre 15. exitosa 16. me da 17. anónima 18. reconoció

# LISTA ALFABÉTICA

Bei blaugedruckten Verben handelt es sich um Verben, die unregelmäßig sind oder bei denen auf Besonderheiten zu achten ist.
Die farbigen Angaben hinter der Bedeutung zeigen, wo das Wort zum ersten Mal vorkommt:
1Ac heißt Unidad 1, ¡Acércate!; 1A steht für Unidad 1, Text A.
Grundschrift = obligatorischer Wortschatz   *kursiv* = fakultativer Wortschatz

A

a nach, zu, an
a gusto wohl (angenehm) 5A
A la una / A las (3). Um (3) Uhr. *Uhrzeit*
a mí no mir nicht
a mí también/tampoco mir auch (nicht)
a nivel mundial weltweit 6/1
a partir de + *tiempo* von + *Zeit* + an
a pesar de trotzdem, obwohl 5Ac
a propósito absichtlich
a través de mittels, durch 6/2
a veces manchmal
a ver mal sehen
abajo unten, hinunter
el abrigo der Mantel
abrir a/c etw. öffnen, aufmachen
absolutamente *adv.* absolut, durchaus
el/la abuelo/-a der/die Großvater/-mutter
los abuelos die Großeltern
aburrido/-a langweilig
aburrirse sich langweilen; ~ como una ostra *fam.* sich zu Tode langweilen
acá lat. am. hier
acabar con alg., a/c etw. vernichten, ein Ende setzen 1A1
acabar de + *inf.* etw. gerade getan haben
acabarse zu Ende sein 2Ac
la academia de danza die Tanzschule
el acceso die Zulassung *Schule, Universität*
el accidente der Unfall
la aceituna die Olive
aceptar a/c etw. akzeptieren
acercarse sich annähern *örtlich und zeitlich*
acoger a alg. jdn. aufnehmen 5A
acompañar a alg. jdn. begleiten
acordarse (de) alg., a/c (o/ue) sich (an jdn., etw.) erinnern
activar(se) aktivieren, (sich) anschalten
la actividad die Beschäftigung, *auch:* die Veranstaltung
activo/-a aktiv
el actor der Schauspieler
la actriz (*pl.* actrices) die Schauspielerin
la *actualización* (*pl.* *actualizaciones*) die Aktualisierung 6/2
actualizar a/c etw. aktualisieren 5A
actuar a/c a alg. schauspielern, *hier:* handeln 3A2
además außerdem
además de + *sust.* außer + *Nomen*
¡Adiós! Auf Wiedersehen!
administrar a/c etw. einteilen 4A
la admisión (*pl.* admisiones) die Zulassung 4Ac
¿adónde? wohin?
afectar a/c a alg. nahegehen 4Ac
la afición (*pl.* aficiones) die Neigung, die Vorliebe 4Ac
el/la aficionado/-a (a) der Fan
África Afrika
africano/-a afrikanisch
afuera *adv.* draußen
agotado/-a (estar) erschöpft 3A2
agradable *adj.* angenehm 6/3
agregar a/c etw. hinzufügen 3A2
agresivo/-a aggressiv
agrícola *adj.* Agrar + *Nomen* 5Ac
el agua das Wasser; el ~ corriente fließend Wasser, das Leitungswasser; el ~ mineral das Mineralwasser 3Ac
el aguacate die Avocado
aguantar a/c etw. ertragen
las aguas sucias das Schmutzwasser
el agujero das Loch 5A
¡ah! ah!
ahí dort
ahora jetzt; ¡Ahora voy! Ich komme schon!
ahorrar sparen 3A1
el aire die Luft; al ~ libre + *sust.* Freiluft- + *Nomen*
el ají *per.* Chili 5Ac
al principio am Anfang 1Ac
la alarma der Alarm
el albergue juvenil die Jugendherberge 4A
el/la alcalde/alcadesa der/die Bürgermeister/in
alcanzar (aus)reichen 4Ac
alegrarse (de) sich (über etw.) freuen
alegre *adj.* fröhlich
la alegría die Freude 1Ac
el alemán Deutsch *Sprache*
la Alemania Deutschland
el alfabeto das Alphabet
algo etwas
alguien jemand
algún día irgendwann
algún/alguna + *sust.* (*pl.* algunos/-as) irgendein/e + *Nomen*, irgendwelche + *Nomen*
alguno/-a irgendeiner/-e
alimentado/-a hier: reichhaltig essend 6/1
allá lat. am. dort
¡Allá voy! Jetzt komme ich! 5A
allí dort
alojarse (en) sich einquartieren (in) 3A2

el **alpinismo** das Bergsteigen *Sport*
alto/-a groß *Menschen*, hoch *Berge/Gebäude*, laut *Geräusche*
la **altura** die Höhe
alucinante *adj.* klasse, unglaublich
alumbrar a/c etw. beleuchten
el/la **alumno/-a** der/die Schüler/in
amar a alg. jdn. lieben
amarillo/-a gelb
la **Amazonía peruana** Amazonien *Waldgebiet Perus* **5Ac**
amazónico/-a Amazonas- + *Nomen* **5Ac**
América Amerika; ~ **del Norte** Nordamerika; ~ **Latina** Lateinamerika
americano/-a amerikanisch
el/la **amigo/-a** der/die Freund/in
la **amistad** die Freundschaft **1Ac**
el **amor** die Liebe
ampliar a/c etw. vergrößern
el **ancho** die Breite
ancho/-a breit
el/la **anciano/-a** der ältere Mensch **1Ac**
¡Anda! *fam.* Na, komm!
Andalucía Andalusien
el/la **andaluz/-a** (*pl.* **los andaluces / las andaluzas**) der/die Andalusier/in **3A1**
andaluz/-a (*pl.* **andaluces**) *adj.* andalusisch
los **Andes** die Anden *Gebirgskette in Südamerika*
el **andinismo** das Bergsteigen *Anden* **5Ac**
el **animal** das Tier
animar a alg. jdn. ermuntern **1A2**
animarse sich entschließen
anímate *etwa:* Raff dich auf! *umg.*
el **año** das Jahr
¿Cuántos años tiene […]? Wie alt ist […]?
anoche gestern Abend
anónimo/-a anonym **6/3**
los **años (sesenta)** die (sechziger) Jahre
anteayer vorgestern
antes vorher, davor; früher
antes de + *inf.* bevor

antes de + *sust.* vor + *Nomen*
antiguo/-a alt
anunciar a/c etw. ankündigen **1A1**
apagar a/c etw. ausschalten
el **aparcamiento** der Parkplatz
apenas kaum, gerade so
aportar einbringen **6/3**
apoyar a/c etw. unterstützen, stützen
apreciar a alg., a/c jdn. / etw. schätzen, achten
aprender lernen
apretar (e/ie) drücken
el **aprobado** Bestanden *Schulnote*
aprobar a/c (o/ue) etw. bestehen **4Ac**
aprovechar a/c etw. nutzen **1A2**; ~ **la oportunidad** die Gelegenheit nutzen **1A2**
apuntar a/c etw. notieren, aufschreiben
apuntarse mitmachen, *auch:* sich anmelden, sich eintragen
los **apuntes** die Notizen
aquel/aquella + *sust.* jener/-es/e + *Nomen*
aquella vez *adv.* damals
aquí hier
Aquí tiene. Bitte. *beim Bezahlen*
árabe *adj.* arabisch
los **árabes** die Araber
el **árbol** der Baum
el **área** der Bereich **6/1**
la **arepa** col. der Maisfladen (*typische Beilage in Venezuela, Kolumbien und Panama*)
Argentina Argentinien
el/la **argentino/-a** der/die Argentinier/in
argentino/-a argentinisch
el **argumento** das Argument
armar una bronca *fam.* Zoff machen
el **armario** der Schrank
armarse *fam.* entstehen
arqueológico/-a archeologisch **5Ac**
el/la **arquitecto/-a** der/die Architekt/in **3Ac**
arriba oben, darauf, darüber
el **arroz** der Reis

el **arte** die Kunst; **el ~ contemporáneo** die zeitgenössische Kunst
la **artesanía** das Kunsthandwerk
artificial *adj.* gekünstelt, unecht **1A2**
el/la **artista** der/die Künstler/in
el **asado** gegrilltes Fleisch, *auch:* Grillparty
así so; **Así no podemos seguir.** *etwa:* So kann es nicht weiter gehen.
así que also
la **asignatura** das Schulfach
la *asistencia médica* die medizinische Betreuung **6/1**
la **asociación juvenil** (*pl.* **asociaciones**) die Jugendorganisation; **la ~ protectora de animales** der Tierschutzverein
el **aspecto físico** das Aussehen **1Ac**
el **asunto** der Betreff *Email*, die Angelegenheit
asustar a alg. jdn. erschrecken
asustarse sich erschrecken
atento/-a aufmerksam
la **atracción** (*pl.* **atracciones**) die (kulturelle) Attraktion
el **atraco** der Überfall **4Ac**
atraer a/c etw. anziehen, anlocken **3A2**
el **aula** *f.* das Klassenzimmer
aun así trotzdem
aunque obwohl
el **autógrafo** das Autogramm **1A2**
el/la **autor/-a** der/die Autor/in
el **ave** *f.* (*pl.* **las aves**) der Vogel; **la ~ migratoria** der Zugvogel
la **avenida** die Allee
la **aventura** das Abenteuer
el **avión** (*pl.* **aviones**) das Flugzeug; **el ~ a escala** der Modellflieger
avisar (a alg.) jdn. benachrichtigen, jdm. Bescheid sagen
¡ay no! ach Mensch!
¡ay! Mensch!, Ach!
ayer gestern
la **ayuda** die Hilfe
ayudar (en) (bei etw.) helfen
el **ayuntamiento** der Stadtrat, das Rathaus

Anexo | Lista alfabética

el/la **azteca** der/die Azteke/-in
azteca *adj.* aztekisch
el **azúcar** *f.* der Zucker
azul *adj.* blau

B

el **bachillerato** das Abitur
¡bah! bäh
¡a bailar! *etwa:* Auf zum Tanz!, Tanzen wir!
el **baile** der Tanz
bajar (de) absteigen, aussteigen, herunterklettern, herunterkommen; **~ (por una calle)** hinuntergehen, entlanggehen (eine Straße)
bajar a/c etw. verringern, senken
bajar en a/c *hier:* mit etw. hinunterfahren **3Ac**
bajarse aussteigen
bajo/-a (ser) klein *Menschen*, niedrig *Sachen*
el **baloncesto** der Basketball
jugar al balonmano Handball spielen
el **balonmano** der Handball
la **banda** *fam.* die Band *Musik* **4Ac**
el **baño** das Badezimmer
el **bar** die Bar **4Ac**
barato/-a billig
la **barca** das Boot
ir en barca mit dem Boot fahren
el **barcelonés / la barcelonesa** der/die Einwohner/in von Barcelona **3A1**
el **barco** das Schiff **2A**
el **barrio** das Stadtviertel
el *barro* *lat. am.* der Schlamm
¡Basta ya! Jetzt reicht es aber!
¡Basta! Es reicht!
bastante ziemlich
la **basura** der Müll
la **batería** das Schlagzeug **4Ac**
el **batido** das Mixgetränk, der Shake **1A1**
Baviera Bayern
beber trinken
la **bebida** das Getränk
el **béisbol** der Baseball
beneficiarse de + *sust.* von etw. profitieren **3A2**

el **beso** der Kuss
la **biblioteca** die Bibliothek
la **bici** *fam.* = **bicicleta** das Fahrrad
la **bicicleta** das Fahrrad
bien gut
¡Bienvenido/-a! Willkommen!
el **billete** die Fahrkarte, *auch:* der Geldschein; **el ~ combinado** das Kombi-Ticket; **el ~ sencillo** die einfache Fahrkarte
el/la **biólogo/-a** der/die Biologe/-in
el **bisonte** das Bison *Wildrind* **2A**
blanco/-a weiss
el **blog** der Blog *Internet* **5A**
la **boca** der Mund
el **bocadillo** das belegte Brötchen; **el ~ de queso** das Käsebrötchen
el **boli** der Kuli
la **bolsa** die Tüte, der Beutel; **la ~ de plástico** die Plastiktüte
el **bolsillo del pantalón** die Hosentasche
el **bolso** die Tasche
el/la **bombero/-a** der/die Feuerwehrmann/-frau
los **bomberos** die Feuerwehr
el **bombillo** *col.* die Glühlampe
bonito/-a schön, hübsch
el **bono de diez** *etwa:* die Zehnerkarte
el **bosque** der Wald
la **botella (de)** die Flasche
el **botón** (*pl.* **botones**) der Knopf
el **brazo** der Arm **4A**
la **bronca** der Ärger, der Streit
brutal *adj.* brutal, gewaltsam **2A**
bucear tauchen
de mal/buen humor schlecht/gut gelaunt
Buenas noches. Guten Abend. *auch:* Gute Nacht.
bueno ok, gut (**estar**)
bueno/-a lecker sein; gut
¡Buenos días! Guten Morgen!, Guten Tag!; **¡~, chicos!** Guten Morgen, Kinder!
la **bufanda** der Schal
el **bus** *fam.* = **el autobús** der Bus
buscar a/c etw. suchen
ir a buscar jdn./etw. abholen

C

el **caballo** das Pferd
la **cabaña** die Hütte
la **cabeza** der Kopf
cabezón, cabezona stur, dickköpfig
la **cabina telefónica** die Telefonzelle
cacarear gackern *Tier* **5A**
cada jede/r/s
por (cada) jugador/a für jede/n Spieler/in
caer (hin)fallen
el **café** der Kaffee
la **cafetería** die Cafeteria
la **caja de cartón** der Pappkarton **5A**
la **calefacción** die Heizung **4Ac**
callado/-a (**estar**) *adj.* ruhig, schweigsam
callarse den Mund halten, *auch:* schweigen
la **calle** die Straße
la **calma** die Ruhe
con calma in Ruhe
calmar a alg. jdn. beruhigen
el **calor** die Hitze, die Wärme
caluroso/-a (**ser**) heiß **5Ac**
el **calzado** das Schuhwerk **4Ac**
la **cama** das Bett
irse a la cama ins Bett gehen
la **cámara** der (Kühl)raum, die Lagerhalle
la **cámara de fotos** der Fotoapparat
el/la **camarero/-a** der/die Kellner/in **3A2**
cambiando de tema *etwa:* Themawechsel
cambiar umsteigen *Verkehrsmittel*
cambiar (de) a/c (etw.) wechseln, ändern; **no ~ por nada a alg., a/c** jdn./etw. gegen nichts tauschen
el **cambio** die Veränderung **1A1**; **el ~ climático** der Klimawandel **1A1**
caminar laufen
el **camino** der Weg
el *camión* (*pl. camiones*) *mex.* der Bus, *auch:* der LKW
la **camisa** das Hemd

ciento sesenta y cicno 165

la **camiseta** das T-Shirt
el **campamento** das Ferienlager
el/la **campeón/-ona** (*pl.* **campeones/-as**) der/die Sieger/in
el *Campeonato mundial* die Weltmeisterschaft
el/la **campesino/-a** der Bauer, die Bäuerin
el **campo** das Land
el **canal** der Sender, der Kanal *Fernsehen*; der Kanal *Geografie*; **el ~ de Panamá** der Panamakanal
la **canasta** der Korb *Sport*
la **canción** (*pl.* **canciones**) das Lied **1Ac**
el/la **candidato/-a** der/die Kandidat/in **1A2**
el/la **canguro** der/die Babysitter/in **4A**
la **canoa** das Kanu **5Ac**
cansado/-a (**estar**) (**de**) müde sein (von)
el/la **cantante** der/die Sänger/in
cantar singen
el **caos** das Chaos
la **capital** die Hauptstadt
la **cara** das Gesicht
la **carabela** die Karavelle *Schiff* **2Ac**
el **caramelo** das Bonbon
el **cargador del móvil** das Ladegerät *Handy*
el **Caribe** die Karibik
el **cariño** die Zärtlichkeit, Zuneigung, Liebe
cariñoso/-a liebevoll, zärtlich, zutraulich
la **carne** das Fleisch
caro/-a teuer
la **carpeta** die Mappe
la **carpintería** die Tischlerei **5A**
la **carrera** die Karriere *auch:* der Studiengang **6/3**
a la **carta** *hier:* auf Bestellung, nach Wunsch **1A1**
el **cartel** das Poster
la **casa** das Haus
  llegar a casa nach Hause kommen
casado/-a (**estar**) verheiratet (sein) **1A1**
casi fast; **~ nunca** fast nie **1A1**

castaño/-a braun *Haar- und Augenfarbe*
el **castigo** die Strafe
el **castillo** die Burg, das Schloss
el **casting** das Casting **1A2**
la **casualidad** der Zufall
el **catalán** das Katalanisch *Sprache*
el/la **catalán/catalana** der/die Katalane/-in **3A1**
Cataluña *f.* Katalonien **3Ac**
católico/-a katholisch **2A**
el/la **cazador** der/die Jäger/in **2A**
  cazar a/c etw. jagen **2A**
el **cedé** die CD
la **célula** die Zelle *Biologie*
el **cemento** der Beton **3A2**
la **cena** das Abendessen
  cenar zu Abend essen
el **centro** das Zentrum, die Mitte
Centroamérica Mittelamerika
centroamericano/-a mittelamerikanisch
el **cepillo de dientes** die Zahnbürste
cerca in der Nähe, nah; **~ de** in der Nähe von
(**estar**) **cercano/-a a** nahe von **3Ac**
los **cereales** das Müsli, die Cornflakes
la **cerilla** das Streichholz
cero null
¡Cerrado por obras! Wegen Bauarbeiten gesperrt!
la **cerradura** das Schloss
cerrar a/c (e/ie) etw. schließen
el **césped** der Rasen
el **chalet** das Landhaus
el **chándal** der Trainingsanzug
la **chaqueta** die Jacke
charlar plaudern, schwatzen
el **chat** *fam.* das Chat *Internet*
chatear chatten *Internet*
el **chicle** der Kaugummi
el/la **chico/-a** der Junge, das Mädchen
la **China** China **6/1**
chino Chinesisch *Sprache* **3A1**
el/la **chino/-a** *col.* das Kind
el/la **chino/-a** der/die Chinese/-in **3A1**
el **chiste** der Witz
el **chocolate** die Schokolade
la **chuleta** *fam.* der Spickzettel

el **cibercafé** das Internetcafé
ciego/-a (**ser**) blind **3A2**
el **cielo** der Himmel
cien hundert
la **ciencia** die Wissenschaft; **la ~ ficción** die Science-Fiction **1A1**; **la ~ genética** die Genwissenschaft **1A1**
Ciencias de la Naturaleza Naturwissenschaften *Schulfach*
el/la **científico/-a** der/die Wissenschaftler/in
cientos de + *sust.* Hunderte von + *Nomen*
cierto/-a gewisse/r
el **cine** das Kino
la **ciudad** die Stadt
¡Claro que sí! Selbstverständlich!, Natürlich!
¡Claro! Klar!, Natürlich!
la **clase** das Klassenzimmer, der Unterricht, die Unterrichtsstunde, die Klasse; **en la ~** im Klassenzimmer, im Unterricht
el **clima** das Klima
la **cobertura de móvil** der Empfang *Handy*
cobrar a/c etw. kassieren, verdienen *Geld* **3Ac**
el **cobre** das Kupfer **5Ac**
el **coche** das Auto
  ir en coche/bici mit dem Auto/Fahrrad fahren
la **cocina** die Küche
el **cocodrilo** das Krokodil
el **codo** der Ellbogen
coger abbiegen, *auch:* etw. nehmen
la **cola** die Warteschlange, die Reihe
colarse sich vordrängeln
el **cole** *fam.* = **el colegio** die Schule
el **colegio** die Schule
colgar (o/ue) hängen, aufhängen, hochladen *Internet*
la **colmena** der Bienenstock
Colombia Kolumbien
el/la **colombiano/-a** der/die Kolumbianer/in **3A1**
colonial *adj.* Kolonial- + *Nomen* **5Ac**
el **color** die Farbe

colorido/-a (ser) bunt
el **combustible** der Brennstoff **5Ac**
la **comedia** die Komödie
el **comedor** der Speisesaal
comentar a/c etw. besprechen **1Ac**
comer essen; ¡A ~ que ya es tarde! Komm(t) essen, es ist schon spät!; ¡A ~! Komm(t) essen!
el **cómic** der Comic
la **comida** das Essen
como wie; da
¿Cómo es posible? Wie ist das möglich?; ¿~ lo habéis pasado? *etwa:* Wie war's?; ¿~ se dice […] en español? Wie sagt man […] auf Spanisch?; ¿~ se escribe? Wie schreibt man das?; ¿~ te llamas? Wie heißt du?
como de costumbre wie gewöhnlich
¿Cómo lo llevas tú? Wie gehst du damit um? **6/3**
¿**cómo**? wie?
el/la **compañero/-a** der/die Mitschüler/in, Klassenkamerad/in, der/die Mitbewohner/in, der/die Lebensgefährte/-in
el/la **compañero/-a de trabajo** der/die Arbeitskollege/-in **5A**
comparar a/c etw. vergleichen **3A2**
completo/-a ganz, vollständig
la **compra** der Kauf
hacer la compra einkaufen gehen
ir de compras einkaufen gehen
la **lista de la compra** die Einkaufsliste
comprar a/c etw. kaufen
comprender verstehen
comprobar a/c (o/ue) etw. überprüfen
la **comunicación** die Kommunikation
la *Comunidad Económica Europea* die Europäische Wirtschaftsgemeinschaft *im Jahr 2009 mit Vertrag von Lissabon abgelöst* **6/1**

la **comunidad autónoma** die Autonome Gemeinschaft
con mit; ~ **calma** in Ruhe; ~ **frecuencia** häufig, öfters **5A**
concentrarse (en) a/c sich (auf etw.) konzentrieren **1A2**
el **concierto** das Konzert
concreto/-a konkret **4A**
el **concurso** der Wettbewerb
la **condición** (*pl.* **condiciones**) die Bedingung **2A**
el/la **conductor/a** der/die Fahrer/in
conectarse a internet ins Internet/Netz gehen
el **conejo** das Kaninchen; el ~ **de Indias** das Meerschweinchen
la **conexión** (*pl.* **conexiones**) die Verbindung *Internet*
el **congelador** der Gefrierschrank
conmigo mit mir
conocer a alg. (c/zc) jdn. kennenlernen, kennen
conocerse sich kennen
la **conquista (de América)** die Eroberung (Amerikas) **2A**
el/la **conquistador/a** der/die Eroberer/in
conseguir a/c (e/i) etw. bekommen, erlangen
el **conservatorio** das Konservatorium **1A2**
la **construcción** (*pl.* **construcciones**) der Bau **3A2**
el/la **constructor/a** der/die Konstrukteur/in **3A2**
construir a/c (i/y) etw. bauen
consumir a/c etw. verbrauchen, konsumieren **6/1**
el **consumo** der Konsum **4Ac**
el **contacto** der Kontakt **6/2**
la **contaminación** (*pl.* **contaminaciones**) die Verschmutzung
contaminar a/c etw. verunreinigen
contar a/c (o/ue) etw. erzählen
contemporáneo/-a zeitgenössisch
el **contenedor** der Container
contento/-a (estar) zufrieden
contestar (be)antworten, erwidern

contigo mit dir
el **continente** der Kontinent
contra gegen
el **contrario** das Gegenteil; **al ~ que** im Gegensatz zu
el **contraste** der Kontrast **3Ac**
el **contrato de trabajo** der Arbeitsvertrag **3A1**
convencer a alg. (c/z) jdn. überzeugen
convertir a alg., a/c en jdn./etw. zu etw. machen **2A**
la **copia** die Kopie
copiar a/c etw. abschreiben, kopieren
el **corazón** (*pl.* **corazones**) das Herz **5Ac**
la **cordillera** die Gebirgskette
el **corral** der Hof *veraltet,* das Gehege
correcto/-a richtig
el *correo electrónico* die E-Mail **6/2**
correr rennen
corriente *adj.* fließend
corto/-a kurz
la **cosa** die Sache
la **costa** die Küste **2Ac**
costar (o/ue) kosten
costar (a/c a alg.) (o/ue) schwer fallen (jdm. etw.)
costeño/-a Küsten- + *Nomen* **5Ac**
la **costumbre** die Gewohnheit
el **cotilleo** *fam.* der Klatsch
el **coyote** el Kojote
crecer (c/zc) wachsen, aufwachsen **3A1**
creer glauben; **no creas que** glaube nicht, dass
creo que […]. ich glaube, dass […].
¡Creo que sí! Ich glaube schon!
criarse aufwachsen (in)
el **cruasán** das Croissant
cruzar a/c etw. überqueren
cruzar los dedos die Daumen drücken **4A**
cruzar los brazos die Arme verschränken **4A**
el **cuaderno** das Heft
el **cuadro** das Gemälde
¿**cuál**? welche/r/s?

¿cuáles? welche?
cuando (immer) wenn, als
¿cuándo? wann?
¿Cuánto es todo? Wie viel macht das?
¿cuánto/-a? wie viel/e?
¿Cuántos años tiene […]? Wie alt ist […]?
el cuarto de kilo (de) das viertel Kilo
el/la cuarto/-a + *sust.* der/die/das vierte + *Nomen*
cuatro vier
el cubierto das Besteck
el cubo der Eimer
la cuenta die Rechnung
el cuento die Erzählung, das Märchen
la cuesta die Steigung
cuidadosamente *adv.* sorgfältig
cuidar a a alg. aufpassen (auf), sorgen (für)
cultivar a/c etw. anbauen
la cultura die Kultur
el cumpleaños der Geburtstag
cumplir […] (años) […] (Jahre alt) werden
el curso das Schuljahr; der Kurs
el cursor der Cursor
cuyo/-a dessen, deren 3A2

D

el dado der Würfel
dar a/c a alg. jdm.etw. geben;
~ de comer a/c a alg. jdn. etw. zu Essen geben, füttern;
~ una pista a alg. jdm. einen Tipp geben *Spiel*
dar igual a/c a alg. jdn. etw. egal sein 6/3
dar (un) corte *fam.* jdm. etw. peinlich sein
dar la lata a alg. *fam.* jdn. belästigen, nerven *umg.*
dar la pata Pfötchen geben *Hund*
dar la vuelta a a/c herumfahren, herumgehen
dar miedo a alg. (que) jdm. Angst machen, befürchten
dar vergüenza a/c a alg. jdm. etw. peinlich sein

darse a conocer como bekannt werden als 1A2
darse cuenta (de) feststellen, dass
darse por vencido/-a aufgeben 2A
darse prisa sich beeilen; ¡Date prisa! Beeile dich!;
el dato die Information
de von, aus, über
de mano en mano von Hand zu Hand 5A
¿De dónde eres? Woher bist/kommst du?
¿de dónde? woher?
de manera anónima auf anonyme Art 6/3
¿de qué? über was?, worüber?
de repente plötzlich
de sobra mehr als genügend
de todas maneras auf alle Fälle 4Ac
de verdad ehrlich, wirklich
debajo de unter
deber a/c + *inf.* etw. müssen 3A2
los deberes die Hausaufgaben
decir a/c (e/i) etw. sagen
el dedo der Finger
no mover ni un dedo keinen Finger regen/krumm machen
defender a/c, a alg. (e/ie) etw./jdn. verteidigen
defenderse (e/ie) sich verteidigen
definitivamente *adv.* definitiv, letztendlich 2A
¡Déjame en paz! *fam.* Lass mich in Ruhe!
dejar + *inf.* jdn. etw. tun lassen, jdm. etw. erlauben zu tun; ~ a/c etw. lassen; ~ a/c a alg. jdm. etw. hinterlassen
dejar a/c *hier:* etw. verlassen 2Ac
¡Déjate de cuentos! *fam.* Erzähl keine Geschichten/keinen Quatsch!
del revés umgekehrt *hier:* linksherum 4Ac
del tiempo *etwa:* mit Raumtemperatur 3Ac
delante (de) vor, davor
delgado/-a schlank

lo demás *adj.* das Übrige
demasiado *adv.* zu viel
demasiado/-a *adj.* zu viel
democrático/-a demokratisch 6/1
demostrar a/c (o/ue) etw. beweisen 2A
el departamento das Department, der Stadtteil 5Ac
depende Das kommt darauf an., je nach dem
el deporte der Sport
deportista *adj.* sportlich
deprisa *adv.* schnell
a la derecha (de) rechts
el *derecho humano* das Menschenrecht 6/1
desaparecer verschwinden 1A1
desayunar frühstücken
el desayuno das Frühstück
el descubrimiento die Entdeckung
descubrir a/c etw. entdecken
desde von … aus *örtlich*
desde + *tiempo* seit + *Zeitangabe*
desde donde von wo aus
desde hace + *tiempo* seit + *Zeitangabe*
desde hace poco seit kurzem 1Ac
desde la/las […] hasta la/las […] von/seit [...] bis [...] Uhrzeit
desesperado/-a (estar) hoffnungslos, verzweifelt 2Ac
el desierto die Wüste 3A2
desordenado/-a (ser) unordentlich
despacio *adv.* langsam
despedirse (de alg.) (e/i) sich (von jdm.) verabschieden
despertarse (e/ie) aufwachen
despreciar a alg. jdn. verachten 2A
después danach, später
después de + *sust.* nach + *Nomen*
después de + *inf.* nachdem
destruir a/c etw. zerstören 3A2
el/la detective der/die Detektiv/in
el detector de humo der Rauchmelder

detrás (de) hinterher, hinten
devolver a/c (o/ue) etw. zurückgeben
el día der Tag; el otro ~ letztens, neulich
Hoy no es mi / tu / su día. Heute ist nicht mein / dein / sein / ihr Tag.
por día am Tag, pro Tag
diariamente *adv.* täglich
el diario das Tagebuch *hier:* Logbuch *Seefahrt* 2Ac
el / la dibujante der / die Zeichner/in; el / la ~ de cómics der / die Comiczeichner/in
dibujar a/c etw. zeichnen
el dibujo die Zeichnung
el diccionario das Wörterbuch
diciembre Dezember
el diente der Zahn
la dieta die Nahrung, die Kost 5Ac
la diferencia der Unterschied; a ~ de im Unterschied zu 3A2
diferente *adj.* verschieden, anders
difícil schwer, schwierig
¡Dígame! Ja?, Hallo? *am Telefon*
digital *adj.* digital, Digital + *Nomen* 6/3
¡Dime! Ja?, Hallo? *am Telefon*
el dinero das Geld
ni por todo el dinero del mundo nicht für alles Geld der Welt, für kein Geld der Welt
la dirección (*pl.* direcciones) die Richtung; en ~ a in Richtung
la discoteca die Diskothek 4Ac
disculpar entschuldigen, verzeihen
la discusión (*pl.* discusiones) die Diskussion
discutir diskutieren
diseñar a/c etw. zeichnen, entwerfen 3Ac
disponer de a/c über etw. verfügen 4Ac
la distancia die Entfernung
la *diversidad* die Vielfalt 6/1
diverso/-a verschieden(artig), vielfältig 6/1
divertido/-a lustig

divertirse (e/ie) Spaß haben, sich amüsieren
doblemente *adv.* doppelt 3A1
doce zwölf
el documento das Dokument
doler (o/ue) weh tun, schmerzen
el dolor der Schmerz; el ~ de cabeza das Kopfweh, die Kopfschmerzen
dominar a/c etw. beherrschen 4Ac
el domingo der Sonntag
donar a/c etw. spenden 5A
donde wo *Relativpronomen*
¿dónde? wo?
dormir (o/ue) schlafen; ~ la siesta (o/ue) Mittagsruhe halten
dos zwei
el dragón (*pl.* dragones) der Drache 3Ac
ducharse sich duschen
dudar que + *subj.* (be)zweifeln, dass 2Ac
dudo que + *subj.* ich glaube kaum, dass
el / la dueño/-a der/die Besitzer/in 3A2
dulce süß
durante + *sust.* während + *Nomen*
durar dauern
duro/-a (ser) hart
el DVD die DVD

E

e und (vor /i/ + /hi/)
echar una bronca a alg. *fam.* jdn. ausschimpfen
echar de menos a alg., a/c jdn./etw. vermissen
echarse a llorar in Tränen ausbrechen; ~ a reír loslachen
el / la ecologista der/die Umweltschützer/in 3A2
económico/-a Wirtschafts-, wirtschaftlich 5Ac
Ecuador Ekuador
la edad das Alter 5Ac; la ~ media das Durchschnittsalter 5Ac
el edificio das Gebäude

la educación die Erziehung, die (Aus)bildung; la ~ secundaria die weiterführende Schule
Educación Física Sport *Schulfach*
Educación Plástica y Visual Kunst *Schulfach*
él er (m. / Sg.)
el / la der / die (m. / f. / Sg.)
el / la peor der / die / das Schlimmste / Schlechteste
eléctrico/-a elektrisch
elegante *adj.* elegant
elegir a/c etw. auswählen
ella sie (f./Sg.); Ella es […]. Sie ist […].
ellos/-as sie (m./ f. / Pl.)
el e-mail die E-Mail
el embutido die Wurst
emigrar a auswandern nach 3A1
empacar a/c etw. (ver)packen
empezar a + *inf.* (e/ie) anfangen, beginnen (etw. zu tun)
empollar a/c *fam.* etw. pauken *umg.*
el / la empollón/-ona (*pl.* empollones/-as) *etwa:* der / die Streber/in
empujar a alg., a/c jdn. schubsen, jdn. / etw. schieben
en in, auf, an
en fin gut!, na schön! 5A
en busca de (estar) auf der Suche nach 2A
en cambio stattdessen
en casa zu Hause
en directo live 6/2
en general im Allgemeinen
en seguida sofort
en serio im Ernst
encantar gefallen (sehr)
el / la encargado/-a der/die Verantwortliche 5A
encargarse de a/c, alg. sich um jdn. kümmern
encender a/c (e/ie) etw. anschalten, anmachen
encima de über
encontrar a/c (o/ue) etw. finden; ¡Encuentra! Finde!
encontrarse (o/ue) (con) sich treffen (mit)

encorvado/-a *adj.* krumm
el encuentro das Treffen **6/3**
la energía die Energie;
   la ~ solar die Solarenergie
   enfadarse (con alg.) sich ärgern, böse werden (auf jdn.)
la enfermedad die Krankheit
   enfermo/-a (estar) krank
   enfrente de gegenüber von
   enfurruñarse ärgerlich werden **4A**
   enorme *adj.* enorm
la ensaladilla rusa Kartoffelsalat mit Tunfisch und Erbsen
   enseñar (a + inf. a alg.) (jdm. etw.) beibringen, etw. zu tun lehren, etw. zeigen
   entender a/c (e/ie) etw. verstehen
   entender(se) (sich) verstehen
   enterarse de a/c etw. mitbekommen
   entonces damals; dann, also
la entrada die Eintrittskarte; *hier:* der Eintritt **6/1**; der Eingang **3Ac**
   entrar hereinkommen
   entre zwischen
el/la entrenador/a der/die Trainer/in
el entrenamiento das Training **6/2**
   entretener a alg. jdn. unterhalten, belustigen
   entretener(se) (con) (e/ie) sich vergnügen
la entrevista das Interview
   hacer entrevista/s interviewen
   entrevistar interviewen **6/2**
   entusiasmado/-a (estar) begeistert **5A**
el envase der Behälter
la envidia der Neid; ¡Me da una ~! Ich bin neidisch.
el envío der Versand **6/2**
   envolver a/c (en) (o/ue) etw. einpacken (in)
el episodio die Episode *Fernsehen*
la época die Epoche **2A**
   equivocarse verwechseln, sich irren
   es/son un palo ist/sind lästig

es casi imposible que + *subj.* es ist fast unmöglich, dass
Es cierto. Das ist wahr.;
¿~ que […]? Stimmt es, dass […]?
es decir das heißt
es el + *número* (die Nummer ist) + *Zahl*
es importante que + *subj.* es ist wichtig, dass
Es la / Son las […] y […]. Es ist […] nach […]. *Uhrzeit*
Es la / Son las […]. Es ist […].; Es ist […] Uhr. *Uhrzeit*
es necesario que + *subj.* es ist wichtig, dass
es que nämlich, eigentlich; denn
Es verdad. Stimmt.
Es / (No es) tu turno. *etwa:* Du bist (nicht) dran / an der Reihe.
esa + *sust.* diese + *Nomen* (da)
esas + *sust.* diese + *Nomen* (da)
el escándalo der Lärm, der Krach
el escenario die Bühne **1Ac**
   esclavizar a alg. *hier:* jdn. versklaven **2A**
   esconder(se) sich verstecken
   escribir a/c etw. schreiben
el escritorio der Schreibtisch
   escuchar a/c etw. hören, zuhören
la escuela infantil *etwa:* Vorschule
la escuela *lat. am.* die Grundschule
   ese + *sust.* dieser + *Nomen* (da)
   eso das
   1° de ESO 6. Schuljahr
   esos + *sust.* diese + *Nomen* (da)
España Spanien
el español Spanisch *Sprache*
el espárrago der Spargel **5Ac**
la especialidad die Spezialität **4Ac**
la especie *f.* die Sorte, die Art
el espectáculo das Schauspiel, Ereignis **3Ac**
el/la espectador/a der/die Zuschauer/in
   esperar a alg., a/c auf jdn./ etw. warten, jdn. erwarten

esperar que + *subj.* erwarten dass, hoffen dass
   esquiar Ski fahren
la esquina die Ecke
   esta + *sust.* diese + *Nomen*
   está bien ok, in Ordnung
   ¿Está claro? Ist das klar?
   ésta es das ist (f./Sg.)
   está prohibido que + *subj.* es ist verboten, dass
la estación (*pl.* estaciones) die Station; la ~ de trenes (*pl.* estaciones) der Bahnhof
el estadio das Stadion
los Estados Unidos die Vereinigten Staaten
   estallar de risa *fam.* sich kaputtlachen
el estanque der Teich
la estantería das Regal
   estar sein, da sein, sich befinden; ~ *a la cabeza en* an der Spitze stehen **6/2**; ~ *de acuerdo* einverstanden sein; ~ *de moda* modern sein; ~ *de vacaciones* in den Ferien, im Urlaub sein; ~ *de visita (en)* zu Besuch sein (bei); ~ *hasta las narices fam.* die Nase voll haben
   estas + *sust.* diese + *Nomen* (hier)
   éstas son das sind (f./Pl.)
la estatua das Standbild, die Statue
el este der Osten; + *sust.* dieser + *Nomen*
   éste es das ist (m./Sg.)
el estilo der Stil
   esto das (hier)
   ¡Esto sí que no lo aguanto! Das ertrage ich nicht!
   estos + *sust.* diese + *Nomen* (hier)
   éstos son das sind (m./Pl.)
la estrella der Stern **1Ac**
el estrés der Stress **1A2**
   estropearse sich verschlechtern (Augen), *auch:* verderben
la estructura die Struktur
el estuche das Mäppchen
el/la estudiante der/die Student/in, der/die Schüler/in
   estudiar a/c etw. lernen

el **estudio** die Studie
los **estudios** *pl.* die Schule, das Studium, die Ausbildung **1Ac**
estupendamente wunderbar
estupendo/-a wunderbar, toll
eterno/-a endlos, unendlich
Ética Ethik *Schulfach*
el **euro** der Euro
Europa *f.* Europa **6/1**
europeo/-a europäisch
exagerado/-a (ser) übertrieben
exagerar übertreiben
el **examen** die Prüfung
hacer una excursión einen Ausflug machen
la **excursión** (*pl.* excursiones) der Ausflug
existir existieren
el *éxito* der Erfolg **6/3**
exitoso/-a erfolgreich **6/3**
la **expedición** (*pl.* expediciones) die Expedition
la **experiencia** die Erfahrung **5A**
el/la **experto/-a** (en a/c) der/die Experte/-in (für etw.) **1A1**
explicar a/c a alg. jdm. etw. erklären
la **exportación** (*pl.* exportaciones) der Export **5Ac**
la **exposición** (*pl.* exposiciones) die Ausstellung
extrañar a/c a alg. erstaunen **5Ac**; ¡no es ~! Das verwundert nicht! **5Ac**
extranjero/-a fremd, ausländisch **3A1**

F

fabuloso/-a großartig **1A2**
fácil leicht
fácilmente leicht, mühelos
la **faena** *etwa:* die harte Arbeit
la **falda** der Rock
faltar fehlen, brauchen *zeitlich*
la **fama** der Ruf, der Ruhm
la **familia** die Familie
el **familiar** der/die Familienangehörige **1A2**
famoso/-a berühmt
fantástico/-a fantastisch
fascinar faszinieren **1Ac**
fatal *adv.* schrecklich
el **favor** der Gefallen, die Bitte

favorito/-a + *sust.* Lieblings- + *Nomen*
la **fecha** das Datum
¡**Feliz cumpleaños!** Herzlichen Glückwunsch zum Geburtstag!
feliz/felices glücklich
feo/-a hässlich
la **ficha** der Spielstein *Spiel*
la **fiesta** die Party, das Fest; la ~ **de cumpleaños** die Geburtstagsparty; la ~ **nacional** der Nationalfeiertag
la **figura** die Figur
el **fin de semana** das Wochenende
el **fin del mundo** das Ende der Welt
el **final** das Ende **2Ac**; al ~ am Ende
a finales de + *tiempo* Ende + *Zeitangabe*
financiar a/c etw. finanzieren **2Ac**
Física *f.* Physik *Studienfach* **1Ac**
la **flor** die Blume, die Blüte
fluidamente *adv.* fließend **3A1**
la **fogata** das Lagerfeuer
la **forma de gobierno** die Regierungsform **6/1**
la **formación** (*pl.* formaciones) die Ausbildung; la ~ **profesional** die Berufsausbildung
la **formación de grado superior** die höhere Berufsausbildung **4Ac**
el **foro** das Forum *Internet*
la **foto** das Foto
el/la **fotógrafo/-a** der/die Fotograf/in
Francia Frankreich
la **frase** der Satz
la **frecuencia** die Häufigkeit **5A**
con frecuencia häufig, öfters **5A**
fregar a/c (e/ie) etw. abwaschen *Geschirr*
frente a + *sust.* vor + *Nomen*
fresco/-a frisch
el **frijol** die Bohne
el **frío** die Kälte
la **frontera** die Grenze
la **fruta** die Frucht, das Obst
el **fuego** das Feuer

los **fuegos artificiales** das Feuerwerk
fuera draußen; ¡~ **de aquí!** Alle raus!, Raus hier!
fuera de außerhalb von **3A1**
fuerte *adj.* stark
la **función** (*pl.* funciones) die Funktion
funcionar funktionieren
el/la **funcionario/-a** der/die Beamte/-in **4Ac**
la **fundación** (*pl.* fundaciones) die Stiftung
el **funicular** die Bergbahn **3Ac**
furioso/-a (estar) wütend
el **fútbol** der Fußball *Sportart*
el **futuro** die Zukunft

G

las **gafas** die Brille; las ~ **de sol** die Sonnenbrille
la **galleta** der Keks
la **gallina** das Huhn; la ~ **de los huevos de oro** das Huhn, das goldene Eier legt *Metapher* **3A2**
el **gallinero** der Hühnerstall
el **gallo** der Hahn
el/la **ganador/a** der/die Gewinner/in **1A2**
ganar a/c etw. gewinnen *Spiel*, verdienen *Geld*
gastar dinero ausgeben *Geld*
el **gasto** die Ausgabe *Geld* **4A**
gastronómico/-a gastronomisch, Gastronomie- **6/1**
el **gato** die Katze
de *generación* (de nueva ~) der neuen (Handy)Generation **6/2**
general *adj.* allgemein
generalmente *adv.* normalerweise **4A**
genético/-a genetisch, Gen- + *Nomen* **1A1**
genial genial
la **gente** die Leute
la **geografía** die Geographie
Geografía e Historia Geographie und Geschichte *Schulfach*
geográfico/-a geographisch **5Ac**
el **globo** der (Luft-)ballon
el *gobierno* die Regierung **6/1**

la **goma** der Radiergummi
la **gorra** die Mütze
el **gorro** die Mütze **5A**
¡Gracias! Danke!
gracioso/-a witzig
el **gráfico** die Grafik *Computer*
el **gramo** das Gramm
grande *adj.* groß
la **granja** der Bauernhof
la **grasa** das Fett
gratuito/-a kostenlos
gritar a/c etw. rufen, schreien
el **grupo** die Gruppe; **el ~ de socorristas** das Erste-Hilfe-Team; **el ~ de teatro** die Theatergruppe
guapo/-a hübsch
Guapo. / Guapa. *fam. etwa:* Süße *liebevolle Anrede*
guardar (en) aufbewahren, speichern (auf) *Computer*
la **guardería** die Kinderkrippe
guay toll; **lo más ~** *fam.* das tollste / coolste
el/la **guía** der / die Museumsführer/in; **la ~ turística** der Reiseführer *Buch*
la **guitarra** die Gitarre
gustar gefallen
el **gusto** der Geschmack **5A**; **a ~** wohl *(angenehm)* **5A**

H

h = hora/s Uhr
Ha sido una pasada. *etwa:* Es war fantastisch.
la **habitación** (*pl.* **habitaciones**) das Zimmer
el/la **habitante** der / die Einwohner/in, der / die Bewohner/in
hablar sprechen, reden; **~ hasta por los codos** *fam. etwa:* reden wie ein Wasserfall
hablar por teléfono telefonieren **1Ac**
hace + *tiempo* vor + *Zeitangabe*; **~ cientos de años** vor Hunderten von Jahren
Hace buen / mal tiempo. Das Wetter ist gut / schlecht.
Hace calor / frío. Es ist warm / kalt.
Hace mucho calor. Es ist sehr heiß. *Wetter*

Hace sol. Die Sonne scheint.
hacer a/c etw. machen; **~ entrevista/s** interviewen; **~ cama** das Bett machen; **~ la compra** einkaufen gehen; **~ payasadas** Blödsinn machen; **~ trampa** schummeln; **~ un trato** ein Abkommen schließen; **~ una excursión** einen Ausflug machen
hacer andinismo *lat. am.* klettern **5Ac**
hacerse realidad sich erfüllen, sich verwirklichen **2Ac**
hacia nach, in Richtung von
el **hambre** der Hunger
Hamburgo Hamburg
la **hamburguesa** der Hamburger
el **hámster** der Hamster
harto/-a (de a/c) (**estar**) (etw.) satt haben
hasta bis; sogar; **~ el sábado** bis Samstag; **~ finales de** bis Ende; **¡Hasta luego!** Bis dann! Bis nachher!; **¡Hasta mañana!** Bis morgen!; **¿~ qué hora?** Bis wann / wie viel Uhr?
hasta la / las […] bis um […] *Uhrzeit*
hay es gibt; **Hay de todo.** Es gibt alles.; **No ~ manera.** *etwa:* Es geht nicht.
hay que + *inf.* man muss + *Inf.*
¡Hazlo por mí! Tue es für mich!
¡Hazme el favor y […]! Tu mir den Gefallen und […]!
la **heladería** die Eisdiele
el **helado** das Eis
el/la **hermano/-a** der Bruder, die Schwester
los **hermanos** die Geschwister
hermoso/-a schön, hübsch **2Ac**
el **hielo** das Eis *Eiswürfel* **3Ac**
el/la **hijo/-a** der Sohn, die Tochter
¡híjole! *mex. etwa:* Alter Schwede!
los **hijos** die Kinder *(Söhne und Töchter)*
la **historia** die Geschichte
el/la **historiador/a** der / die Historiker/in **3A2**
las **historias** die Ausrede

el **hogar de ancianos** das Seniorenheim **1Ac**
hojear a/c etw. überfliegen **4A**
el **hombre** der Mann
¡Hombre! Mensch!
la **honestidad** die Ehrlichkeit **5A**
la **hora** die Stunde; **la ~ de comer** die Essenszeit; **la ~ de comer** die Mittagszeit; **¿A qué ~ …?** Um wieviel Uhr? **¿hasta qué hora?** Bis wann / wie viel Uhr?
preguntar la hora nach der Uhrzeit fragen
hora + *de la noche* Uhrzeit + abends, nachts
hora + *de la tarde* Uhrzeit + nachmittags
el **horario (de clase)** der Stundenplan
horas (y horas) stundenlang
el **horizonte** der Horizont
el **hormiguero** der Ameisenhaufen
el **horno** der Ofen **5A**
el **hospital** das Krankenhaus
el **hotel** das Hotel
hoy heute; **~ en día** heutzutage
Hoy no es mi / tu / su día. Heute ist nicht mein / dein / sein / ihr Tag.
el **huevo** das Ei
humano/-a menschlich, Menschen- **2Ac**
húmedo/-a feucht **5Ac**

I

la **idea** die Idee
no tener ni idea überhaupt keine Ahnung haben
ideal *adj.* ideal
el **idioma** die Sprache
el **ídolo** das Idol
la **iglesia** die Kirche
iluminar a/c etw. beleuchten, anstrahlen **3Ac**
imaginar(se) sich vorstellen
el **imperio** das Imperium, das Reich **2A**
importante *adj.* wichtig
importar a/c etw. importieren **5Ac**

importar a/c a alg. jdm. (etw.) wichtig sein
la **impresión** (*pl.* **impresiones**) der Eindruck 3Ac
impresionante *adj.* beeindruckend
la **impresora** der Drucker
imprimir a/c etw. (aus) drucken
imprudente *adj.* unvorsichtig
inacabado/-a unvollendet 3Ac
la **inauguración** (*pl.* **inauguraciones**) die Eröffnung, die Einweihung
el/la **inca** der/die Inka
increíble *adj.* unglaublich
la **independencia** die Unabhängigkeit
la *India* Indien 6/1
las **Indias** die Neue Welt
el/la **indígena** der/die Ureinwohner/in
la **industria** die Industrie 5Ac
la **información** (*pl.* **informaciones**) die Information
el **informativo** die Nachrichtensendung *Fernsehen*
el **informe** der Bericht 6/2
el **inglés** Englisch *Sprache*
Inglés Englisch *Schulfach*
el **ingrediente** die Zutat
el **ingreso** das Einkommen 5Ac; el ~ **medio por mes** das monatliche Durchschnittseinkommen 5Ac
inmenso/-a riesig
el/la **inmigrante** der/die Einwanderer/-in 3A1
inmigrar immigrieren 5Ac
inquieto/-a lebhaft, unruhig
insistir (en) beharren, bestehen (auf) 4A; ¡No **insistas!** Hör auf damit! 4A
inspirarse en a/c sich inspirieren lassen von etw. 3Ac
el **instituto** *allgemeine bildende Schule*
integrarse sich integrieren 3A1
inteligente *adj.* intelligent, klug
la **intención** (*pl.* **intenciones**) die Absicht

intentar + *inf.* etw. zu tun versuchen
interesante *adj.* interessant
interesa/n a/c a alg. jdn. etw. interessieren
interminable (ser) unendlich
internacional adj. international 6/1
el **internet** das Internet
interpretar a/c etw. darstellen, ausdrücken
interrumpir a alg., a/c jdn., etw. unterbrechen
la **introducción** (*pl.* **introducciones**) die Einführung
el **invernadero** das Gewächshaus
investigar a/c etw. untersuchen
el **invierno** der Winter
la **invitación** (*pl.* **invitaciones**) die Einladung
el/la **invitado/-a** der Gast
invitar (a + *inf.*) jdn. einladen (etwas zu tun)
ir (a) gehen (zu, nach); ~ a **buscar** jdn./etw. abholen; ~ a **pie** zu Fuß gehen; ~ **bien con** gut passen zu; ~ **de compras** einkaufen gehen; ~ **de paso** vorbeigehen; ~ **de tiendas** *etwa:* shoppen gehen; ~ **en barca** mit dem Boot fahren; ~ **en coche/bici** mit dem Auto/Fahrrad fahren
ir a + *inf.* etw. tun werden
el/la *irlandés/-esa* der/die Ire/-in 6/1
irse weggehen; ~ **a la cama** ins Bett gehen; ~ **por ahí** *fam.* unterwegs sein, ausgehen
Italia Italien
italiano/-a italienisch 6/1
a la **izquierda (de)** links

J

el **jaguar** der Jaguar
el **jaleo** *etwa:* der Krach, das Durcheinander
el **jamón** (*pl.* **jamones**) der Schinken
el **jardín** (*pl.* **jardines**) der Garten
el/la **jefe/-a** der/die Chef/in
el **jersey** der Pullover

¡jo! So! *auch:* Mensch!
joven *adj.* jung 2Ac
el/la **joven** (*pl.* **jóvenes**) der/die Jugendliche
la **jubilación** (*pl.* **jubilaciones**) die Rente 6/1
jubilado/-a (estar) pensioniert 3A1
el **juego** das Spiel; el ~ **de ordenador** das Computerspiel 4Ac
el **juego de llaves** das Schlüsselbund
el **jueves** der Donnerstag
el/la **jugador/a** der/die Spieler/in; por (**cada**) ~ für jede/n Spieler/in
jugar (a) a/c (u/ue) etw. spielen; ~ **al balonmano** Handball spielen
julio *m.* Juli
junio *m.* Juni
junto a + *sust.* neben + *Nomen*
juntos/-as zusammen
el **jurado** die Jury *Wettbewerb*
justo genau, gerade
no es justo que + *subj.* Es ist nicht gerecht, dass
justo/-a (ser) gerecht, fair
la **juventud** die Jugend(zeit) 6/2

K

el **karaoke** das Karaoke 1A2
el **kilo** das Kilo
el **kilómetro** der Kilometer
el **kiosco** der Kiosk

L

el *laboratorio* das Labor
lácteo/-a Milch- + *Nomen* 6/1
el **lado** die Seite, der Ort; **al ~ de** neben
por **ningún lado** nirgends
por un lado [...] **y por otro lado** einerseits und andererseits 5Ac
el **ladrillo** der Ziegel(-stein)
el **lago** der See
lamentable *adj.* bedauerlich 3A2
lamentablemente *adj.* leider 2Ac
la **lámpara** die Lampe

el **lápiz** (*pl.* **lápices**) der Stift / Bleistift; **el ~ de color** der Buntstift
largarse *fam.* abhauen
el **largo** die Länge
largo/-a lang
la **lata (de)** die Dose
Latinoamérica Lateinamerika
la **lavadora** die Waschmaschine
lavar a/c etw. waschen
el **lavavajillas** die Spülmaschine
la **leche** die Milch
la **lechuga** der Kopfsalat
la **lectura** die Lesung, die Lektüre
leer a/c etw. lesen
lejos *adj.* weit
el *lema* das Motto **6/1**
el *lémur* der Lemur *Tier*
la **lengua** die Sprache; **la ~ materna** die Muttersprache **5Ac**; **la ~ oficial** die Amtssprache; **la ~ cooficial** die zweite Amtssprache **6/1**
Lengua y Literatura Sprache und Literatur (=Spanisch) *Schulfach*
les ihnen *indirektes Objektpronomen*
levantar la mano sich melden *im Unterricht*
levantarse aufstehen
la **leyenda** die Legende
liarse durcheinander kommen
la **libertad** die Freiheit **4A**
libre *adj.* frei
libremente *adv.* frei **6/1**
el **libro** das Buch; **el ~ (de español)** das (Spanisch-)Buch; **el ~ de Ciencias** das Naturkundebuch *Schule*; **el ~ de historia** das Geschichtsbuch
el **libro electrónico** das elektronische Buch **1A1**
limitar con angrenzen an
limpiar a/c etw. sauber machen, putzen
limpio/-a (estar) sauber sein
lindo/-a (ser) *lat. am.* schön
la **línea** die Linie; **en ~** online
el **lío** das Durcheinander
la **lista de la compra** die Einkaufsliste
listo/-a (ser) klug, schlau

listo/-a (estar) fertig sein
el **litro (de)** der Liter
la **llamada** der Anruf
llamar anrufen, rufen; **~ a alg., a/c** jdn./etw. nennen; **Me llamo […].** Ich heiße […].
llamar la atención de alg. die Aufmerksamkeit von jdm. wecken **1A1**
llamar por teléfono anrufen
llamarse heißen
la **llave** der Schlüssel; **la ~ del coche** der Autoschlüssel
llegar a casa nach Hause kommen; **~ tarde** zu spät kommen
llegar (a) kommen, ankommen
llegar a + *inf.* **a/c** etw. schaffen
llenarse satt werden
lleno/-a (de) (estar) voll sein
llevar a alg. jdn. bringen, mitnehmen *Auto*; **~ a/c** etw. tragen *Kleidung*; **~ tiempo** + *ger.* die Zeit mit etw. verbringen
llevarse bien / mal con alg. sich mit jdm. gut / schlecht verstehen
llorar weinen
llover (o/ue) regnen
lo es *Pronomen*
loco/-a (estar) verrückt
loco/-a por + *inf.* **(estar)** sich auf etw. total freuen
lo que was *Relativpronomen*
lo que pasa es que es kommt daher, weil **6/3**
¡Lo siento! Es / Das tut mir leid!
el/la **locutor/-a** der / die Sprecher/in **1A1**
Londres London
la **longitud** die Länge **5Ac**
el **loro** der Papagei
los demás die Anderen, die Restlichen
los / las die (m. / f. / Pl.)
los / las dos beide
luego dann, nachher, danach
el **lugar** der Ort; **en ~ de** + *sust.* anstatt + *Nomen*
la **Luna** der Mond **1Ac**
el **lunes** der Montag; **los ~** montags
la **luz** (*pl.* **luces**) das Licht; **la ~ eléctrica** das elektrische Licht

M

la **macedonia** der Obstsalat
Machu Picchu *f. Ruinenstadt der Inka* **5Ac**
la **madre** die Mutter
el/la **madrileño/-a** der/die Madrider/in
madurar reifen
el *magazine* das Magazin *Fernsehen*
mágico/-a magisch **3A2**
el **maíz** der Mais
majo/-a *fam.* nett, sympathisch
mal *adv.* schlecht; **~ (estar)** jdm. schlecht gehen; **de ~ modo** schlecht gelaunt; **de ~ / buen humor** schlecht / gut gelaunt
la **malaria** die Malaria
la **maleta** der Koffer
malo/-a (estar) krank; **~/-a (ser)** schlecht, *auch:* böse sein
malo/-a schlecht
la **mamá** die Mama
mañana morgen; der Morgen; **(las 7) + de la ~** (7 Uhr) + morgens
¡Hasta mañana! Bis morgen!
esta mañana heute morgen
mandar a/c etw. schicken, verschicken
la *manera* die Art **6/3**
la **manga** der Ärmel; **de ~ corta** kurzärmelig; **de ~ larga** langärmelig
manipular a alg. jdn. manipulieren **1A2**
la **mano** die Hand; **de ~ en ~** von Hand zu Hand **5A**
la **mantequilla** die Butter
la **manzana** der Apfel
el **mapa** die (Land)karte
el **mar** das Meer; **un ~ de gente** eine Menschenmenge **3Ac**
el **marinero** der Seemann, der Matrose **2Ac**
el **marisco** die Meeresfrucht **5Ac**
el/la **marroquí** der / die Marrokaner/in **3A1**
Marruecos Marokko
Marte der Mars **1Ac**
el **martes** der Dienstag
más mehr

más al este östlichste/r;
~ norte nördlichste/r;
~ oeste westlichste/r;
~ sur südlichste/r
más de + *número* mehr als + *Zahl*
más o menos mehr oder weniger
la mascota das Haustier
matar a alg. jdn. töten **2A**
Matemáticas Mathematik *Schulfach*
la materia der Lernstoff
Mates *fam.* = Matemáticas Mathe *Schulfach*
matricularse (en a/c) sich (in etw.) einschreiben **3A1**
el / la maya der/die Maya
maya Maya-
mayo *m.* der Mai
mayor (que) älter (als)
la mayoría (de + *sust.*) die Mehrheit (von + *Nomen*)
Me parece/n + *adj.* Ich finde + *Adj.*
me aburre que + *subj.* ich habe es satt, dass
Me cae bien/mal. Ich finde ihn/sie nett / nicht nett.
¿Me cobras? *hier:* Die Rechnung bitte! **3Ac**
me fastidia que + *subj.* es ärgert mich, dass
Me gustaría […]. Ich würde gerne […].
me molesta que + *subj.* es stört mich, dass
Me parece bien / mal. Ich finde es gut/schlecht.
Me siento en casa. Ich fühle mich zu Hause. **6/3**
la medalla die Medaille
la médica die Ärztin
la medicina Medizin
el médico der Arzt
médico/-a medizinisch **6/1**
la medida das Maß **5A**;
a la ~ nach Maß **5A**
el medio de transporte das Transportmittel **5Ac**
el medio ambiente die Umwelt **3A2**
medio dormido/-a (estar) halb verschlafen

medio kilo (de) halbes Kilo
medio loco/-a (estar) ziemlich verrückt sein
medio/-a halb **6/3**
el mediodía der Mittag
medir a/c (e/i) etw. messen
mediterráneo/-a mediterran, Mittelmeer- + *Nomen*
el / la mejor der / die / das Beste
mejor *adj. / adv.* besser;
a lo ~ *fam.* womöglich
[…] es mejor que nada. *fam.*
[…] ist besser als gar nichts.
el melocotón der Pfirsich
el melón die Melone
la memoria das Gedächtnis, der Speicher *Computer*
la memoria USB der Memory-Stick
menor (que) jünger (als)
menos weniger; ~ mal que zum Glück
menos + *adj.* (que) weniger + Adj. (als)
el mensaje die SMS, Nachricht;
el ~ de texto die SMS
mensual *adj.* monatlich **5Ac**
la mente der Geist, der Verstand **4Ac**
la mentira die Lüge; ¡Mentira! Du lügst!
menudo/-a winzig, klein
el mercadillo der Flohmarkt;
el ~ de Navidad der Weihnachtsmarkt
el mercado der Markt
el merengue der Merengue *Tanz und Musikrichtung aus der Karibik*
la merienda der Imbiss
la mermelada die Marmelade
el mes der Monat
la mesa der Tisch
meter una canasta einen Korb werfen *Sport*
meter a/c (en a/c) etw. (in etw.) (hinein) stecken / legen
meterse con *fam.* sich anlegen mit; ~ en a/c sich Gedanken machen um, sich einmischen in; ~ en una pelea *fam.* in Streit geraten

el metro der Meter *Längeneinheit*; die U-Bahn; un ~ de largo ein Meter Länge
el / la mexicano/-a der / die Mexikaner/in
la mezcla die Mischung **3A1**
mezclar a/c etw. vermischen
mi mein/e (m. / f. / n. / Sg.)
el miedo die Angst
el miembro das Mitglied **1Ac**
mientras während
el miércoles Mittwoch
migratorio/-a Zug-, Wander- + *Nomen*
el millón (*pl.* millones) die Million
el mineral das Mineral **5Ac**
el ministerio das Ministerium **3A2**
el minuto die Minute
mirar schauen; ¡Mira! Schau!
mirarse sich etw. angucken
mis meine (m./f./n./Pl.)
¡Me da lo mismo! *fam.* Das ist mir egal!
el / la mismo/-a der / die / das gleiche, der / die / das selbe
la mitad die Hälfte
la mochila der Rucksack
el modelo das Modell
el / la moderador/a der / die Moderator/in
moderno/-a modern
el mogollón *fam.* der Haufen, sehr viele; un ~ (de gente) *fam.* eine Menge (Leute)
mojarse nass werden
mola/n *fam.* ist / sind cool;
~ mucho *fam.* Das ist der „Hammer". Das sieht toll aus.
el momento der Moment; por el ~ im Moment, zur Zeit **5A**
la *monarquía parlamentaria* die parlamentarische Monarchie **6/1**
la moneda die Währung *auch* die Münze **5Ac**
el monedero das Portmonee
el / la monitor/a der/die Betreuer/in
mono/-a *fam.* niedlich, schön
el monopatín (*pl.* los monopatines) das Skateboard

el **monstruo** das Ungeheuer, das Monster **2Ac**
la **montaña** der Berg
montar a caballo reiten
montar a/c etw. aufbauen
el **monte** der Berg **3Ac**
morir (o/ue) sterben
morirse de hambre verhungern; **~ por + inf. a/c** *fam. etwa:* etw. heiß ersehnen
mostrar (o/ue) a/c a alg. jdm. etwas zeigen
mover a/c (o/ue) etw. bewegen
el **móvil** das Handy
la **mozzarella** Mozzarella Käsesorte **6/1**
el **mp3** das Mp3 Audioformat
el **(reproductor) MP3** der MP3-Player
muchas cosas viele Dinge
muchas gracias vielen Dank
mucho viel; **~ más** viel mehr
mucho/-a viel/e
mudarse (a) umziehen
el **mueble** das Möbelstück **5A**
el/la **muerto/-a** der/die Tote
la **mujer** die Frau, die Ehefrau
la **muleta** die Krücke
multicolor *adj.* mehrfarbig **3Ac**
el **mundo** die Welt
la **muralla** die Stadtmauer, die Mauer
el **museo** das Museum
la **música** die Musik
el/la **músico/-a** der/die Musiker/in
muy sehr; **Muy bien.** Sehr gut.

N

nacer (c/zc) geboren werden
el *nacionalismo* der Nationalismus **6/3**
nacionalizar verstaatlichen **6/3**
nada nichts; **(Eso) a mí no me va ~.** Das liegt mir nicht. **[...] es mejor que nada.** *fam.* [...] ist besser als gar nichts.
nada de nada Es ist nichts passiert.
nada más sonst nichts, *auch:* nichts mehr
nadar schwimmen
nadie niemand
la **naranja** die Orange

el **naranjo** der Orangenbaum
la **nariz** (*pl.* **narices**) die Nase
natural *adj.* natürlich **6/3**
la **naturaleza** die Natur
naufragar Schiffbruch erleiden **2A**
el **naufragio** der Schiffbruch **2A**
navegable *adj.* schiffbar **5Ac**
navegar (en) surfen *Internet*
necesario/-a (ser) *adj.* wichtig, notwendig
necesitar + inf. etw. tun müssen
necesitar a/c etw. brauchen
negativo/-a negativ **3A2**
el **negocio** das Geschäft, die Verhandlung **3A2**
negro/-a schwarz
nervioso/-a nervös
nevar (e/ie) schneien
la **nevera** der Kühlschrank
ni por todo el dinero del mundo nicht für alles Geld der Welt, für kein Geld der Welt
ni = no gar nicht
¡Ni idea! Keine Ahnung!
¡ni loco/-a! Nicht im Traum! **1A1**
ni nada noch sonst was
ni siquiera *adv.* nicht einmal
ni un solo / ni una sola + sust. *etwa:* gar kein + Nomen
la **nieve** der Schnee
niguno/-a keiner/-e
por **ningún lado** nirgends
ningún / ninguna kein/e + Nomen
el/la **niño/-a** das Kind
el **nivel del mar** der Meeresspiegel **1A1**
no nein, nicht
no [...] nada nichts
no [...] nadie niemand
no [...] ni [...] ni [...] weder [...] noch [...] noch [...]
no [...] nunca nie
no es justo que + subj. Es ist nicht gerecht, dass
¡No es justo! Das ist unfair!
No es para tanto. Es ist nicht so schlimm. / Übertreibe nicht!
No faltes *etwa:* Über dein Kommen würde ich mich freuen.

¡No importa! Macht nichts!, Egal!
No me gusta nada. Das mag ich gar nicht.
no mover ni un dedo keinen Finger regen / krumm machen
no obstante trotzdem **5Ac**
No pasa nada. *fam.* Das macht nichts. / Alles ist in Ordnung.
no sé ich weiß nicht; **No sé qué hacer.** Ich weiß nicht, was ich tun soll.
¡No te lo pierdas! Lass dir das nicht entgehen!
¡No te lo puedes perder! *etwa:* Das solltest du nicht verpassen!
¡No te preocupes! Mach dir keine Sorgen / Gedanken!
no tener ni idea überhaupt keine Ahnung haben
¡No, hombre! *etwa:* Aber nicht doch!
¡No, qué va! Überhaupt nicht!
¿no? Nicht wahr?
la **noche** die Nacht / der (späte) Abend; **de ~** nachts
el **nombre** der Name
normal *adj.* normal
normalmente *adv.* normalerweise
el **norte** der Norden
nos uns *indirektes Objektpronomen*
Nos vemos. Wir sehen uns. *Abschiedsformel*
nosotros/-as wir (m./f./Pl.)
nostálgico/-a nostalgisch **3A2**
la **nota** die Note; der Zettel, die Notiz
el **notable** Gut *Schulnote*
la **noticia** die Nachricht
noviembre *m.* November
el/la **novio/-a** der/die feste Freund/in **3A1**
la **nube** die Wolke
nuestro/-a unser/e (m./f./n./Sg.)
el **Nuevo Mundo** die Neue Welt **2A**
nuevo/-a neu
el **número** die Zahl, die Telefonnummer
nunca nie

O

o oder
O [...], o [...]. Entweder [...], oder [...].
¿o no? Oder etwa nicht?
o sea also, mit anderen Worten
el **obelisco** der Obelisk
obligar a + *inf.* verpflichten zu **3A2**
obligatorio/-a (ser) obligatorisch
la **obra (de teatro)** das (Theater)stück
la **obra maestra** das Meisterwerk **3Ac**
las **obras (de construcción)** die Bauarbeiten
observar a/c etw. beobachten
el **océano** der Ozean; el **Océano Atlántico** der Atlantik
ochocientos/-as achthundert
ocupar a/c etw. einnehmen **6/1**
ocurrirse einfallen **6/3**
odiar a alg., a/c jdn., etw. hassen
el **oeste** der Westen
oficial *adj.* offiziell
la **oficina** das Büro **3Ac**
ofrecer a/c a alg. (c/zc) jdm. etw. anbieten
oír a/c etw. hören
ojalá (que) + *subj.* hoffentlich
el **ojo** das Auge
¡Ojo! Aufgepasst! **3Ac**
el **olivo** der Olivenbaum
el **olor** der Geruch, der Duft
olvidar a/c etw. vergessen
el **ombligo** *hier:* der Mittelpunkt **5A**; el ~ **del mundo** der Nabel der Welt **5A**
el **ómnibus** (*pl.* omnibuses) *per.* der Bus **5A**
once elf
la **ONG (Organización no gubernamental)** Nichtregierungsorganisation **1Ac**
la **opción** (*pl.* opciones) die Wahl(möglichkeit)
opinar a/c etw. meinen **3A2**
la **opinión** (*pl.* opiniones) die Meinung
oponerse gegen etw. sein **4A**

la **oportunidad** die Gelegenheit **1A2**
las *oposiciones pl.* Auswahlprüfung für den öffentlichen Dienst
la **Optativa** das Wahlfach *Schulfach*
el **ordenador** der Computer
ordenar aufräumen
organizar a/c etw. organisieren
el **origen** (*pl.* orígenes) die Herkunft, der Ursprung; **de ~** + *adj.* der Herkunft nach
original *adj.* originell
la **orilla** der Rand, die Kante
el **oro** das Gold **2A**
os euch *Dativpronomen*
la **ostra** die Auster
otra vez noch einmal, schon wieder
el/la **otro/-a** + *sust.* der/die/das andere + *Nomen*
los/las **otros/-as** die Anderen
¡oye! hey, hör mal

P

el **padre** der Vater
los **padres** die Eltern
la **paga** *fam.* das Taschengeld, *auch:* der Lohn
pagar a/c etw. bezahlen, zahlen
la **página** die Seite; **la ~ web** die Webseite
el **país** das Land
el **paisaje** die Landschaft
los **países andinos** die Andenländer
el **pájaro** der Vogel
la **palabra** das Wort
el *palmeral* der Palmengarten
el **pan** das Brot; **el ~ de especias** der Pfefferkuchen
la **panadería** die Bäckerei
el/la **panadero/-a** der/die Bäcker/in **3A2**
¡Panda de golfos/-as! *fam. etwa:* Ihr Idioten!
el **pánico** die Panik **2A**
la **pantalla** der Bildschirm, die Leinwand
los **pantalones** die Hose
la *papa lat. am.* die Kartoffel

el **papá** der Papa
el **papel** das Papier; **el ~ periódico** das Zeitungspapier
la **papelería** das Schreibwarengeschäft
el **paquete (de)** das Paket
un **par** ein paar, einige
para für; **~ colmo** noch dazu; **~ el lunes** für Montag; **~ mí** für mich; **~ saberlo** *etwa:* um das herauszufinden; **~ ti** für dich
para + *inf.* um zu + *Inf.*
¿para qué? wozu?
la **parada** die Haltestelle *hier:* der Zwischenstopp **2Ac**
el **paraíso** das Paradies
parar stoppen, halten; **~ de** + *inf.* aufhören etw. zu tun
el **parásito** der Schädling
parecer (c/zc) + *inf.* scheinen zu + *Inf.*; **Me parece/n** + *adj.* Ich finde + *Adj.*
parecer (c/zc) wirken, scheinen
la **pared** die Wand
parlanchín/-ina geschwätzig
el **parque** der Park; **el ~ de atracciones** der Vergnügungspark; **el ~ nacional** der Nationalpark
la **parte** der Teil
participar (en) (an etw.) teilnehmen
el **partido** das Spiel *Sport*; **el ~ de fútbol** das Fußballspiel
pasado/-a vergangen
el *pasaporte* der Reisepass **6/1**
pasar passieren, geschehen
pasar verbringen *Zeit*
pasar (por a/c) durch etw. durchgehen, an etw. vorbeigehen
pasar + *tiempo* + *ger.* die Zeit mit etw. verbringen
pasar a/c a alg. etw. jdm. (weiter)geben
pasar de moda aus der Mode kommen **1A2**
pasar la noche übernachten
pasarlo bomba *fam.* sich köstlich amüsieren, eine tolle Zeit haben; **~ pipa** *fam. etwa:* sich prächtig amüsieren

pasear spazieren gehen
el pasillo das Treppenhaus, der Flur
el pastel der Kuchen, auch: die Torte; el ~ de cumpleaños der Geburtstagskuchen
la pata die Pfote
la patata die Kartoffel
las patatas fritas die Pommes frites
el patio der Hof
la pausa die Pause
la payasada der Blödsinn
hacer payasadas Blödsinn machen
la paz die Ruhe, auch: der Frieden
¡Déjame en paz! fam. Lass mich in Ruhe!
en paz in Ruhe
el pedacito fam. das Stückchen
pedir (e/i) a/c a alg. jdn. um etw. bitten, auch: etw. wünschen, etw. bestellen
pegar a/c etw. schlagen
pegarse a a/c sich hängen an hier: kleben, heften 5A
la pelea der Streit
pelearse sich streiten, sich raufen
la película der Film
peligroso/-a gefährlich
el pelo das Haar
la pelota der Ball
la pena das Leid, die Mühe; (No) merece/n la ~. Es lohnt sich (nicht).
pensar (en) alg., a/c (i/ie) denken (an jdn., etw.)
pensarse a/c (e/ie) fam. sich etw. denken, überlegen
pensativo/-a (estar) adj. nachdenklich
peor adj. schlechter
pequeño/-a klein
la pera die Birne
perder a/c (e/ie) etw. verlieren
perder(se) (e/ie) sich verlaufen, sich verfahren
perderse (e/ie) a/c etw. verpassen
perdido/-a (estar) etwa: sich verlaufen / verfahren
perdonar entschuldigen

perfectamente adv. perfekt 6/3
perfecto/-a (estar) perfekt sein *Zustand*
perfecto/-a perfekt
el periódico die Zeitung
el periquito der Wellensittich
permitir a/c etw. erlauben
pero aber
perplejo/-a ratlos
el perro der Hund; el ~ callejero/-a der Straßenhund 5A
la persona die Person
el personaje die Person *Fernsehen*
el Perú Peru
el/la peruano/-a der/die Peruaner/in 5Ac
pesado/-a lästig
pesar a alg., a/c jdn./etw. wiegen
el pescado das Fischgericht *Essen*
el/la pescador/a der/die Fischer/in 3A2
pescar angeln, fischen 3A2
el petróleo das Rohöl 5Ac
el pez (pl. los peces) der Fisch
picar scharf sein *Essen*
el pie der Fuß
ir a pie zu Fuß gehen
la piedra der Stein 3Ac
la pierna das Bein
la piña die Ananas
el pingüino der Pinguin
el/la pintor/a der/die Maler/in
pisar a/c etw. betreten
la piscina das Schwimmbad
el piso die Wohnung
la pista der Tipp
la pizarra die Tafel
el plan der Plan
planear a/c etw. planen
el planeta der Planet
la planta das Stockwerk 3Ac; die Anlage
la plantación (pl. plantaciones) die Plantage
el plástico der Kunststoff
el plátano die Banane
platicar *mex.* sich unterhalten = plaudern
el plato der Teller das Gericht
los platos das Geschirr

la playa der Strand
la plaza der Platz
la pluma der Füller
la población die Bevölkerung 3A2; la ~ económicamente activa die erwerbstätige Bevölkerung 5Ac
poblado/-a bewohnt 6/1
pobre adj. arm
poco a poco nach und nach
poco después kurz darauf
poco/-a wenig/e
poder (o/ue) können
el poder die Macht 3A2
los poderes mágicos die magischen Kräfte 3A2
policíaco/-a Kriminal + *Nomen*
el polideportivo das Sportzentrum
la política die Politik 1Ac
el pollito das Küken
Polonia Polen
el polvo der Staub 5A
poner a/c etw. schreiben *Formular*; etw. stellen, legen; etw. zeigen *Fernsehen*
poner la mesa den Tisch decken
poner la mano en el fuego por alg., a/c die Hand für jdn., etw. ins Feuer legen 3A2
ponerse a + *inf.* anfangen etw. zu tun
ponerse + adj. werden + *Adj.*; ~ agresivo/-a aggressiv werden; ~ rojo/-a (como un tomate) fam. rot (wie eine Tomate) werden
ponerse (al teléfono) ans Telefon gehen
ponerse a/c sich etw. anziehen
ponerse al día sich Neuigkeiten erzählen;
ponerse así fam. etwa: komisch werden;
ponerse de acuerdo sich einigen 1Ac; ~ con hier: klarkommen mit 6/3
ponerse las pilas fam. sich anstrengen, ranklotzen *umg.*
popular (ser) adj. populär
por durch; per *Medium / Hilfsmittel*; wegen
por + *tiempo* für

Anexo | Lista alfabética

por ahí dort
por aquí in der Nähe
por cierto übrigens
por completo vollständig 3A1
por culpa wegen
por dentro innen 3Ac
por el momento im Moment, zur Zeit 5A
por ejemplo zum Beispiel
por encima de über, höher als 6/2
por eso deswegen
por fa *fam.* = por favor bitte
por favor bitte
por fin endlich
por internet im Internet
por la mañana morgens
por la noche nachts, spät abends
por la red per Internet 1A1
por la tarde nachmittags
por lo menos zumindest, wenigstens
por poco beinahe, fast
¿Por qué tienes esa cara? *etwa:* Warum machst du so ein Gesicht?
¿por qué? Warum?
por si [...] *etwa:* falls [...]
por supuesto natürlich
por toda la sala durch den ganzen Saal
por último zuletzt
por un lado [...] y por otro lado einerseits und andererseits 5Ac
el *porcentaje* der Prozentsatz 6/2
porque weil
el/la *portero/-a* der Hausmeister
el/la *portugués/-esa* der/die Portugiese/-in 6/1
posible *adj.* möglich
prácticamente praktisch
practicar a/c etw. üben 1A2
practicar deporte/s Sport machen / treiben
precioso/-a toll
precolombino/-a präkolumbianisch
preferir a/c (e/ie) etw. lieber wollen, bevorzugen
la pregunta die Frage
preguntar fragen; ~ la hora nach der Uhrzeit fragen

el premio der Preis, die Auszeichnung
la *prensa* die Presse 6/3
preocuparse por alg. sich um jdn. kümmern 1Ac
preparar a/c etw. vorbereiten
la presentación (*pl.* presentaciones) das Referat
presentar a alg., a/c jdn./etw. vorstellen
presentarse a vorstellen bei *auch:* sich bewerben für 1A2
presente *adj.* weit verbreitet
la presión (*pl. presiones*) der Druck 6/3
prestar a/c a alg. jdm. etw. borgen, ausleihen; ~ atención a a/c etw. beachten, aufpassen 4A
la primavera der Frühling 3A1
el primer día der erste Tag
el/la primer/a + *sust.* der/die/das erste + Nomen
primero *adv.* zuerst
el/la primero/-a der/die Erste 2Ac
los primeros auxilios die erste Hilfe
el/la primo/-a der/die Cousin/e
principal *adj.* Haupt- + Nomen
el privilegio das Privileg
probablemente wahrscheinlich
probar a/c etw. probieren
el problema das Problem
producir a/c (c/zc) etw. produzieren, hervorrufen
el producto das Produkt; el ~ químico die Chemikalie
el/la profe *fam.* der/die Lehrer/in
la profesión (*pl.* profesiones) der Beruf
profesional *adj.* hauptberuflich
profesional *adj.* Berufs- + Nomen, *auch:* professionell
el/la profesor/a der/die Lehrer/in
el programa die Sendung *Fernsehen und Radio*; das Computerprogramm; das Programm
el/la programador/a informático/-a der/die Computerprogrammierer/in
prohibido (estar) verboten (sein)

prohibir a/c a alg. jdm. etw. verbieten
el promedio der Durchschnitt
pronto bald, gleich
el/la propio/-a der/die/das eigene
proponer a/c a alg. jdm. etw. vorschlagen
el propósito die Absicht
proteger a alg., a/c jdn./etw. schützen
protegido/-a geschützt
provenir de (e/ie) kommen, stammen
la provincia die Provinz
las provisiones *pl.* der Vorrat 2Ac
próximo/-a nächste/r
el proyecto das Projekt 1Ac
la prueba die Prüfung; la ~ de acceso die Zulassungsprüfung
el público das Publikum
el pueblo das Dorf, *auch:* das Volk
la puerta das Tor; die Tür; la ~ principal die Haustür
el puerto der Hafen
pues also
pues no natürlich nicht
pues sí doch, natürlich, ja
el puesto der Stand 3Ac; el ~ de venta der Verkaufsstand 3Ac
el pulóver *arg.* der Pullover
el punk der Punk *Musikstil* 4Ac
el punto der Punkt

Q

que *conj.* dass *Konjunktion*; der, die, das *Relativpronomen*
¡Qué tío más guay! *etwa:* (Das ist ein) klasse Typ!, Was für ein Typ!
¿qué? was (für)?
¡Qué + *adj.*! Wie + Adj.!
¡Qué + *sust.* + más + *adj.*! Was für + Adj. Komp. + Nomen
¡Que aproveche! Guten Appetit!
¡Qué calor/frío hace! *etwa:* Ist das heiß/kalt!
¡qué dices! Was du da sagst!
¿Qué es [...]? Was ist [...]?
¿Qué es esto? Was ist das?

¡Qué faena! *etwa:* Wie anstrengend!
¡Qué fuerte! *etwa:* Krass!
¿Qué hay? Was gibt's?
¿Qué hay allí? Was gibt es dort?
¿Qué hora es? Wie spät ist es?
¿Qué le pasa? *etwa:* Was ist los mit ihr/ihm?
¿Qué más hay? Was gibt es noch?
¡Qué paliza! *fam.* Welch eine Qual!
¡Qué palo! *fam.* Wie lästig / doof!
¿Qué pasa? Was ist los?, Was gibt's?
¡Qué pena! Wie schade!
¡Qué rico! Wie lecker!
¿Qué tal + *sust.?* Wie ist + Nomen?
¿Qué tal? Wie geht's?
¿Qué te parece/n + *sust.?* *etwa:* Wie findest du + Nomen?
¿Qué te pasa? Was ist mit dir los?
¿Qué tomas? Was möchtest du essen / trinken?
¡Qué va! Ach was!
¡Qué vergüenza! (Wie) peinlich!
el quechua Quechua, *auch:* Ketschua *Sprache*
quedar sich verabreden
quedar con hambre noch Hunger haben, noch hungrig sein
quedarse bleiben; ~ con la boca abierta *fam.* mit offenem Mund dastehen
quejarse (de) sich (über jdn. / etw.) beklagen
querer + *inf.* a/c etw. tun wollen
querer que + *subj.* wollen / möchten, dass 2Ac
querer (e/ie) wollen, mögen
el queso der Käse
el quetzal der Quetzal (Vogel), *auch:* Punkte beim Spiel
quiché Quiché *Sprache*
¿Quién es él / ella? Wer ist das?
¿quién? wer?
¿quiénes? wer? (Pl. von „quién")

químico/-a chemisch
el / la químico/-a der / die Chemiker/in
quinientos/-as fünfhundert
el / la quinto/-a + *sust.* der / die / das fünfte + Nomen
quitar a/c a alg. wegnehmen, abmachen
quizás + *indicativo* vielleicht

R

el racimo der Blütenstand *Banane*
la radio das Radio
rápido/-a (ser) schnell
el rascacielo (*pl.* rascacielos) der Wolkenkratzer
el rato die Weile
el ratón (pl. ratones) die Maus *Tier*; el ~ (pl. ratones) die Computermaus
la reacción (*pl.* reacciones) die Reaktion 2A
reaccionar reagieren 6/3
real *adj.* echt
la realidad die Wirklichkeit, die Realität 2Ac
hacerse realidad sich erfüllen, wahr werden 2Ac
realmente *adv.* wirklich 1A2
recaudar dinero Geld sammeln
la receta das Rezept 5A
recibir etw. bekommen, erhalten
reciclar a/c etw. recyceln, wiederverwerten
recoger a alg., a/c jdn., etw. abholen; ~ a/c etw. sammeln; ~ a/c etw. ernten
reconocer a alg., a/c jdn. / etw. wiedererkennen 6/3
recordar (o/ue) sich erinnern
recorrer a/c etw. durchqueren 5Ac
el recreo die Pause *Schule*
el recuerdo das Souvenir, das Reiseandenken
las recuperaciones die Nachprüfungen
la red das Netz *Internet*
la red social das soziale Netz 6/2
redondo/-a rund 2A

regalar a/c a alg. jdm. etw. schenken
el regalo das Geschenk; el ~ de cumpleaños das Geburtstagsgeschenk
regañar a alg. mit jdm. schimpfen
el *régimen* das Regierungssystem 6/1
la región (*pl.* regiones) die Region
la regla die Regel
regular *adj.* mittelmäßig
la reina die Königin 2Ac
reír (de) lachen (über)
Religión Religion *Schulfach*
la religión die Religion 1Ac
el reloj die Uhr
repetir (e/i) wiederholen
repleto/-a vollgestopft 5A
el reportaje die Reportage
el / la reportero/-a der / die Reporter/in
el (reproductor) MP3 der MP3-Player
resolverse (o/ue) sich klären, sich lösen
el resort das Urlaubsressort *Ferienanlage* 3A2
respetar a/c etw. berücksichtigen, respektieren 3A2
el *respeto* der Respekt *hier:* die Anerkennung 6/1
respirar atmen
responder anworten, beantworten
responsable (ser) *adj.* (für etw.) verantwortlich sein
la respuesta die Antwort
el restaurante das Restaurant
el resto (de + *sust.*) der Rest (von + Nomen)
Resulta que [...]. Es hat sich herausgestellt, dass [...].
el resultado das Ergebnis 5A
resultar a/c sich als etw. erweisen
el resumen (*pl.* resúmenes) die Zusammenfassung
retetemprano *mex.* sehr früh
el reto die Herausforderung 6/3
el retraso die Verspätung
la reunión (*pl.* reuniones) die Besprechung, das Treffen

Anexo | Lista alfabética

reunirse sich treffen
la revista die Zeitschrift
la revolución (pl. revoluciones) die Revolution 1A1
revuelto/-a (estar) aufgewühlt, durcheinander
el rey der König 2Ac
rico/-a (ser) reich
el rincón (pl. rincones) die Ecke; el ~ favorito die Lieblingsecke; el „~ de los deportes" fam. die „Sportecke"
el río der Fluss
rizado/-a lockig
robar a/c a alg. jdm. etw. stehlen
el rodaje die Dreharbeiten 6/3
rodar a/c etw. drehen Film 6/3
rojo/-a rot
el rollito de primavera die Frühlingsrolle 3A1
el rollo fam. der Quatsch, das Gefasel 1A2
la ropa die Kleidung
rubio/a blond
el ruido der Lärm
la ruta die Route, der Weg

S

el sábado der Samstag, auch: am Samstag
hasta el sábado bis Samstag
saber wissen, auch: können
sacar a/c (de a/c) etw. herausholen (aus)
sacar la basura den Müll hinausbringen
sacar bekommen Schulnoten
¡Sal! Geh raus!
la sala der Saal
el salario das Gehalt 4Ac
la salida der Ausgang, die Ausfahrt, der Start Spiel; a la ~ del insti etwa: nach der Schule
salir (hin)ausgehen; ~ a pasear spazieren gehen; ~ en grupo etwa: in der Gruppe (aus)gehen; ~ por la tele im Fernsehen auftreten
el salón das Wohnzimmer
salu2 (saludos) Viele Grüße am Ende einer Mail, SMS
la salud die Gesundheit 1Ac
saludar begrüßen

saludar a alg. (de parte de alg.) jdn. (von jdm.) grüßen
el saludo der Gruß
Saludos. etwa: Schöne Grüße.
el/la salvaje der/die Wilde 2A
salvar a/c etw. retten 1A1
salvarse (de) sich retten (vor) 2A
el sándwich das Sandwich; el ~ de jamón das Schinkensandwich; el ~ de queso das Käsesandwich
sano/-a gesund
la sardina die Sardine 5A
satisfecho/-a (estar) zufrieden 5A
se calcula que es wird geschätzt, dass
Se dice […]. Man sagt […].
Se escribe […]. Man schreibt es […].
Se llama [...]. Er / Sie / Es heißt […].
¡Se prohíbe pasar! Betreten verboten!
se va la luz der Strom fällt aus
seco/-a trocken 5Ac
el sector der Sektor 5Ac
secundario/-a Sekundar + Nomen
la sed der Durst
seguir + ger. a/c (e/i) etw. weiter tun
seguir (e/i) jdm./ etw. folgen; dran sein
seguir (e/i) (con) fortfahren, weiterlaufen, weitermachen (mit)
según laut, gemäß
el/la segundo/-a + sust. der / die / das zweite + Nomen
seguramente sicherlich 6/2
seguro/-a (de a/c) (estar) sicher (sein)
seguro que sicherlich
seis sechs
la selva der Wald 5Ac; der Dschungel
el semáforo die Ampel
la semana die Woche
semanal adj. wöchentlich 4A
señalar a/c etw. zeigen 6/2
sencillo/-a einfach

el señor der Herr
la señora die Dame, die Frau
sentado/-a (estar) sitzend
sentarse (e/ie) sich (hin)setzen
sentir pánico (e/ie) Panik verspüren 2A
sentir (e/ie) fühlen, empfinden
sentirse + adj. (e/ie) sich fühlen 3A1
sentirse como en casa (e/ie) sich wie zu Hause fühlen 5A
separar a/c etw. trennen
septiembre m. September
el ser das Wesen 2Ac
el ser humano der Mensch 2Ac
ser sein; ~ el fuerte de alg. die Stärke von jdm. sein; ~ muy amigos gut zusammen passen; ~ una pasada fam. etwa: fantastisch sein
ser de sein/kommen aus; ~ origen (europeo) (europäischer) Herkunft sein
el sereno etwa: der Nachtwächter
la serie die Serie Fernsehen
los servicios pl. hier: die Dienstleistung 5Ac; die Toilette an öffentlichen Orten
la servilleta die Serviette
servir (para a/c) (e/i) (zu etw.) dienen
el sexo das Geschlecht 1A1
si ob; wenn
sí ja; doch, schon
si bien obwohl 5A
siempre immer
¡Siempre lo mismo! fam. Immer dasselbe!
la sierra das Gebirge
la siesta der Mittagsschlaf, die Mittagsruhe
el siglo das Jahrhundert; el ~ (XVI) das (sechzehnte) Jahrhundert
significar bedeuten
significativo/-a signifikant 6/2
siguiente adj. folgend, nachstehend, nächstliegend
el silencio die Stille
¡Silencio! Ruhe, bitte!
la silla der Stuhl
el sillón der Sessel

simpático/-a (ser) sympathisch
simplemente *adv.* bloß
sin ohne
sin embargo allerdings, trotzdem
sin orden planlos **3A2**
sin parar *etwa:* ohne Pause
sino sondern
sino que sondern **1A1**
el **sistema escolar** *m.* das Schulsystem
el **sitio** der Platz, der Ort
la **situación** (*pl.* situaciones) die Situation **2A**
sobre über
sobre todo vor allem
el **sobresaliente** Sehr gut *Schulnote*
el/la **sobreviviente** der/die Überlebende **2A**
sobrevivir überleben **2A**
social *adj.* sozial **6/1**
el/la **socorrista** der/die Ersthelfer/in
el **sol** die Sonne
el **sol sale** (el sol) die Sonne geht auf
solar *adj.* Solar- + *Nomen*
sólo nur
solo/-a allein; *auch:* von allein
la **solución** (*pl.* soluciones) die Lösung **3A2**
el **sombrero** der Hut
Son 8 euros con 75. Das macht 8 Euro und 75 Cent.
Son las (3) menos cuarto. Es ist Viertel vor (3). *Uhrzeit*
Son las (3) y cuarto. Es ist Viertel nach (3). *Uhrzeit*
Son las (3) y media. Es ist halb (4). *Uhrzeit*
Son las […] menos […]. Es ist […] vor […]. *Uhrzeit*
sonar (o/ue) klingeln, erklingen
el **sonido** der Ton
sonreír lächeln
sorprenderse überrascht sein **5A**
la **sorpresa** die Überraschung
Soy de […]. Ich bin/komme aus […].
su sein/e, ihr/e (m./f./n./Sg.)

subir (a) steigen, einsteigen, aufsteigen, hochsteigen
subir(se) einsteigen
el **subte** *fam.* = el **subterráneo** *arg.* die U-Bahn
sucio/-a (estar) schmutzig
el **suelo** der Boden
el **sueño** der Traum
la **suerte** das Glück; **la ~ acompaña a alg.** *etwa:* vom Glück begleitet werden
suficiente *adj.* ausreichend
sufrir (de) a/c etw. erleiden, leiden an etw. (an) **1A1**; **~ cambios** Veränderungen durchmachen **1A1**
super- + *adj.* super + Adj.
arrogante *adj.* arrogant **6/3**
superfamoso/-a (ser) *fam.* superberühmt **1A2**
la **superficie** die Fläche, die Oberfläche
el **supermercado** der Supermarkt
suponer a/c etw. vermuten **1A1**
el **sur** der Süden
al sur/norte/oeste/este (de) südlich, nördlich, westlich, östlich (von)
sus seine/ihre (m./f./n./Pl.)
el **suspenso** ungenügend *Schulnote*
el/la **sust.** + **derecho/-a** (der/die/das) rechte + *Nomen*
el **susto** der Schrecken **5A**

T

el **talento** das Talent **1A2**; **tener ~ (para)** talentiert sein (für) **1A2**
el **taller** die Werkstatt
el **tamaño** die Größe
también auch
tampoco auch nicht
tampoco es como para tener bronca das ist kein Grund, sich zu streiten
tan so
tan + *adj.* + **como** so + Adj. + wie
tanto *adv.* so sehr, so viel; so lang *zeitlich* **2Ac**
tanto … como sowohl … als auch **6/3**

tanto que + *verbo* so viel zu + Inf.
la **tarde** der Nachmittag
llegar tarde zu spät kommen
tarde *adv.* spät, zu spät
la **tarea** *lat. am.* die Hausaufgaben
la **tarea** die Aufgabe
la **tarjeta postal** die Postkarte
el/la **taxista** der/die Taxifahrer/in **3A2**
el **teatro** das Theater; **el ~ al aire libre** das Freilufttheater
el **techo** das Dach **5A**; **el ~ de tejas** das Ziegeldach **5A**
el **teclado** die Tastatur
la **tecnología** die Technologie **6/2**
Tecnología Technologie *Schulfach*
la **telaraña** das Spinnennetz **4Ac**
la **tele** *fam.* der Fernseher
el **teleférico** die Seilbahn
el **teléfono** das Telefon
la **telenovela** die Seifenoper *Fernsehen*
el **telescopio** das Teleskop **1Ac**
teletransportarse „sich beamen" **1A1**
el **tema** das Thema
temprano *adv.* früh
¡Ten cuidado! Pass auf!
tener (e/ie) haben; **~ […] años** […] Jahre alt sein; **~ bronca** Ärger haben; **~ calor/frío** jdm. warm/kalt sein; **~ chispa** pfiffig sein; **~ cuidado (con)** aufpassen; **~ de los nervios a alg.** jdn. wahnsinnig machen; **~ frío** frieren; **~ ganas (de)** Lust haben (auf); **~ hambre** Hunger haben; **~ miedo (de)** Angst haben vor; **~ prisa** es eilig haben; **~ razón** Recht haben; **~ sed** Durst haben; **~ suerte** Glück haben; **~ todo listo** alles fertig haben; **~ una idea** eine Idee haben
tener a/c claro sich über etw. im Klaren sein **4Ac**
tener a/c en mente etw. im Kopf haben **4Ac**
tener lugar stattfinden **1A2**

tener miedo de que + *subj.* Angst haben, dass **2Ac**
tener que müssen
tener talento (para) talentiert sein (für) **1A2**
Tengo tanto que contar. Ich habe so viel zu erzählen.
el/la **tercero/-a** + *sust.* der/die/das dritte + *Nomen*
el **tercio** das Drittel
terminar (de + inf.) etw. beenden, fertigmachen
terrible *adj.* schrecklich, furchtbar
la **tertulia** die Gesprächsrunde
el **texto** der Text
la **tía** die Tante
el **tiempo** das Wetter *auch* die Zeit
la **tienda** das Geschäft
ir de tiendas *etwa:* shoppen gehen
la **tienda de campaña** das Zelt
¿Tienes hora? Kannst du mir sagen, wie spät es ist?
la **Tierra** die Erde *Planet* **2A**
¡Tierra! (a la vista) ¡Land! (in Sicht) *Seefahrt* **2Ac**
el **timbre** die Klingel
tímido/-a (**ser**) schüchtern
el **tío** der Onkel, *auch:* der Typ *umg.*
típico/-a typisch
el **tipo** *hier:* die Art **3A2**
tirar ziehen, würfeln *Spiel*
tirar a/c etw. weggießen, wegwerfen
la **tiza** die Kreide
tocar spielen *Instrument*; ~ **la guitarra** Gitarre spielen
tocar a/c *hier:* etw. berühren **3A2**
tocar a/c a alg. für etw. zuständig sein
tocar el timbre klingeln
tocar an der Reihe sein
toda la + *sust.* die ganze + *Nomen*
todas las + *sust.* jede + *Nomen*, alle + *Nomen*
de todas partes von überall
todavía noch (immer)
todavía no noch nicht
todo alles

todo el + *sust.* der ganze + *Nomen*
todo el mundo die ganze Welt, alle
todo lo posible das Möglichste
todo recto (immer) geradeaus
en/por **todos lados** überall
todos los + *sust.* jede + *Nomen*, alle + *Nomen*
todos los días jeden Tag
todos/-as alle
tomar nehmen, essen/trinken
tomar el pelo a alg. *fam.* jemanden auf den Arm nehmen
tomar fotos Fotos machen
tomar un helado ein Eis essen
el **tomate** die Tomate
la **tontería** die Dummheit, der Blödsinn, der Quatsch
tonto/-a dumm
torcer a/c (o/ue) etw. umknicken
torcido (**estar**) krumm/schief sein
la **tormenta** das Gewitter, der Sturm
el **torneo** das Turnier
la **torre** der Turm
la **torrija** armer Ritter *Weißbrotscheiben in Ei und Milch getunkt und gebraten*
la **tortilla** (de patata) das Kartoffelomelett
la **tortuga** die Schildkröte
la **tostada** der Toast
el/la **trabajador/a** der/die Arbeiter/in
trabajar arbeiten
trabajar como arbeiten als *Beruf*
el **trabajo** die Arbeit
tradicional *adj.* traditionell
traer a/c a alg. jdm.etw. holen, mitbringen
el **traje típico** die Tracht
la **trampa** der Schwindel, die Mogelei
hacer trampa schummeln
tranquilamente *adv.* ruhig
tranquilo/-a ruhig
¡Tranquilo/-a! Bleib ruhig!

tratar bien/mal a alg. jdn. gut/schlecht behandeln **1A2**
el **trato** das Abkommen
hacer un trato ein Abkommen schließen
travieso/-a keck, forsch, unartig
tremendo/-a schrecklich
el **tren** der Zug
tres drei
el **trigo** der Weizen **5Ac**
el **trimestre** *m.* das Vierteljahr
triste (**estar**) *adj.* traurig
tropical *adj.* tropisch
el **trópico** die Tropen
tu dein/e (m./f./n./Sg.)
tú du
Tú eres de [...]. Du bist/kommst aus [...].
el **turismo** der Tourismus **3A2**
el/la **turista** der/die Tourist/in
turístico/-a touristisch **3A2**
tutear a alg. jdn. duzen
la **Tutoría** die Nachhilfe *Schulfach*

U

¡Uf! Mensch!
último/-a *adj.* letzte(r, s)
un montón de eine Menge
un par ein paar, einige; ~ **de años** einige Jahre **3A1**
un poco ein bisschen, ein wenig
un poco de ein bisschen (von)
un/una ein/eine (m./f./Sg.)
el/la **único/-a** der/die Einzige
unido/-a vereint **6/1**
el **uniforme** die Uniform
la **Unión Europea** die europäische Union **6/1**
la **universidad** die Universität
uno/-a eine/r
unos/-as ungefähr
unos/-as *art. def.* einige, ein paar
urbano/-a städtisch **3A2**
usar a/c etw. verwenden, benutzen
el **usario** der Nutzer **6/2**
el **uso** die Nutzung **6/2**
usted Sie *höfliche Anrede*
útil *adj.* nützlich
la **uva** die Weintraube

V

las **vacaciones** die Ferien, der Urlaub
la **vacuna** die Impfung
vale ok, gut
Valencia Stadt in Spanien
el **valle** das Tal
¡Vamos a ver! Wir werden sehen!
los **vaqueros** die Jeans
variado/-a (ser) vielfältig
la **variedad** die Vielfalt **6/1**
varios/-as verschieden **6/1**
el **vasco** das Baskische *Sprache*
vasco/-a baskisch
el **vaso** das Glas; **el ~ de agua** das Glas Wasser
¡Vaya + *sust.***!** *fam.* Was für ein/e +*Nomen*!
el/la **vecino/-a** der/die Nachbar/in
vencido/-a geschlagen, besiegt **2A**
el **vendaje** der Verband
el/la **vendedor/a** der/die Verkäufer/in
vender a/c etw. verkaufen
venir (e/ie) kommen
la **venta** der Verkauf
la **ventana** das Fenster
ver sehen; **~ la tele** fernsehen
veranear den Sommer verbringen
el **verano** der Sommer
la **verdad** die Wahrheit
¿verdad? Stimmt's?, Nicht wahr?
verdadero/-a wahr, echt
verde *adj.* grün

la **verdura** das Gemüse
la **vergüenza** die Scham
verlo todo negro alles schwarzsehen **1A1**
vestido/-a (con) (estar) angezogen
el **vestido** das Kleid
a la vez auf einmal, gleichzeitig
la **vez** (*pl.* **veces**) das Mal
en vez de + *sust.* an Stelle von + *Nomen*
viajar reisen **1A1**
el **viaje** die Reise
viceversa umgekehrt **6/3**
la **vida** das Leben
el **vídeo** das Video
la **videoconsola** die Videokonsole **4Ac**
viejo/-a alt
el **viento** der Wind
el **viernes** Freitag
virtual *adj.* virtuell
el/la **visitante** der/die Besucher/in **3Ac**
visitar a/c besuchen
la **vitamina** das Vitamin
vivir leben, wohnen
vivir la fama mit dem Ruhm leben **6/3**
vivo/-a (estar) lebendig
volar (o/ue) fliegen **1A1**
el **volcán** (*pl.* **volcanes**) der Vulkan
el **voleibol** der Volleyball *Sportart*
el **volumen** die Lautstärke
el **voluntariado** die freiwillige Arbeit **5A**

volver a + *inf.* (o/ue) etw. wieder tun
volver (a) (o/ue) zurückkommen (nach)
volver a casa (o/ue) nach Hause kommen
vos *arg.* du
vosotros/-as ihr (m./f./Pl.)
¡Voy a pasármelo muy bien! Ich werde viel Spaß haben.
la **voz** (*pl.* **voces**) die Stimme
el **vuelo** der Flug
la **vuelta** die Rückkehr
vuestro/-a euer/-re (m./f./n./Sg.)

Y

y und
¿Y qué más da? *etwa:* Und was soll's?
¿Y qué? Na und?
¿Y tú? Und du/dir?
ya schon
¡Ya está! Fertig!
Ya lo sé. Das weiß ich schon.
ya no nicht mehr
ya que da, weil **5Ac**
yo ich
Yo qué sé. *fam.* Ich habe keine Ahnung.

Z

las **zapatillas (de deporte)** die Turnschuhe
el **zapato** der Schuh
la **zona** die Zone
el **zoológico** der Zoo
el **zumo** der Saft; **el ~ de naranja** der Orangensaft

DEUTSCH-SPANISCHES WÖRTERBUCH

Hier findest du alle Wörter, die du in ¡Apúntate 4! lernst.
Bei blaugedruckten Verben handelt es sich um Verben, die unregelmäßig sind oder bei denen auf orthografische Besonderheiten zu achten ist.
Grundschrift = obligatorischer Wortschatz   *kursiv* = fakultativer Wortschatz

A

abbiegen coger
Abend (spät) la noche
Abendessen la cena; **zu Abend essen** cenar
abends (*mit Uhrzeitangabe*) *hora* + de la noche
abends (spät) por la noche
Abenteuer la aventura
aber pero
Aber nicht doch! ¡No, hombre!
abhauen largarse *fam.*
abholen (jdn., etw.) ir a buscar; recoger a alg., a/c
Abitur el bachillerato
Abkommen el trato
abmachen (etw.) quitar a/c a alg.
abschreiben (etw.) copiar a/c
Absicht la intención (*pl.* intenciones); el propósito
absichtlich a propósito
absolut absolutamente *adv.*
absteigen bajar (de)
abwaschen (etw.) fregar a/c (e/ie)
ach Mensch! ¡ay no!
Ach was! ¡Qué va!
Ach! ¡ay!
achten (jdn., etw.) apreciar a alg., a/c
achthundert ochocientos/-as
Afrika África
afrikanisch africano/-a
aggressiv agresivo/-a; ~ **werden** ponerse agresivo/-a
Agrar + *Nomen* agrícola *adj.* 5Ac
ah! ¡ah!
aktiv activo/-a
aktivieren activar(se)
aktualisieren (etw.) actualizar a/c 5A
Aktualisierung la actualización (*pl.* actualizaciones) 6/2
akzeptieren (etw.) aceptar a/c
Alarm la alarma
alle todo el mundo; todos/-as

alle *f.* + *Nomen* todas las + *sust.*
alle *m.* + *Nomen* todos los + *sust.*
Alle raus!, Raus hier! ¡fuera de aquí!
Allee la avenida
allein solo/-a
allerdings sin embargo
alles todo
alles fertig haben tener todo listo
alles schwarzsehen verlo todo negro 1A1
allgemein general *adj.*
allgemein bildende Schule el instituto
Alphabet el alfabeto
als cuando
also así que; entonces; o sea; pues
alt antiguo/-a; viejo/-a
Alter la edad 5Ac
älter (als) mayor (que)
Alter Schwede! ¡híjole! *mex.*
ältere Mensch el / la anciano/-a 1Ac
am Anfang al principio 1Ac
am Ende al final
am / pro Tag por día
Amazonas- + *Nomen* amazónico/-a 5Ac
Amazonien la Amazonía peruana 5Ac
Ameisenhaufen el hormiguero
Amerika América
amerikanisch americano/-a
Ampel el semáforo
Amtssprache la lengua oficial; **die zweite ~** la lengua cooficial 6/1
amüsieren (sich) divertirse (e/ie)
an der Spitze stehen *estar a la cabeza en* 6/2
an Stelle von en vez de + *sust.*
Ananas la piña
anbauen (etw.) cultivar a/c
anbieten (jdm. etw.) ofrecer a/c a alg. (c/zc)
Andalusien Andalucía
Andalusier/in el / la andaluz/a (*pl.* los andaluces / las andaluzas) 3A1

andalusisch andaluz/-a (*pl.* andaluces) *adj.*
Anden los Andes
Andenländer los países andinos
andere + *Nomen* el / la otro/-a + *sust.*
Anderen los demás; los / las otros/-as
ändern (etw.) cambiar (de) a/c
anders diferente *adj.*
Anerkennung *el respeto* 6/1
anfangen empezar (e/ie)
anfangen (etw. zu tun) empezar a + *inf.* (e/ie)
anfangen etw. zu tun ponerse a + *inf.*
Angelegenheit el asunto
angeln pescar 3A2
angenehm *agradable adj.* 6/3
angezogen estar vestido/-a (con)
angrenzen an limitar con
Angst el miedo
Angst haben vor tener miedo (de)
Angst haben, dass tener miedo de que + *subj.* 2Ac
Angst machen (jdm.) dar miedo a alg. (que)
angucken (sich etw.) mirarse a/c
ankommen llegar (a)
ankündigen anunciar a/c 1A1
Anlage la planta
anlegen (sich) mit meterse con *fam.*
anlocken (etw.) atraer a/c 3A2
anmachen (etw.) encender a/c (e/ie)
anmelden (sich) apuntarse
annähren *örtlich und zeitlich* acercarse
anonym *anónimo/-a* 6/3
Anruf la llamada
anrufen llamar; llamar por teléfono
anschalten (etw.) encender a/c (e/ie)
anschalten (sich) activar(se)

anstatt + *Nomen* en lugar de + *sust.*
anstrahlen (etw.) iluminar a/c 3Ac
anstrengen (sich) ponerse las pilas *fam.*
Antwort la respuesta
antworten contestar; responder
anziehen (etw.) atraer a/c 3A2
anziehen (sich etw.) ponerse a/c
Apfel la manzana
Araber los árabes
arabisch árabe *adj.*
Arbeit el trabajo; die freiwillige ~ el voluntariado 5A; die harte ~ la faena
arbeiten trabajar
arbeiten als *Beruf* trabajar como
Arbeiter/in el/la trabajador/-a
Arbeitskollege/-in el/la compañero/-a de trabajo 5A
Arbeitsvertrag el contrato de trabajo 3A1
archeologisch arqueológico/-a 5Ac
Architekt/in el/la arquitecto/-a 3Ac
Argentinien Argentina
Argentinier/in el/la argentino/-a
argentinisch argentino/-a
Ärger la bronca
Ärger haben tener bronca
ärgerlich werden enfurruñarse 4A
ärgern (sich) enfadarse (con alg.)
Argument el argumento
arm pobre *adj.*
Arm el brazo 4A; die ~e verschränken cruzar los brazos 4A
Ärmel la manga
armer Ritter la torrija
arrogant arrogante *adj.* 6/3
Art la especie *f.*; la manera 6/3; el tipo 3A2
Arzt el médico
Ärztin la médica
Atlantik el Océano Atlántico
atmen respirar
Attraktion (kulturelle) la atracción (*pl.* atracciones)
auch también
auch nicht tampoco
auf en
auf alle Fälle de todas maneras 4Ac
auf anonyme Art *de manera anónima* 6/3
auf Bestellung a la carta 1A1
auf der Suche nach en busca de (estar) 2A

auf einmal a la vez
Auf Wiedersehen! ¡Adiós!
Auf zum Tanz! ¡a bailar!
aufbauen (etw.) montar a/c
aufbewahren guardar (en)
Aufgabe la tarea
aufgeben darse por vencido/-a 2A
Aufgepasst! ¡Ojo! 3Ac
aufgewühlt revuelto/-a (estar)
aufhören etw. zu tun parar de + *inf.*
aufmachen (etw.) abrir a/c
aufmerksam atento/-a
Aufmerksamkeit von jdn. wecken llamar la atención de alg. 1A1
aufnehmen (jdn.) acoger a alg. 5A
aufpassen prestar atención a a/c 4A; tener cuidado (con)
aufpassen (auf jdn.) cuidar a a alg.
aufräumen ordenar
aufschreiben (etw.) apuntar a/c
aufstehen levantarse
aufwachen despertarse (e/ie)
aufwachsen crecer (c/zc) 3A1
aufwachsen (in) criarse
Auge el ojo
aus de
Ausbildung la educación; los estudios *pl.* 1Ac; la formación (*pl.* formaciones)
ausdrücken (etw.) interpretar a/c
Ausflug la excursión (*pl.* excursiones)
Ausgabe el gasto 4A
Ausgang la salida
ausgeben gastar dinero
ausgehen irse por ahí *fam.*; salir
ausländisch extranjero/-a 3A1
ausleihen (etw.) prestar a/c a alg.
Ausrede las historias
ausreichen alcanzar 4Ac
ausreichend suficiente *adj.*
ausschalten (etw.) apagar a/c
ausschimpfen (jdn.) echar una bronca a alg. *fam.*
Aussehen el aspecto físico 1Ac
außer + *Nomen* además de + *sust.*
außerdem además
außerhalb von fuera de 3A1
aussteigen bajar (de); bajarse
Ausstellung la exposición (*pl.* exposiciones)
Auster la ostra
auswählen (etw.) elegir a/c
auswandern nach emigrar a 3A1
Auszeichnung el premio

Auto el coche
Autogramm el autógrafo 1A2
Autonome Gemeinschaft la comunidad autónoma
Autor/in el/la autor/-a
Autoschlüssel la llave del coche
Avocado el aguacate
Azteke/-in el/la azteca
aztekisch azteca *adj.*

B

Babysitter/in el/la canguro 4A
Bäcker/in el/la panadero/-a 3A2
Bäckerei la panadería
Badezimmer el baño
bäh ¡bah!
Bahnhof la estación de trenes (*pl.* estaciones)
bald pronto
Ball la pelota
Ballon el globo
Banane el plátano
Band *Musik* la banda *fam.* 4Ac
Bar el bar 4Ac
Baseball el béisbol
Basketball el baloncesto
baskisch vasco/-a
Baskische *Sprache* el vasco
Bau la construcción (*pl.* construcciones) 3A2
Bauarbeiten las obras (de construcción)
bauen (etw.) construir a/c (i/y)
Bauer, Bäuerin el/la campesino/-a
Bauernhof la granja
Baum el árbol
Bayern Baviera
beachten (etw.) prestar atención a a/c 4A
beamen (sich) teletransportarse 1A1
Beamte/-in el/la funcionario/-a 4Ac
beantworten (etw.) responder
bedauerlich lamentable *adj.* 3A2
bedeuten significar
Bedingung la condición (*pl.* condiciones) 2A
Beeile dich! ¡Date prisa!
beeilen (sich) darse prisa
beeindruckend impresionante *adj.*
beenden (etw.) terminar (de + *inf.*)
befinden (sich) estar
befürchten dar miedo a alg. (que)
begeistert entusiasmado/-a (estar) 5A

beginnen empezar (e/ie)
beginnen (etw. zu tun) empezar a + inf. (e/ie)
begleiten (jdn.) acompañar a alg.
begrüßen (jdn.) saludar a alg.
Behälter el envase
behandeln (jdn. gut/schlecht) tratar bien/mal a alg. 1A2
beharren (auf) insistir (en) 4A
beherrschen (etw.) dominar a/c 4Ac
beibringen (jdm. etw.) enseñar (a + inf. a alg.)
beide los/las dos
Bein la pierna
beinahe por poco
bekannt werden als darse a conocer como 1A2
beklagen (sich über jdn.) quejarse (de)
bekommen (etw.) conseguir a/c (e/i); recibir a/c
bekommen Schulnote sacar
belästigen (jdn.) umg. dar la lata a alg. fam.
beleuchten (etw.) alumbrar a/c; iluminar a/c 3Ac
belustigen (jdn.) entretener a alg.
benachrichtigen (jdn.) avisar (a alg.)
benutzen (etw.) usar a/c
beobachten (etw.) observar a/c
Bereich el área 6/1
Berg la montaña; el monte 3Ac
Bergbahn el funicular 3Ac
Bergsteigen Alpen el alpinismo
Bergsteigen Anden el andinismo 5Ac
Bericht el informe 6/2
berücksichtigen (etw.) respetar a/c 3A2
Beruf la profesión (pl. profesiones)
Berufs- + Nomen, auch: professionell profesional adj.
Berufsausbildung la formación profesional
Berufsausbildung (höhere) la formación profecional de grado superior 4Ac
beruhigen (jdn.) calmar a alg.
berühmt famoso/-a
berühren (etw.) tocar a/c 3A2
Beschäftigung la actividad
Bescheid sagen (jdm.) avisar (a alg.)
besiegt vencido/-a 2A
Besitzer/in el/la dueño/-a 3A2

besprechen (etw.) comentar a/c 1Ac
Besprechung la reunión (pl. reuniones)
besser mejor adj./adv.; […] ist besser als gar nichts. […] es mejor que nada. fam.
Bestanden Schulnote el aprobado
Beste el/la mejor
Besteck el cubierto
bestehen (auf) insistir (en) 4A
bestehen (etw.) aprobar a/c (o/ue) 4Ac
bestellen (etw.) pedir (e/i) a/c a alg.
besuchen visitar a alg.; zu Besuch sein (bei) estar de visita (en)
Besucher/in el/la visitante 3Ac
Beton el cemento 3A2
Betreff Email el asunto
betreten (etw.) pisar a/c
Betreten verboten! ¡Se prohíbe pasar!
Betreuer/in el/la monitor/a
Bett la cama; das ~ machen hacer la cama; ins ~ gehen irse a la cama
Beutel la bolsa
Bevölkerung la población 3A2
bevor antes de + inf.
bevorzugen (etw.) preferir a/c (e/ie)
bewegen (etw.) mover a/c (o/ue)
beweisen (etw.) demostrar a/c (o/ue) 2A
bewerben (sich für) presentarse a 1A2
Bewohner/in el/la habitante
bewohnt poblado/-a 6/1
bezahlen (etw.) pagar a/c
bezweifeln, dass dudar que + subj. 2Ac
Bibliothek la biblioteca
Bienenstock la colmena
Bildschirm la pantalla
billig barato/-a
Biologe/-in el/la biólogo/-a
Birne la pera
bis hasta
Bis dann! Bis nachher! ¡Hasta luego!
bis Ende hasta finales de
Bis morgen! ¡Hasta mañana!
bis Samstag hasta el sábado
bis um […] Uhrzeit hasta la/las […]
Bis wann/wie viel Uhr? ¿hasta qué hora?

Bison Wildrind el bisonte 2A
bitte por fa fam. = por favor
Bitte sust. el favor
Bitte. Aquí tiene.
bitten (jdn. um etw.) pedir (e/i) a/c a alg.
blau azul adj.
Bleib ruhig! ¡Tranquilo/-a!
bleiben quedarse
Bleistift el lápiz (pl. lápices)
blind ciego/-a (ser) 3A2
Blödsinn la payasada; la tontería; ~ machen hacer payasadas
Blog Internet el blog 5A
blond rubio/a
bloß simplemente adv.
Blume la flor
Blüte la flor
Blütenstand Banane el racimo
Boden el suelo
Bohne el frijol
Bonbon el caramelo
Boot la barca; mit dem ~ fahren ir en barca
borgen (etw.) prestar a/c a alg.
böse malo/-a (ser)
böse werden (auf jdn.) enfadarse (con alg.)
brauchen (etw.) necesitar a/c
brauchen zeitlich faltar
braun Haar- und Augenfarbe castaño/-a
breit ancho/-a
Breite el ancho
Brennstoff el combustible 5Ac
Brille las gafas
bringen (jdn.) Auto llevar a alg.
Brot el pan
Brötchen (belegt) el bocadillo
Bruder el hermano
brutal brutal adj. 2A
Buch el libro
Bühne el escenario 1Ac
bunt colorido/-a (ser)
Buntstift el lápiz de color
Burg el castillo
Bürgermeister/in el/la alcalde/alcadesa
Büro la oficina 3Ac
Bus el bus fam. = el autobús; el ómnibus (pl. omnibuses) per. 5A
Bus, auch: der LKW el camión (pl. camiones) mex.
Butter la mantequilla

C

Cafetería la cafetería
Casting el casting 1A2
CD el cedé
Chaos el caos
Chat *Internet* el chat *fam.*
chatten *Internet* chatear
Chef/in el / la jefe/-a
Chemikalie el producto químico
Chemiker/in el / la químico/-a
chemisch químico/-a
Chili el ají *per.* 5Ac
China la China 6/1
Chinese/-in el / la chino/-a 3A1
Chinesisch *Sprache* chino 3A1
Comic el cómic
Comiczeichner/in el / la dibujante de cómics
Computer el ordenador
Computermaus el ratón (*pl.* ratones)
Computerprogramm el programa
Computerprogrammierer/in el / la programador/a informático/-a
Computerspiel el juego de ordenador 4Ac
Container el contenedor
Cousin/e el / la primo/-a
Croissant el cruasán
Cursor el cursor

D

da *Konj.* como; ya que 5Ac
Dach el techo 5A
damals aquella vez *adv.*; entonces
Dame la señora
danach después
Danke! ¡Gracias!
dann entonces; luego
darauf arriba
darstellen (etw.) interpretar a/c
das eso
das (hier) esto
Das ertrage ich nicht! ¡Esto sí que no lo aguanto!
das heißt es decir
das ist (*f./Sg.*) ésta es
das ist (*m./Sg.*) éste es
Das ist der „Hammer". *hier:* Das sieht toll aus. mola/n mucho *fam.*
Das ist kein Grund, sich zu streiten. Tampoco es como para tener bronca.
Das ist mir egal! ¡Me da lo mismo! *fam.*
Das ist unfair! ¡No es justo!
Das ist wahr. Es cierto.
Das kommt darauf an., je nach dem depende
Das liegt mir nicht. (Eso) a mí no me va nada.
Das macht 8 Euro und 75 Cent. Son 8 euros con 75.
Das macht nichts. / Alles ist in Ordnung. No pasa nada. *fam.*
Das mag ich gar nicht. No me gusta nada.
das sind (*f./Pl.*) éstas son
das sind (*m./Pl.*) éstos son
Das solltest du nicht verpassen! ¡No te lo puedes perder!
das tollste / coolste lo más guay *fam.*
Das verwundert nicht! ¡no es extrañar! 5Ac
Das weiß ich schon. Ya lo sé.
Das Wetter ist gut / schlecht. Hace buen / mal tiempo.
dass *Konj.* que *conj.*
Datum la fecha
dauern durar
Daumen drücken cruzar los dedos 4A
davor delante (de)
davor *zeitl.* antes
decken (den Tisch ~) poner la mesa
definitiv definitivamente *adv.* 2A
dein/e (*m./f./n./Sg.*) tu
demokratisch democrático/-a 6/1
denken (an jdn., etw.) pensar (en alg., a/c) (i/ie)
denken (sich etw.) pensarse a/c (e/ie) *fam.*
denn es que
Department el departamento 5Ac
der ganze + *Nomen* todo el + *sust.*
der, die, das que
der/die (*m./f./Sg.*) el / la
deren cuyo/-a 3A2
dessen cuyo/-a 3A2
deswegen por eso
Detektiv/in el / la detective
Deutsch el alemán
Deutschland la Alemania
Dezember diciembre
Diät la dieta 5Ac
dickköpfig cabezón, cabezona
die (*m./f./Pl.*) los / las
die ganze + *Nomen* toda la + *sust.*
die ganze Welt todo el mundo
Die Rechnung bitte! ¿Me cobras? 3Ac
dienen (zu etw.) servir (para a/c) (e/i)
Dienstag el martes
Dienstleistung los servicios *pl.* 5Ac
diese + esta + *sust.*
diese + *Nomen* (da) esa + *sust.*;
   diese + *Nomen* (da) esas + *sust.*;
   diese + *Nomen* (da) esos + *sust.*
diese + *Nomen* (hier) estas + *sust.*;
   diese + *Nomen* (hier) estos + *sust.*
dieser + *Nomen* este + *sust.*
dieser + *Nomen* (da) ese + *sust.*
digital, Digital + *Nomen* digital *adj.* 6/3
Diskothek la discoteca 4Ac
Diskussion la discusión (*pl.* discusiones)
diskutieren discutir
doch pues sí; sí
Dokument el documento
Donnerstag el jueves
doppelt doblemente *adv.* 3A1
Dorf el pueblo
dort ahí; allá *lat. am.*; allí; por ahí
Dose la lata (de)
Drache el dragón (*pl.* dragones) 3Ac
dran sein seguir (e/i)
draußen afuera *adv.*; fuera
Dreharbeiten el rodaje 6/3
drehen (etw.) *Film* rodar a/c 6/3
drei tres
dritte + *Nomen* el / la tercero/-a + *sust.*
Drittel el tercio
Druck la presión (*pl.* presiones) 6/3
drücken apretar (e/ie)
drucken (etw.) imprimir a/c
Drucker la impresora
Dschungel la selva
du tú; vos *arg.*
Du bist (nicht) dran / an der Reihe. Es / (No es) tu turno.
Du bist / kommst aus […]. Tú eres de […].
Du lügst! ¡Mentira!
Duft el olor
dumm tonto/-a
Dummheit la tontería
durch a través de 6/2; por; ~ den ganzen Saal por toda la sala

Anexo | Deutsch-Spanisches Wörterbuch

durchaus absolutamente *adv.*
Durcheinander el jaleo; el lío
durcheinander revuelto/-a (estar)
durcheinander kommen liarse
durchgehen (durch etw.) pasar (por a/c)
durchqueren (etw.) recorrer a/c 5Ac
Durchschnitt el promedio
Durchschnittsalter la edad media 5Ac
Durst la sed; ~ haben tener sed
duschen ducharse
duzen (jdn.) tutear a alg.
DVD el DVD

E

echt real *adj.*; verdadero/-a
Ecke la esquina; el rincón (*pl.* rincones)
egal sein (jdn. etw.) dar igual a/c a alg. 6/3
Egal! ¡No importa!
Ehefrau la mujer
ehrlich de verdad
Ehrlichkeit la honestidad 5A
Ei el huevo
eigene el/la propio/-a
eigentlich es que
Eimer el cubo
ein Abkommen schließen hacer un trato
ein bisschen un poco
ein bisschen (von) un poco de
ein Eis essen tomar un helado
ein Ende setzen acabar con alg., a/c 1A1
ein Haufen el mogollón *fam.*
ein Reihe von Jahren un par de años 3A1
ein wenig un poco
ein/eine (m./f./Sg.) un/una
einbringen aportar 6/3
Eindruck la impresión (*pl.* impresiones) 3Ac
eine Idee haben tener una idea
eine Menge un montón de
eine tolle Zeit haben pasarlo bomba *fam.*
eine/r uno/-a
einen Ausflug machen hacer una excursión
einen Korb werfen *Sport* meter una canasta
einen Tipp geben (jdm.) dar una pista a alg.
einerseits und andererseits por un lado [...] y por otro lado 5Ac
einfach sencillo/-a
einfache Fahrkarte el billete sencillo
einfallen ocurrirse 6/3
Einführung la introducción (*pl.* introducciones)
Eingang la entrada 3Ac
einige un par
einige Jahre un par de años 3A1
einige, ein paar unos/-as *art. def.*
einigen (sich) ponerse de acuerdo 1Ac
einkaufen gehen hacer la compra; ir de compras
Einkaufsliste la lista de la compra
Einkommen el ingreso 5Ac
einladen (jdn. ~ etw. zu tun) invitar (a + *inf.*)
Einladung la invitación (*pl.* invitaciones)
einmischen in (sich) meterse en a/c
einnehmen (etw.) ocupar a/c 6/1
einpacken (etw. in) envolver a/c (en) (o/ue)
einquartieren (sich in) alojarse en 3A2
einschreiben (sich in etw.) matricularse (en a/c) 3A1
einsteigen subir (a); subir(se)
einteilen (etw.) administrar a/c 4A
Eintritt *la entrada* 6/1
Eintrittskarte la entrada
einverstanden sein estar de acuerdo
Einwanderer el/la inmigrante 3A1
Einweihung la inauguración (*pl.* inauguraciones)
Einwohner/in el/la habitante
Einwohner/in von Barcelona el barcelonés/la barcelonesa 3A1
Einzige el/la único/-a
Eis el helado
Eis *Eiswürfel* el hielo 3Ac
Eisdiele la heladería
Ekuador Ecuador
elegant elegante *adj.*
elektrisch eléctrico/-a; *das ~ e Licht* la luz eléctrica
elektronische Buch el libro electrónico 1A1
elf once
Ellbogen el codo
Eltern los padres
E-Mail el e-mail; el correo electrónico 6/2
Empfang *Handy* la cobertura de móvil
Ende el final 2Ac; *am ~* al final
Ende + *Zeitangabe* a finales de + *tiempo*
Ende der Welt el fin del mundo
Ende (zu ~ sein) acabarse 2Ac
endlich por fin
endlos eterno/-a
Energie la energía
Englisch *Schulfach* Inglés
Englisch *Sprache* el inglés
enorm enorme *adj.*
entdecken (etw.) descubrir a/c
Entdeckung el descubrimiento
Entfernung la distancia
entlanggehen (eine Straße) bajar (por una calle)
entschließen animarse
entschuldigen disculpar; perdonar
entstehen armarse *fam.*
Entweder [...], oder [...]. O [...], o [...].
entwerfen (etw.) diseñar a/c 3Ac
Episode *Fernsehen* el episodio
Epoche la época 2A
er (*m./Sg.*) él
Er/Sie/Es heißt [...]. Se llama [...].
Erde *Planet* la Tierra 2A
Ereignis el espectáculo 3Ac
Erfahrung la experiencia 5A
Erfolg *el éxito* 6/3
erfolgreich *exitoso/-a* 6/3
erfüllen (sich) hacerse realidad 2Ac
Ergebnis el resultado 5A
erhalten (etw.) recibir a/c
erinnern (sich an jdn., etw.) acordarse (de) alg., a/c (o/ue)
erinnern (sich) recordar (o/ue)
erklären (jdm. etw.) explicar a/c a alg.
erklingen sonar (o/ue)
erlangen (etw.) conseguir a/c (e/i)
erlauben (etw.) permitir a/c
erlauben zu tun (jdm. etw.) dejar + *inf.*
erleiden (etw.) sufrir (de) a/c 1A1
ermuntern (jdn.) animar a alg. 1A2
ernten (etw.) recoger a/c

Eroberer/in el / la conquistador/a
Eroberung (Amerikas) la conquista (de América) **2A**
Eröffnung la inauguración (pl. inauguraciones)
erschöpft agotado/-a (estar) **3A2**
erschrecken (jdn.) asustar a alg.
erschrecken (sich) asustarse
ersehnen (etw. heiß) morirse por + inf. a/c fam.
erstaunen (sich über etw.) extrañar a/c a alg. **5Ac**
erste + Nomen el / la primer/a + sust.
Erste el / la primero/-a **2Ac**
erste Hilfe los primeros auxilios
erste Tag el primer día
Erste-Hilfe-Team el grupo de socorristas
Ersthelfer/in el / la socorrista
ertragen (etw.) aguantar a/c
erwarten (jdn.) esperar a alg., a/c
erwarten dass esperar que + subj.
erweisen (sich als etw.) resultar a/c
erwerbstätige Bevölkerung la población económicamente activa **5Ac**
erwidern contestar
Erzähl keine Geschichten / keinen Quatsch! ¡Déjate de cuentos! fam.
erzählen (etw.) contar a/c (o/ue)
Erzählung el cuento
Erziehung la educación
es Pronomen lo
es ärgert mich, dass me fastidia que + subj.
es eilig haben tener prisa
Es geht nicht. No hay manera.
es gibt hay
Es gibt alles. Hay de todo.
Es hat sich herausgestellt, dass [...]. Resulta que [...].
Es ist [...] nach [...]. Es la / Son las [...] y [...].
Es ist [...] Uhr. Es la / Son las [...].
Es ist [...] vor [...]. Uhrzeit Son las [...] menos [...].
Es ist [...]. Es la / Son las [...].
es ist fast unmöglich, dass es casi imposible que + subj.
Es ist halb (4). Uhrzeit Son las (3) y media.

Es ist nicht gerecht, dass no es justo que + subj.
Es ist nicht so schlimm. / Übertreibe nicht! No es para tanto.
Es ist nichts passiert. Nada de nada.
Es ist sehr heiß. Hace mucho calor.
es ist verboten, dass está prohibido que + subj.
Es ist Viertel nach (3). Uhrzeit Son las (3) y cuarto.
Es ist Viertel vor (3). Uhrzeit Son las (3) menos cuarto.
Es ist warm / kalt. Hace calor / frío.
es ist wichtig, dass es importante que + subj.; es necesario que + subj.
es kommt daher, weil lo que pasa es que **6/3**
Es lohnt sich (nicht). (No) merece/n la pena.
Es reicht! ¡Basta!
es stört mich, dass me molesta que + subj.
Es war fantastisch. Ha sido una pasada.
es wird geschätzt, dass se calcula que
Es / Das tut mir leid! ¡Lo siento!
essen comer
Essen la comida
Essenszeit la hora de comer
Ethik Schulfach Ética
etwas algo
euch os
euer/-re (m./f./n./Sg.) vuestro/-a
Euro el euro
Europa Europa f. **6/1**
europäisch europeo/-a
europäische Union la Unión Europea **6/1**
Europäische Wirtschaftsgemeinschaft la Comunidad Económica Europea **6/1**
europäischer Herkunft sein ser de origen (europeo)
existieren existir
Expedition la expedición (pl. expediciones)
Experte/-in el / la experto/-a (en a/c) **1A1**
Export la exportación (pl. exportaciones) **5Ac**

F

Fahrer/in el / la conductor/a
Fahrkarte el billete
Fahrrad la bici fam.; la bicicleta
fair justo/-a (ser)
fallen caer
falls [...] por si [...]
Familienangehörige el familiar **1A2**
Familie la familia
Fan el / la aficionado/-a (a)
fantastisch fantástico/-a
fantastisch sein ser una pasada fam.
Farbe el color
fast casi; por poco
fast nie casi nunca **1A1**
faszinieren fascinar **1Ac**
fehlen faltar
Fenster la ventana
Ferien las vacaciones; in den ~ sein estar de vacaciones
Ferienlager el campamento
fernsehen ver la tele
Fernseher la tele fam.
fertig sein listo/-a (estar)
Fertig! ¡Ya está!
fertigmachen (etw.) terminar (de + inf.)
Fest la fiesta
fester/-e Freund/in el / la novio/-a **3A1**
feststellen, dass darse cuenta (de)
Fett la grasa
feucht húmedo/-a **5Ac**
Feuer el fuego
Feuerwehr los bomberos
Feuerwehrmann/-frau el / la bombero/-a
Feuerwerk los fuegos artificiales
Figur la figura
Film la película
finanzieren (etw.) financiar a/c **2Ac**
Finde! ¡Encuentra!
finden (etw.) encontrar a/c (o/ue)
Finger el dedo; keinen ~ regen / krumm machen no mover ni un dedo
Fisch el pez (pl. los peces)
fischen pescar **3A2**
Fischer/in el / la pescador/a **3A2**
Fischgericht Essen el pescado
Fläche la superficie
Flasche la botella (de)

Fleisch la carne; gegrilltes ~ el asado
fliegen volar (o/ue) 1A1
fließend corriente *adj.*; fluidamente *adv.* 3A1
fließend Wasser el agua corriente
Flohmarkt el mercadillo
Flug el vuelo
Flugzeug el avión (*pl.* aviones)
Flur el pasillo
Fluss el río
folgen (jdm. / etw.) seguir (e/i)
folgend siguiente *adj.*
forsch travieso/-a
fortfahren seguir (e/i) (con)
Forum *Internet* el foro
Foto la foto
Fotoapparat la cámara de fotos
Fotograf/in el / la fotógrafo/-a
Fotos machen tomar fotos
Frage la pregunta
fragen preguntar
Frankreich Francia
Frau la mujer; la señora
frei libre *adj.*; libremente *adv.* 6/1
Freiheit la libertad 4A
Freiluft- + *Nomen* al aire libre + *sust.*; ~theater el teatro al aire libre
Freitag el viernes
freiwillige Arbeit el voluntariado 5A
fremd extranjero/-a 3A1
Freude la alegría 1Ac
freuen (sich total auf etw.) estar loco/-a por + *inf.*
freuen (sich über etw.) alegrarse (de)
Freund/in el / la amigo/-a
Freundschaft la amistad 1Ac
Frieden la paz
frieren tener frío
frisch fresco/-a
fröhlich alegre
Frucht la fruta
früh temprano *adv.*
früher antes
Frühling la primavera 3A1
Frühlingsrolle el rollito de primavera 3A1
Frühstück el desayuno
frühstücken desayunar
fühlen (sich) sentirse + *adj.* (e/ie) 3A1
fühlen, empfinden sentir (e/ie)
Füller la pluma

fünfhundert quinientos/-as
fünfte + *Nomen* el / la quinto/-a + *sust.*
Funktion la función (*pl.* funciones)
funktionieren funcionar
für para; por + *tiempo*
für dich para ti
für mich para mí
für Montag para el lunes
furchtbar terrible *adj.*
Fuß el pie
Fußball *Sportart* el fútbol; ~spiel el partido de fútbol
füttern dar de comer a/c a alg.

G

gackern cacarear 5A
ganz completo/-a
gar kein + *Nomen* ni un solo / ni una sola + *sust.*
gar nicht ni = no
Garten el jardín (*pl.* jardines)
Gast el / la invitado/-a
gastronomisch, Gastronomie- gastronómico/-a 6/1
Gebäude el edificio
geben (jdm. etw.) dar a/c a alg.
Gebirge la sierra
Gebirgskette la cordillera
geboren werden nacer (c/zc)
Geburtstag el cumpleaños; Herzlichen Glückwunsch zum ~! ¡Feliz cumpleaños!
Geburtstagsgeschenk el regalo de cumpleaños
Geburtstagskuchen el pastel de cumpleaños
Geburtstagsparty la fiesta de cumpleaños
Gedächtnis la memoria
Gedanken machen um (sich) meterse en a/c
gefährlich peligroso/-a
gefallen gustar
gefallen (sehr) encantar
Gefasel el rollo *fam.* 1A2
Gefrierschrank el congelador
gegen contra
gegen etw. sein oponerse 4A
gegen nichts tauschen (jdn. / etw.) no cambiar por nada a alg., a/c
Gegenteil el contrario
gegenüber von enfrente de

Geh raus! ¡Sal!
Gehalt el salario 4Ac
Gehege *veraltet* el corral
gehen (zu, nach) ir (a)
Geist la mente 4Ac
gekünstelt artificial *adj.* 1A2
gelb amarillo/-a
Geld el dinero; ~ sammeln recaudar dinero
Geldschein el billete
Gelegenheit la oportunidad 1A2; die ~ nutzen aprovechar la oportunidad 1A2
Gemälde el cuadro
gemäß según
Gemüse la verdura
genau justo
genetisch, Gen- + *Nomen* genético/-a 1A1
genial genial *adj.*
Genwissenschaft la ciencia genética 1A1
Geographie la geografía
Geographie und Geschichte Geografía e Historia
geographisch geográfico/-a 5Ac
gerade justo
gerade getan haben (etw.) acabar de + *inf.*
gerade so apenas
geradeaus todo recto
gerecht justo/-a (ser)
Gericht el plato
Geruch el olor
Geschäft *Handel* el negocio 3A2
Geschäft *Laden* la tienda
geschehen pasar
Geschenk el regalo
Geschichte la historia
Geschichtsbuch el libro de historia
Geschirr los platos
geschlagen vencido/-a 2A
Geschlecht el sexo 1A1
Geschmack el gusto 5A
geschützt protegido/-a
geschwätzig parlanchín/-ina
Geschwister los hermanos
Gesicht la cara
Gesprächsrunde la tertulia
gestern ayer; ~ Abend anoche
gesund sano/-a
Gesundheit la salud 1Ac
Getränk la bebida

Gewächshaus el invernadero
gewaltsam brutal *adj.* 2A
gewinnen ganar a/c
Gewinner/in el / la ganador/a 1A2
gewisse/r cierto/-a
Gewitter la tormenta
Gewohnheit la costumbre
Gitarre la guitarra; ~ spielen tocar la guitarra
Glas el vaso; ~ Wasser el vaso de agua
glaube nicht, dass no creas que
glauben creer
gleich pronto
gleiche (der / die / das) el / la mismo/-a
gleichzeitig a la vez
Glück la suerte; vom ~ begleitet werden la suerte acompaña a alg.; ~ haben tener suerte; zum ~ menos mal que
glücklich feliz / felices
Glühlampe el bombillo *col.*
Gold el oro 2A
Grafik el gráfico
Gramm el gramo
Grenze la frontera
Grillparty el asado
groß grande *adj.*
groß *Menschen* alto/-a
großartig fabuloso/-a 1A2
Größe el tamaño
Großeltern los abuelos
Großvater/-mutter el / la abuelo/-a
grün verde *adj.*
Grundschule la escuela *lat. am.*
Gruppe el grupo
Gruß el saludo
grüßen (von jdm.) saludar a alg. (de parte de alg.)
gut bien *adv.*; bueno; bueno/-a; vale
Gut *Schulnote* el notable
gut passen zu ir bien con
gut zusammen passen ser muy amigos
Gut!, na schön! ¡En fin! 5A
Guten Abend. *auch:* Gute Nacht. Buenas noches.
Guten Appetit! ¡Que aproveche!
Guten Morgen! ¡Buenos días!; ~, Kinder! ¡Buenos días, chicos!
Guten Tag! ¡Buenos días!

H

Haar el pelo
haben tener (e/ie)
Hafen el puerto
Hahn el gallo
halb medio/-a 6/3
halb verschlafen medio dormido/-a (estar)
halbes Kilo medio kilo (de)
Hälfte la mitad
halten parar
Haltestelle la parada 2Ac
Hamburg Hamburgo
Hamburger la hamburguesa
Hamster el hámster
Hand la mano; die ~ für jdn., etw. ins Feuer legen poner la mano en el fuego por alg., a/c 3A2; von Hand zu Hand de mano en mano 5A
Handball el balonmano; ~ spielen jugar al balonmano
handeln actuar 3A2
hängen colgar (o/ue)
hängen (sich an) pegarse a a/c 5A
hart duro/-a (ser)
hassen (jdn., etw.) odiar a alg., a/c
hässlich feo/-a
häufig con frecuencia 5A
Häufigkeit la frecuencia 5A
Haupt- + *Nomen* principal *adj.*
hauptberuflich profesional *adj.*
Hauptstadt la capital
Haus la casa; zu ~e en casa; sich wie zu ~e fühlen sentirse como en casa (e/ie) 5A; nach ~e kommen llegar a casa; volver a casa (o/ue);
Hausaufgaben los deberes; la tarea *lat. am.*
Hausmeister el / la portero/-a
Haustier la mascota
Haustür la puerta principal
Heft el cuaderno
heiß caluroso/-a (ser) 5Ac
heiß ersehnen (etw.) morirse por + *inf.* a/c *fam.*
heißen llamarse
Heizung la calefacción 4Ac
helfen (bei etw.) ayudar (en)
Hemd la camisa
Herausforderung el reto 6/3
herausholen aus (etw.) sacar a/c (de a/c)

hereinkommen entrar
Herkunft el origen (*pl.* orígenes); der ~ nach de origen + *adj.*
Herr el señor
herumfahren dar la vuelta a a/c
herumgehen dar la vuelta a a/c
hervorrufen (etw.) producir a/c (c/zc)
Herz el corazón (*pl.* corazones) 5Ac
heute hoy; ~ morgen esta mañana
Heute ist nicht mein / dein / sein / ihr Tag. Hoy no es mi / tu / su día.
heutzutage hoy en día
hey, hör mal ¡oye!
hier acá *lat. am.*; aquí
Hilfe la ayuda
Himmel el cielo
hinausgehen salir
hinfallen caer
hinsetzen sentarse (e/ie)
hinten detrás (de)
hinterher detrás (de)
hinterlassen (jdm. etw.) dejar a/c a alg.
hinunter abajo
hinunterfahren (mit etw.) bajar en a/c 3Ac
hinuntergehen (eine Straße) bajar (por una calle)
hinzufügen (etw.) agregar a/c 3A2
Historiker/in el / la historiador/a 3A2
Hitze el calor
hoch *Berge / Gebäude* alto/-a
hochladen *Internet* colgar (o/ue)
hochsteigen subir (a)
Hof el corral; el patio
hoffen dass esperar que + *subj.*
hoffentlich ojalá (que) + *subj.*
hoffnungslos desesperado/-a (estar) 2Ac
Höhe la altura
höher als por encima de 6/2
holen (jdn., etw.) traer a/c a alg.
Hör auf damit! ¡No insistas! 4A
hören (etw.) escuchar a/c; oír a/c
Horizont el horizonte
Hose los pantalones
Hosentasche el bolsillo del pantalón
Hotel el hotel
hübsch bonito/-a; guapo/-a; hermoso/-a 2Ac

Anexo | Deutsch-Spanisches Wörterbuch

Huhn la gallina; **das ~, das goldene Eier legt** *Metapher* la gallina de los huevos de oro **3A2**
Hühnerstall el gallinero
Hund el perro
hundert cien
Hunderte von + *Nomen* cientos de + *sust.*
Hunger el hambre; **~ haben** tener hambre; **noch ~ haben** quedar con hambre
hungrig (noch ~ sein) quedar con hambre
Hut el sombrero
Hütte la cabaña

I

ich yo
Ich bin neidisch. ¡Me da una envidia!
Ich bin / komme aus [...]. Soy de [...].
Ich finde + *Adj.* Me parece/n + *adj.*
Ich finde es gut / schlecht. Me parece bien / mal.
Ich finde ihn / sie nett / nicht nett. Me cae bien / mal.
Ich fühle mich zu Hause. Me siento en casa. **6/3**
ich glaube kaum, dass dudo que + *subj.*
Ich glaube schon! ¡Creo que sí!
ich glaube, dass [...]. creo que [...].
ich habe es satt, dass me aburre que + *subj.*
Ich habe keine Ahnung. Yo qué sé. *fam.*
Ich habe so viel zu erzählen. Tengo tanto que contar.
Ich heiße [...]. Me llamo [...].
Ich komme schon! ¡Ahora voy!
ich weiß nicht no sé
Ich weiß nicht, was ich tun soll. No sé qué hacer.
Ich werde viel Spaß haben. ¡Voy a pasármelo muy bien!
Ich würde gerne [...]. Me gustaría [...].
ideal ideal *adj.*
Idee la idea
Idol el ídolo
ihnen les
ihr (m./f./Pl.) vosotros/-as

Ihr Idioten! ¡Panda de golfos/-as! *fam.*
im Allgemeinen en general
im Ernst en serio
im Fernsehen auftreten salir por la tele
im Gegensatz zu al contrario que
im Klaren sein (sich über etw.) tener a/c claro **4Ac**
Imbiss la merienda
immer siempre
Immer dasselbe! ¡Siempre lo mismo! *fam.*
immer wenn cuando
immigrieren inmigrar **5Ac**
Imperium el imperio **2A**
Impfung la vacuna
importieren (etw.) importar a/c **5Ac**
in en
in der Gruppe (aus)gehen salir en grupo
in der Nähe por aquí; cerca; **~ von** cerca de
in Ordnung está bien
in Ruhe con calma
Indien la India **6/1**
Industrie la industria **5Ac**
Information el dato; la información (*pl.* informaciones)
Inka el / la inca
innen por dentro **3Ac**
inspirieren lassen von (sich) inspirarse en a/c **3Ac**
integrieren (sich) integrarse **3A1**
intelligent inteligente *adj.*
interessant interesante *adj.*
interessieren (etw. jdn.) interesa/n a/c a alg.
international internacional *adj.* **6/1**
Internet el internet; **im ~** por internet; **per ~** por la red **1A1**
Internet / Netz gehen conectarse a internet
Internetcafé el cibercafé
Interview la entrevista
interviewen entrevistar **6/2**; hacer entrevista/s
Ire/-in el / la irlandés/-esa **6/1**
irgendein/e + *Nomen*, **irgendwelche** + *Nomen* algún / alguna + *sust.* (*pl.* algunos/-as)
irgendeiner/-e alguno/-a
irgendwann algún día
irren (sich) equivocarse

Ist das heiß / kalt! ¡Qué calor / frío hace!
Ist das klar? ¿Está claro?
ist / sind cool mola/n *fam.*
ist / sind lästig es / son un palo
Italien Italia
italienisch italiano/-a **6/1**

J

ja sí
Ja?, Hallo? ¡Dígame!; ¡Dime!
Jacke la chaqueta
jagen (etw.) cazar a/c **2A**
Jäger/in el / la cazador/a **2A**
Jaguar el jaguar
Jahr el año; **[...] Jahre alt sein** tener [...] años; **[...] (Jahre alt) werden** cumplir [...] (años)
Jahrhundert el siglo; **das sechzehnte ~** el siglo (XVI)
Jeans los vaqueros
jede *f.* + *Nomen* todas las + *sust.*
jede *m.* + *Nomen* todos los + *sust.*
jede/n Spieler/in por (cada) jugador/a
jede/r/s cada
jeden Tag todos los días
jemand alguien
jemanden auf den Arm nehmen tomar el pelo a alg. *fam.*
jener/-es /e + *Nomen* aquel / aquella + *sust.*
jetzt ahora
Jetzt komme ich! ¡Allá voy! **5A**
Jetzt reicht es aber! ¡Basta ya!
Jugend(zeit) la juventud **6/2**
Jugendherberge el albergue juvenil **4A**
Jugendliche el / la joven (*pl.* jóvenes)
Jugendorganisation la asociación juvenil (*pl.* asociaciones)
Juli julio *m.*
jung joven *adj.* **2Ac**
Junge el / la chico/-a
jünger (als) menor (que)
Juni junio *m.*
Jury *Wettbewerb* el jurado

K

Kaffee el café
warm / kalt sein tener calor / frío
Kälte el frío
Kanal (Fernsehen) el canal

ciento noventa y tres 193

Kanal *Geografie* el canal
Kandidat/in el / la candidato/-a **1A2**
Kaninchen el conejo
Kannst du mir sagen, wie spät es ist? ¿Tienes hora?
Kante la orilla
Kanu la canoa **5Ac**
kaputtlachen (sich) estallar de risa *fam.*
Karaoke el karaoke **1A2**
Karavelle la carabela **2Ac**
Karibik el Caribe
Karriere *la carrera* **6/3**
Karte el mapa
Kartoffel la papa *lat. am.*; la patata
Kartoffelomelett la tortilla (de patata)
Kartoffelsalat mit Tunfisch und Erbsen la ensaladilla rusa
Käse el queso
Käsebrötchen el bocadillo de queso
Käsesandwich el sándwich de queso
kassieren (etw.) cobrar a/c **3Ac**
Katalane/-in el / la catalán / catalana **3A1**
Katalanisch *Sprache* el catalán
Katalonien Cataluña *f.* **3Ac**
katholisch católico/-a **2A**
Katze el gato
Kauf la compra
kaufen (etw.) comprar a/c
Kaugummi el chicle
kaum apenas
keck travieso/-a
kein/e + ningún / ninguna
Keine Ahnung! ¡Ni idea!
keiner/-e niguno/-a
Keks la galleta
Kellner/in el / la camarero/-a **3A2**
kennen (jdn.) conocer a alg. (c/zc)
kennen (sich) conocerse
kennenlernen (jdn.) conocer a alg. (c/zc)
Kilo el kilo
Kilometer el kilómetro
Kind el / la chino/-a *col.*; el / la niño/-a
Kinder los hijos
Kinderkrippe la guardería
Kino el cine
Kiosk el kiosco
Kirche la iglesia
Klar! ¡Claro!

klar kommen mit ponerse de acuerdo con **6/3**
klären (sich) resolverse (o/ue)
klasse alucinante *adj.*
Klasse la clase
Klassenkamerad/in el / la compañero/-a
Klassenzimmer el aula *f.*; im ~ en clase
Klatsch el cotilleo *fam.*
kleben pegarse a a/c **5A**
Kleid el vestido
Kleidung la ropa
klein pequeño/-a; winzig, ~ menudo/-a
klein *Menschen* bajo/-a (ser)
klettern hacer andinismo *lat. am.* **5Ac**
Klima el clima
Klimawandel el cambio climático **1A1**
Klingel el timbre
klingeln sonar (o/ue)
klingeln *Türklingel* tocar el timbre
klug inteligente *adj.*; listo/-a (ser)
Knopf el botón (*pl.* botones)
Koffer la maleta
Kojote el coyote
Kolonial- + *Nomen* colonial *adj.* **5Ac**
Kolumbianer/in el / la colombiano/-a **3A1**
Kolumbien Colombia
Kombi-Ticket el billete combinado
komisch werden ponerse así *fam.*
Komm(t) essen! ¡A comer!; ~, es ist schon spät! ¡A comer que ya es tarde!
kommen llegar (a); venir (e/ie)
kommen (aus) provenir de (e/ie); ser de
Kommunikation la comunicación
Komödie la comedia
König el rey **2Ac**
Königin la reina **2Ac**
konkret concreto/-a **4A**
können poder (o/ue); saber
Konservatorium el conservatorio **1A2**
Konstrukteur/in el / la constructor/a **3A2**
Konsum el consumo **4Ac**
konsumieren (etw.) consumir a/c **6/1**
Kontakt el contacto **6/2**

Kontinent el continente
Kontrast el contraste **3Ac**
konzentrieren (sich auf etw.) concentrarse (en) a/c **1A2**
Konzert el concierto
Kopf la cabeza; etw. im ~ haben tener a/c en mente **4Ac**
Kopfsalat la lechuga
Kopfweh/-schmerzen el dolor de cabeza
Kopie la copia
kopieren (etw.) copiar a/c
Korb *Sport* la canasta
Kost la dieta **5Ac**
kosten costar (o/ue)
kostenlos gratuito/-a
köstlich amüsieren (sich) pasarlo bomba *fam.*
Krach el escándalo; el jaleo
krank enfermo/-a (estar); malo/-a (estar)
Krankenhaus el hospital
Krankheit la enfermedad
Krass! ¡Qué fuerte!
Kreide la tiza
Kriminal + *Nomen* policíaco/-a
Krokodil el cocodrilo
Krücke la muleta
krumm encorvado/-a *adj.*
krumm sein torcido (estar)
Küche la cocina
Kuchen el pastel
Kugel la bola **3A2**
Kühlraum la cámara
Kühlschrank la nevera
Küken el pollito
Kuli el boli
Kultur la cultura
kümmern (sich um jdn.) preocuparse por alg. **1Ac**
kümmern (sich um jdn. / etw.) encargarse de a/c, alg.
Kunst el arte
Kunst *Schulfach* Educación Plástica y Visual
Kunsthandwerk la artesanía
Künstler/in el / la artista
Kunststoff el plástico
Kupfer el cobre **5Ac**
Kurs el curso
kurz corto/-a
kurz darauf poco después
kurzärmelig de manga corta
Kuss el beso

Anexo | Deutsch-Spanisches Wörterbuch

Küste la costa 2Ac
Küsten- + *Nomen* costeño/-a 5Ac

L

Labor el laboratorio
lächeln sonreír
lachen (über) reír (de)
Ladegerät *Handy* el cargador del móvil
Lagerfeuer la fogata
Lagerhalle la cámara
Lampe la lámpara
Land *Gebiet* el campo
Land *Staat* el país
Land! (in Sicht) *Seefahrt* ¡Tierra! (a la vista) 2Ac
Landhaus el chalet
Landkarte el mapa
Landschaft el paisaje
lang largo/-a
langärmelig de manga larga
Länge el largo; la longitud 5Ac
langsam despacio *adv.*
langweilen (sich) aburrirse
langweilig aburrido/-a
Lärm el escándalo; el ruido
Lass dir das nicht entgehen! ¡No te lo pierdas!
lassen (etw.) dejar a/c
Lass mich in Ruhe! ¡Déjame en paz! *fam.*
lästig pesado/-a
Lateinamerika América Latina; Latinoamérica
laufen caminar
laut (gemäß) según
Lautstärke el volumen
Leben la vida
leben vivir
lebendig vivo/-a (estar)
lebhaft inquieto/-a
lecker sein (estar) bueno/-a
legen (etw.) poner a/c
Legende la leyenda
Lehrer/in el/la profe *fam.*; el/la profesor/a
leicht fácil; fácilmente *adv.*
Leid la pena
leiden (an etw.) sufrir (de) a/c 1A1
leider lamentablemente *adv.* 2Ac
Leinwand la pantalla
Leitungswasser el agua corriente
Lektüre la lectura
Lemur el lémur

lernen aprender; estudiar
Lernstoff la materia
lesen (etw.) leer a/c
Lesung la lectura
letzte(r, s) último/-a *adj.*
letztendlich definitivamente *adv.* 2A
letztens el otro día
Leute la gente
Licht la luz (*pl.* luces)
Liebe el amor
lieben (jdn.) amar a alg.
lieber wollen (etw.) preferir a/c (e/ie)
liebevoll cariñoso/-a
Lieblings- + *Nomen* favorito/-a + *sust.*
Lieblingsecke el rincón favorito
Lied la canción (*pl.* canciones) 1Ac
Linie la línea
links a la izquierda (de)
linksherum del revés 4Ac
Liter el litro (de)
live *TV* en directo 6/2
Loch el agujero 5A
lockig rizado/-a
Logbuch el diario 2Ac
Lohn la paga *fam.*
London Londres
lösen (sich) resolverse (o/ue)
loslachen echarse a reír
Lösung la solución (*pl.* soluciones) 3A2
Luft el aire
Luftballon el globo
Lüge la mentira
Lust haben (auf) tener ganas (de)
lustig divertido/-a

M

Mach dir keine Sorgen / Gedanken! ¡No te preocupes!
machen (etw.) hacer a/c
machen (etw., jdn. zu etw.) convertir a alg., a/c en (e/ie) 2A
Macht el poder 3A2
Macht nichts! ¡No importa!
Mädchen el/la chico/-a
Madrider/in el/la madrileño/-a
Magazin *Fernsehen* el magazine
magisch mágico/-a 3A2
Mai mayo *m.*
Mais el maíz
Maisfladen la arepa *col.*
Mal la vez (*pl.* veces)

mal sehen a ver
Malaria la malaria
Maler/in el/la pintor/a
Mama la mamá
man muss + *Inf.* hay que + *inf.*
Man sagt [...]. Se dice [...].
Man schreibt es [...]. Se escribe [...].
manchmal a veces
manipulieren (jdn.) manipular a alg. 1A2
Mann el hombre
Mantel el abrigo
Mäppchen el estuche
Mappe la carpeta
Märchen el cuento
Markt el mercado
Marmelade la mermelada
Marokko Marruecos
Marrokaner/in el/la marroquí 3A1
Mars Marte 1Ac
Maß la medida 5A; nach ~ a la medida 5A
Mathe Mates *fam.* = Matemáticas
Mathematik Matemáticas
Matrose el marinero 2Ac
Mauer la muralla
Maus *Tier* el ratón (*pl.* ratones)
Maya- maya *adj.*
Maya *Person* el/la maya
Medaille la medalla
mediterran, Mittelmeer- + *Nomen* mediterráneo/-a
Medizin la medicina
medizinisch *médico/-a* 6/1
medizinische Betreuung *la asistencia médica* 6/1
Meer el mar
Meeresfrucht el marisco 5Ac
Meeresspiegel el nivel del mar 1A1
Meerschweinchen el conejo de Indias
mehr más
mehr als + *Zahl* más de + *número*
mehr als genügend de sobra
mehr oder weniger más o menos
mehrfarbig multicolor *adj.* 3Ac
Mehrheit (von + *Nomen*) la mayoría (de + *sust.*)
mein/e (*m./f./n./Sg.*) mi
meine (*m./f./n./Pl.*) mis
meinen (etw.) opinar a/c 3A2
Meinung la opinión (*pl.* opiniones)
Meisterwerk la obra maestra 3Ac

melden (sich) *im Unterricht* levantar la mano
Melone el melón
Memory-Stick la memoria USB
Menge (Leute) un mogollón (de gente) *fam.*
Mensch el ser humano **2Ac**
Mensch! ¡ay!; ¡Hombre!; ¡jo!; ¡Uf!
Menschenmenge un mar de gente **3Ac**
Menschenrecht el derecho humano **6/1**
menschlich, Menschen- humano/-a **2Ac**
Merengue el merengue
messen (etw.) medir a/c (e/i)
Meter *Längeneinheit* el metro; **ein ~ Länge** un metro de largo
Mexikaner/in el/la mexicano/-a
Milch la leche
Milch- + *Nomen* lácteo/-a **6/1**
Million el millón (*pl.* millones)
Mineral el mineral **5Ac**
Mineralwasser el agua mineral **3Ac**
Ministerium el ministerio **3A2**
Minute el minuto
mir auch (nicht) a mí también / tampoco
mir nicht a mí no
Mischung la mezcla **3A1**
mit con
mit anderen Worten o sea
mit dem Auto / Fahrrad fahren ir en coche / bici
mit dem Ruhm leben vivir la fama **6/3**
mit dir contigo
mit mir conmigo
mit Raumtemperatur del tiempo **3Ac**
mitbekommen (etw.) enterarse de a/c
mitbringen (jdn., etw.) traer a/c a alg.
Mitglied el miembro **1Ac**
mitmachen apuntarse
mitnehmen (jdn.) *Auto* llevar a alg.
Mitschüler/in el/la compañero/-a
Mittag el mediodía
Mittagsruhe halten dormir la siesta (o/ue)
Mittagsschlaf/-ruhe la siesta
Mittagszeit la hora de comer
Mitte el centro

Mittelamerika Centroamérica
mittelamerikanisch centroamericano/-a
mittelmäßig regular *adj.*
Mittelpunkt *hier:* el ombligo **5A**
mittels a través de **6/2**
Mittwoch el miércoles
Mixgetränk el batido **1A1**
Möbelstück el mueble **5A**
möchten, dass querer que + *subj.* **2Ac**
Mode (aus der ~ kommen) pasar de moda **1A2**
Modell el modelo
Modellflieger el avión a escala
modern moderno/-a; **~ sein** estar de moda
Mogelei la trampa
mögen querer (e/ie)
möglich posible *adj.*
Möglichste todo lo posible
Moment el momento; **im ~** por el momento **5A**
Monat el mes
monatliche Durchschnitts-einkommen el ingreso medio por mes **5Ac**
Mond la Luna **1Ac**
Monster el monstruo **2Ac**
Montag el lunes
montags los lunes
morgen mañana
Morgen la mañana
morgens por la mañana
morgens (7 Uhr) (las 7) + de la mañana
Motto el lema **6/1**
Mozzarella la mozzarella **6/1**
Mp3 *Audioformat* el mp3
MP3-Player el (reproductor) MP3
müde sein (von) cansado/-a (estar) (de)
Mühe la pena
mühelos fácilmente *adv.*
Müll la basura; **den ~ hinausbringen** sacar la basura
Mund la boca; **den ~ halten** callarse; **mit offenem ~ dastehen** quedarse con la boca abierta *fam.*
Münze la moneda **5Ac**
Museum el museo
Museumsführer/in el/la guía
Musik la música

Musiker/in el/la músico/-a
Müsli los cereales
müssen deber a/c + *inf.* **3A2**; tener que
Mutter la madre
Muttersprache la lengua materna **5Ac**
Mütze la gorra; el gorro **5A**

N

Na und? ¿Y qué?
Na, komm! ¡Anda! *fam.*
Na, schön! ¡En fin! **5A**
Nabel der Welt el ombligo del mundo **5A**
nach a
nach + *Nomen* después de + *sust.*
nach der Schule a la salida del insti
nach und nach poco a poco
nach Wunsch a la carta **1A1**
nach / in Richtung von hacia
Nachbar/in el/la vecino/-a
nachdem después de + *inf.*
nachdenklich pensativo/-a (estar) *adj.*
nachher luego
Nachhilfe *Schulfach* la Tutoría
Nachmittag la tarde
nachmittags por la tarde
nachmittags (*mit Uhrzeitangabe*) hora + de la tarde
Nachprüfungen las recuperaciones
Nachricht la noticia
Nachricht *Handy* el mensaje
Nachrichtensendung *Fernsehen* el informativo
nächste/r próximo/-a
nachstehend siguiente *adj.*
Nacht la noche
nachts de noche; por la noche
nachts (*mit Uhrzeitangabe*) hora + de la noche
Nachtwächter el sereno
nah cerca
nahegehen afectar a/c a alg. **4Ac**
nahe von cercano/-a (estar) **3Ac**
Nahrung la dieta **5Ac**
Name el nombre
nämlich es que
Nase la nariz (*pl.* narices); **die ~ voll haben** estar hasta las narices *fam.*
nass werden mojarse
Nationalfeiertag la fiesta nacional
Nationalismus el nacionalismo **6/3**

Nationalpark el parque nacional
Natur la naturaleza
Naturkundebuch el libro de Ciencias
natürlich natural adj. 6/3; por supuesto; pues sí
natürlich nicht pues no
Natürlich! ¡Claro que sí!; ¡Claro!
Naturwissenschaften Ciencias de la Naturaleza
neben al lado de
neben + Nomen junto a + sust.
negativ negativo/-a 3A2
nehmen (essen/trinken) tomar
nehmen (etw.) coger
Neid la envidia
Neigung la afición (pl. aficiones) 4Ac
nein no
nennen (jdn., etw.) llamar a alg., a/c
nerven (jdn.) umg. dar la lata a alg. fam.
nervös nervioso/-a
nett majo/-a fam.
Netz Internet la red
neu nuevo/-a; der neuen (Handy) Generation de nueva generación 6/2
Neue Welt las Indias; el Nuevo Mundo 2A
Neuigkeiten erzählen (sich) ponerse al día
neulich el otro día
nicht no
nicht einmal ni siquiera adv.; otra vez
nicht für alles Geld der Welt, für kein Geld der Welt ni por todo el dinero del mundo
Nicht im Traum! ¡ni loco/-a! 1A1
nicht mehr ya no
Nichtregierungorganisation la ONG 1Ac
Nicht wahr? ¿no?; ¿verdad?
nichts nada; no […] nada
nichts mehr nada más
nie no […] nunca; nunca
niedlich mono/-a fam.
niedrig Sachen bajo/-a (ser)
niemand nadie; no […] nadie
nirgends por ningún lado
noch (immer) todavía
noch dazu para colmo
noch nicht todavía no

noch sonst was ni nada
Nordamerika América del Norte
Norden el norte
nördlich von al norte (de)
nördlichste/r más al norte
normal normal adj.
normalerweise generalmente 4A; normalmente adv.
nostalgisch nostálgico/-a 3A2
Note la nota
notieren (etw.) apuntar a/c
Notiz la nota
Notizen los apuntes
notwendig necesario/-a (ser) adj.
November noviembre m.
null cero
nur sólo
nutzen (etw.) aprovechar a/c 1A2
Nutzer el usario 6/2
nützlich útil adj.
Nutzung el uso 6/2

O

ob si
Obelisk el obelisco
oben arriba
Oberfläche la superficie
obligatorisch obligatorio/-a (ser)
Obst la fruta
Obstsalat la macedonia
obwohl aunque; si bien 5A; a pesar de 5Ac
oder o
Oder etwa nicht? ¿o no?
Ofen el horno 5A
offiziell oficial adj.
öffnen (etw.) abrir a/c
öfters con frecuencia 5A
ohne sin
ok bueno; está bien; vale
Olive la aceituna
Olivenbaum el olivo
online en línea
Orange la naranja
Orangenbaum el naranjo
Orangensaft el zumo de naranja
organisieren (etw.) organizar a/c
originell original adj.
Ort el lado; el lugar; el sitio
Osten el este
östlich (von) al este (de)
östlichste/r más al este
Ozean el océano

P

paar (ein) un par
packen (etw.) empacar a/c
Paket el paquete (de)
Palmengarten el palmeral
Panamakanal el canal de Panamá
Panik el pánico 2A; ~ verspüren sentir pánico (e/ie) 2A
Papa el papá
Papagei el loro
Papier el papel
Pappkarton la caja de cartón 5A
Paradis el paraíso
Park el parque
Parkplatz el aparcamiento
parlamentarische Monarchie la monarquía parlamentaria 6/1
Party la fiesta
Pass auf! ¡Ten cuidado!
passieren pasar
pauken (etw.) empollar a/c fam.
Pause la pausa; Schule el recreo; ohne ~ sin parar
peinlich sein (jdm. etw.) dar (un) corte fam.; dar vergüenza a/c a alg.
pensioniert jubilado/-a (estar) 3A1
per Medium/Hilfsmittel por
perfekt perfectamente adv. 6/3; perfecto/-a; ~ sein perfecto/-a (estar)
Person la persona
Person Fernsehen el personaje
Peru el Perú
Peruaner/in el/la peruano/-a 5Ac
Pfefferkuchen el pan de especias
Pferd el caballo
pfiffig sein tener chispa
Pfirsich el melocotón
Pfötchen geben Hund dar la pata
Pfote la pata
Physik Física f. 1Ac
Pinguin el pingüino
Plan el plan
planen (etw.) planear a/c
Planet el planeta
planlos sin orden 3A2
Plantage la plantación (pl. plantaciones)
Plastiktüte la bolsa de plástico
Platz la plaza
Platz Ort el sitio
plaudern charlar

plötzlich de repente
Polen Polonia
Politik la política **1Ac**
Pommes frites las patatas fritas
populär popular (ser) *adj.*
Portmonee el monedero
Portugiese/-in *el/la portugués/-esa* **6/1**
Poster el cartel
Postkarte la tarjeta postal
prächtig amüsieren (sich) pasarlo pipa *fam.*
präkolumbianisch precolombino/-a
praktisch prácticamente *adv.*
Preis el premio
Presse *la prensa* **6/3**
Privileg el privilegio
probieren (etw.) probar a/c
Problem el problema
Produkt el producto
produzieren (etw.) producir a/c (c/zc)
profitieren (von etw.) beneficiarse de + *sust.* **3A2**
Programm el programa
Projekt el proyecto **1Ac**
Provinz la provincia
Prozentsatz *el porcentaje* **6/2**
Prüfung el examen; la prueba
Publikum el público
Pullover el jersey; el pulóver *arg.*
Punk el punk **4Ac**
Punkt el punto
putzen (etw.) limpiar a/c

Q

Quatsch el rollo *fam.* **1A2**
Quechua, *auch:* Ketschua el quechua
Quetzal (Vogel), *auch:* Punkte beim Spiel el quetzal
Quiché quiché

R

Radiergummi la goma
Radio la radio
Raff dich auf! *umg.* ¡Anímate!
Rand la orilla
Rasen el césped
Rathaus el ayuntamiento
ratlos perplejo/-a
Rauchmelder el detector de humo
raufen (sich) pelearse

reagieren *reaccionar* **6/3**
Reaktion la reacción (*pl.* reacciones) **2A**
Realität la realidad **2Ac**
Rechnung la cuenta
Recht haben tener razón
rechte + *Nomen* el/la *sust.* + derecho/-a
rechts a la derecha (de)
recyceln (etw.) reciclar a/c
reden hablar; ~ wie ein Wasserfall hablar hasta por los codos *fam.*
Referat la presentación (*pl.* presentaciones)
Regal la estantería
Regel la regla
Regierung *el gobierno* **6/1**
Regierungsform *la forma de gobierno* **6/1**
Regierungssystem *el régimen* **6/1**
Region la región (*pl.* regiones)
regnen llover (o/ue)
Reich el imperio **2A**
reich rico/-a (ser)
reichen alcanzar **4Ac**
reichhaltig essen *hier:* alimentado/-a **6/1**
reifen madurar
Reihe la cola
Reihe (an der ~ sein) tocar
Reis el arroz
Reise el viaje
Reiseandenken el recuerdo
Reiseführer la guía turística
reisen viajar **1A1**
Reisepass *el pasaporte* **6/1**
reiten montar a caballo
Religion la religión **1Ac**
Religion *Schulfach* Religión
rennen correr
Rente *la jubilación* (*pl.* jubilaciones) **6/1**
repektieren (etw.) respetar a/c **3A2**
Reportage el reportaje
Reporter/in el/la reportero/-a
Respekt *el respeto* **6/1**
Rest (von + *Nomen*) el resto (de + *sust.*)
Restaurant el restaurante
Restlichen los demás
retten salvar a/c **1A1**
retten (sich) vor salvarse (de) **2A**
Revolution la revolución (*pl.* revoluciones) **1A1**

Rezept la receta **5A**
richtig correcto/-a
Richtung la dirección (*pl.* direcciones); in ~ en dirección a
riesig inmenso/-a
Rock la falda
Rohöl el petróleo **5Ac**
rot rojo/-a; ~ (wie eine Tomate) werden ponerse rojo/-a (como un tomate) *fam.*
Route la ruta
Rückkehr la vuelta
Rucksack la mochila
Ruf la fama
rufen llamar
rufen (etw.) gritar a/c
Ruhe la calma; la paz; in ~ en paz
Ruhe, bitte! ¡Silencio!
ruhig tranquilamente *adv.*; tranquilo/-a
ruhig (schweigsam) callado/-a (estar) *adj.*
Ruhm la fama
rund redondo/-a **2A**

S

Saal la sala
Sache la cosa
Saft el zumo
sagen (etw.) decir a/c (e/i)
sammeln (etw.) recoger a/c
Samstag, *auch:* am Samstag el sábado
Sandwich el sándwich
Sänger/in el/la cantante
Sardine la sardina **5A**
satt haben estar harto/-a (de a/c)
satt werden llenarse
Satz la frase
sauber machen (etw.) limpiar a/c
sauber sein limpio/-a (estar)
Schädling el parásito
schaffen (etw.) llegar a + *inf.* a/c
Schal la bufanda
Scham la vergüenza
scharf sein *Essen* picar
schätzen (jdn., etw.) apreciar a alg., a/c
Schau! ¡Mira!
schauen mirar
Schauspiel el espectáculo **3Ac**
Schauspieler el actor
Schauspielerin la actriz (*pl.* actrices)
schauspielern actuar **3A2**

scheinen parecer (c/zc)
scheinen zu + *Inf.* parecer (c/zc)+ *inf.*
schenken (jdm. etw.) regalar a/c a alg.
schicken (etw.) mandar a/c
schieben (jdn., etw.) empujar a alg., a/c
schief sein torcido (estar)
Schiff el barco **2A**
schiffbar navegable *adj.* **5Ac**
Schiffbruch el naufragio **2A**; ~ **erleiden** naufragar **2A**
Schildkröte la tortuga
schimpfen (mit jdm.) regañar a alg.
Schinken el jamón (*pl.* jamones)
Schinkensandwich el sándwich de jamón
schlafen dormir (o/ue)
schlagen (etw.) pegar a/c
Schlagzeug la batería **4Ac**
Schlamm el barro *lat. am.*
schlank delgado/-a
schlau listo/-a (ser)
schlecht mal *adv.*; malo/-a; malo/-a (ser)
schlecht gehen (jdm.) mal (estar)
schlecht gelaunt de mal modo
schlecht/gut gelaunt de mal / buen humor
schlechter peor *adj.*
schließen (etw.) cerrar a/c (e/ie)
Schlimmste / Schlechteste el / la peor
Schloss el castillo
Schloss *Tür* la cerradura
Schlüssel la llave
Schlüsselbund el juego de llaves
Schmerz el dolor
schmerzen doler (o/ue)
schmutzig sucio/-a (estar)
Schmutzwasser las aguas sucias
Schnee la nieve
schneien nevar (e/ie)
schnell deprisa *adv.*; rápido/-a (ser)
Schokolade el chocolate
schon sí; ya
schön bonito/-a; hermoso/-a **2Ac**; mono/-a *fam.*; lindo/-a (ser) *lat. am.*
schon wieder otra vez
Schöne Grüße. Saludos.
Schrank el armario
Schrecken el susto **5A**

schrecklich fatal *adv.*; terrible *adj.*; tremendo/-a
schreiben (etw.) escribir a/c
schreiben *Formular* poner a/c
Schreibtisch el escritorio
Schreibwarengeschäft la papelería
schreien (etw.) gritar a/c
schubsen (jdn.) empujar a alg., a/c
schüchtern tímido/-a (ser)
Schuh el zapato
Schuhwerk el calzado **4Ac**
Schule el cole *fam.* = el colegio; el colegio
Schüler/in el / la alumno/-a; el / la estudiante
Schulfach la asignatura
Schuljahr el curso
Schuljahr (6.) 1° de ESO
Schulsystem el sistema escolar *m.*
schummeln hacer trampa
schützen (jdn., etw.) proteger a alg., a/c
schwarz negro/-a
schwatzen charlar
schweigen callarse
schwer difícil
schwer fallen (jdm. etw.) costar (a/c a alg.) (o/ue)
Schwester el / la hermano/-a
schwierig difícil
Schwimmbad la piscina
schwimmen nadar
Schwindel la trampa
Science-Fiction la ciencia ficción **1A1**
sechs seis
sechziger Jahre los años (sesenta)
See el lago
Seemann el marinero **2Ac**
sehen ver
sehr muy
sehr früh retetemprano *mex.*
Sehr gut el sobresaliente
Sehr gut. Muy bien.
sehr viele el mogollón *fam.*
Seifenoper *Fernsehen* la telenovela
Seilbahn el teleférico
sein ser
sein (aus) ser de
sein (da ~) estar
sein/e, ihr/e *(m./f./n./Sg.)* su
seine / ihre *(m./f./n./Pl.)* sus
seit *(Zeitpunkt)* + *Zeitangabe* desde + *tiempo*; **seit** *(Zeitdauer)* + *Zeitangabe* desde hace + *tiempo*

seit kurzem desde hace poco **1Ac**
Seite el lado
Seite *Buch* la página
Sektor el sector **5Ac**
Sekundar + *Nomen* secundario/-a
selbe (der/die/das) el / la mismo/-a
Selbstverständlich! ¡Claro que sí!
Sender el canal
Sendung *Fernsehen und Radio* el programa
Seniorenheim el hogar de ancianos **1Ac**
senken (etw.) bajar a/c
September septiembre *m.*
Serie *Fernsehen* la serie
Serviette la servilleta
Sessel el sillón
setzen sentarse (e/ie)
Shake el batido **1A1**
shoppen gehen ir de tiendas
sicher estar seguro/-a (de a/c)
sicherlich *seguramente adv.* **6/2**; seguro que
Sie usted
sie *(f./Sg.)* ella
sie *(m./f./Pl.)* ellos/-as
Sie ist [...]. Ella es [...].
Sieger/in el / la campeón/-ona (*pl.* campeones/-as)
signifikant *significativo/-a* **6/2**
singen cantar
Situation la situación (*pl.* situaciones) **2A**
sitzend sentado/-a (estar)
Skateboard el monopatín (*pl.* monopatines)
Ski fahren esquiar
SMS el mensaje; el mensaje de texto
so así; tan
so + *Adj.* + **wie** tan + *adj.* + como
So kann es nicht weiter gehen. Así no podemos seguir.
so lang *zeitlich* tanto *adv.* **2Ac**
so sehr tanto
so viel tanto
so viel zu + *Inf.* tanto que + *verbo*
So! ¡jo!
sofort en seguida
sogar hasta
Sohn el / la hijo/-a
Solar- + *Nomen* solar *adj.*; ~**energie** la energía solar
Sommer el verano; **den ~ verbringen** veranear

sondern sino; sino que **1A1**
Sonne el sol; Die ~ geht auf. el sol sale; Die ~ scheint. Hace sol.
Sonnenbrille las gafas de sol
Sonntag el domingo
sonst nichts nada más
sorgen (für jdn.) cuidar a a alg.
sorgfältig cuidadosamente *adv.*
Sorte la especie *f.*
Souvenir el recuerdo
sowohl … als auch tanto … como **6/3**
sozial social *adj.* **6/1**
soziale Netz *la red social* **6/2**
Spanien España
Spanisch *Sprache* el español
Spanischbuch el libro (de español)
sparen ahorrar **3A1**
Spargel el espárrago **5Ac**
Spaß haben divertirse (e/ie)
spät kommen llegar tarde
spät (zu ~) tarde *adv.*
später después
spazieren gehen pasear; salir a pasear
Speicher *Computer* la memoria
speichern (auf) guardar (en)
Speisesaal el comedor
spenden (etw.) donar a/c **5A**
Spezialität la especialidad **4Ac**
Spickzettel la chuleta *fam.*
Spiel el juego
Spiel *Sport* el partido
spielen tocar
spielen (etw.) jugar (a) a/c (u/ue)
Spieler/in el / la jugador/a
Spielstein la ficha
Spinnennetz la telaraña **4Ac**
Sport el deporte
Sport *Schulfach* Educación Física
Sport machen / treiben practicar deporte/s
Sportecke el „rincón de los deportes" *fam.*
sportlich deportista *adj.*
Sportzentrum el polideportivo
Sprache el idioma; la lengua
Sprache und Literatur (= Spanisch) *Schulfach* Lengua y Literatura
sprechen hablar
Sprecher/in el / la locutor/a **1A1**
Spülmaschine el lavavajillas
Stadion el estadio
Stadt la ciudad

städtisch urbano/-a **3A2**
Stadtmauer la muralla
Stadtrat el ayuntamiento
Stadtteil el departamento **5Ac**
Stadtviertel el barrio
stammen (aus) provenir de (e/ie)
Stand el puesto **3Ac**
Standbild la estatua
stark fuerte *adj.*; die Stärke von jdm. sein ser el fuerte de alg.
Start *Spiel* la salida
Station la estación (*pl.* estaciones)
stattdessen en cambio
stattfinden tener lugar **1A2**
Statue la estatua
Staub el polvo **5A**
staunen (über etw.) extrañar a/c a alg. **5Ac**
stecken / legen (etw. in etw.) meter a/c (en a/c)
stehlen (jdm. etw.) robar a/c a alg.
Steigung la cuesta
Stein la piedra **3Ac**
Steinwüste el desierto de cemento **4B**
stellen (etw.) poner a/c
sterben morir (o/ue)
Stern la estrella **1Ac**
Stift el lápiz (*pl.* lápices)
Stiftung la fundación (*pl.* fundaciones)
Stil el estilo
Stille el silencio
Stimme la voz (*pl.* voces)
Stimmt es, dass […]? ¿Es cierto que […]?
Stimmt. Es verdad.
Stimmt's? ¿verdad?
Stockwerk la planta **3Ac**
stoppen parar
Strafe el castigo
Strand la playa
Straße la calle
Straßenhund el perro callejero/-a **5A**
Streber/in el / la empollón/-ona (*pl.* empollones/-as)
Streichholz la cerilla
Streit la bronca; la pelea; in ~ geraten meterse en una pelea *fam.*
streiten (sich) pelearse
Stress el estrés **1A2**
Strom fällt aus se va la luz

Struktur la estructura
Stückchen el pedacito *fam.*
Student/in el / la estudiante
Studie el estudio
Studiengang la carrera **6/3**
Studium los estudios *pl.* **1Ac**
Stuhl la silla
Stunde la hora
stundenlang horas (y horas)
Stundenplan el horario (de clase)
stur cabezón, cabezona
Sturm la tormenta
stützen (etw.) apoyar a/c
suchen (etw.) buscar a/c
Süden el sur
südlich (von) al sur
südlichste/r más al sur
super + *Adj.* super- + *adj.*
superberühmt superfamoso/-a (ser) *fam.* **1A2**
Supermarkt el supermercado
surfen *Internet* navegar (en)
süß dulce
Süßer. / Süße. *liebevolle Anrede* Guapo. / Guapa. *fam.*
sympathisch majo/-a *fam.*; simpático/-a (ser)

T

Tafel la pizarra
Tag el día
Tagebuch el diario **2Ac**
täglich diariamente *adv.*
Tal el valle
Talent el talento **1A2**
talentiert sein (für) tener talento (para) **1A2**
Tante la tía
Tanz el baile
Tanzen wir! ¡a bailar!
Tanzschule la academia de danza
Tasche el bolso
Taschengeld la paga *fam.*
Tastatur el teclado
tauchen bucear
Taxifahrer/in el / la taxista **3A2**
Technologie *Schulfach* Tecnología
Teich el estanque
Teil la parte
teilnehmen (an etw.) participar (en)
Telefon el teléfono; ans ~ gehen ponerse (al teléfono)
telefonieren hablar por teléfono **1Ac**

Telefonnummer el número;
　die Nummer ist + *Zahl*
　es el + *número*
Telefonzelle la cabina telefónica
Teleskop el telescopio 1Ac
Teller el plato
teuer caro/-a
Text el texto
Theater el teatro
Theatergruppe el grupo de teatro
Theaterstück la obra (de teatro)
Thema el tema
Themawechsel cambiando de
　tema
Tier el animal
Tierschutzverein la asociación
　protectora de animales
Tipp la pista
Tisch la mesa
Tischlerei la carpintería 5A
Toast la tostada
Tochter el/la hijo/-a
Toilette los servicios
toll estupendo/-a; guay; precioso/-a
Tomate el tomate
Ton el sonido
Tor la puerta
Torte el pastel
Tote el/la muerto/-a
töten matar a alg. 2A
Tourismus el turismo 3A2
Tourist/in el/la turista
touristisch turístico/-a 3A2
Tracht el traje típico
traditionell tradicional *adj.*
tragen llevar a/c
Trainer/in el/la entrenador/a
Training el entrenamiento 6/2
Trainingsanzug el chándal
Tränen (in ~ ausbrechen)
　echarse a llorar
transportieren teletransportarse
　1A1
Transportmittel el medio de
　transporte 5Ac
Traum el sueño
traurig triste (estar) *adj.*
Treffen *el encuentro* 6/3; la reunión
　(*pl.* reuniones)
treffen (sich mit) encontrarse
　(o/ue) (con)
treffen (sich) reunirse
trennen (etw.) separar a/c
Treppenhaus el pasillo

trinken beber
trocken seco/-a 5Ac
Tropen el trópico
tropisch tropical *adj.*
trotzdem a pesar de 5Ac; aun así;
　no obstante 5Ac; sin embargo
T-Shirt la camiseta
Tu mir den Gefallen und [...]!
　¡Hazme el favor y [...]!
Tue es für mich! ¡Hazlo por mí!
tun lassen (jdn. etw.) dejar + *inf.*
tun müssen (etw.) necesitar + *inf.*
tun werden (etw.) ir a + *inf.*
tun wollen (etw.) querer + *inf.* a/c
Tür la puerta
Turm la torre
Turnier el torneo
Turnschuhe las zapatillas (de
　deporte)
Tüte la bolsa
Typ el tío *fam.*
typisch típico/-a

U

U-Bahn el metro; el subte *fam.*
　= el subterráneo *arg.*
üben (etw.) practicar a/c 1A2
über encima de; *por encima de* 6/2;
　sobre
Über dein Kommen würde ich
　mich freuen. No faltes
über was? ¿de qué?
überall en/por todos lados
Überfall el atraco 4Ac
überfliegen (etw.) hojear a/c 4A
überhaupt keine Ahnung haben
　no tener ni idea
Überhaupt nicht! ¡No, qué va!
überleben sobrevivir 2A
Überlebende el/la sobreviviente
　2A
überlegen (sich etw.) pensarse a/c
　(e/ie) *fam.*
übernachten pasar la noche
überprüfen (etw.) comprobar a/c
　(o/ue)
überqueren (etw.) cruzar a/c
überrascht sein sorprenderse 5A
Überraschung la sorpresa
übertreiben exagerar
übertrieben exagerado/-a (ser)
überzeugen (jdn.) convencer a alg.
　(c/z)
Übrige lo demás *adj.*

übrigens por cierto
Uhr h = hora/s; el reloj
Uhrzeit (nach der ~ fragen)
　preguntar la hora
Um (3) Uhr. A la una / A las (3).
um das herauszufinden para
　saberlo
Um wieviel Uhr? ¿A qué hora ...?
um zu + *Inf.* para + *inf.*
umgekehrt viceversa 6/3
umknicken (etw.) torcer a/c (o/ue)
umsteigen *Verkehrsmittel* cambiar
Umwelt el medio ambiente 3A2
Umweltschützer/in el/la ecologista
　3A2
umziehen *Ortswechsel* mudarse (a)
Unabhängigkeit la independencia
und y
und *(vor /i/ + /hi/)* e
Und du/dir? ¿Y tú?
Und was soll's? ¿Y qué más da?
unecht artificial *adj.* 1A2
unendlich eterno/-a; interminable
　(ser)
Unfall el accidente
ungefähr unos/-as
Ungeheuer el monstruo 2Ac
ungenügend el suspenso
unglaublich alucinante *adj.*;
　increíble *adj.*
Uniform el uniforme
Universität la universidad
unordentlich desordenado/-a (ser)
unruhig inquieto/-a
uns nos
unser/e *(m./f./n./Sg.)* nuestro/-a
unten abajo
unter debajo de
unterbrechen (jdn., etw.)
　interrumpir a alg., a/c
unterhalten (jdn.) entretener a alg.
unterhalten (sich) platicar *mex.*
Unterricht la clase; im ~ en la clase
Unterschied la diferencia;
　im ~ zu a diferencia de 3A2
unterstützen (etw.) apoyar a/c
unteruchen (etw.) investigar a/c
unterwegs sein irse por ahí *fam.*
unvollendet inacabado/-a 3Ac
unvorsichtig imprudente *adj.*
Ureinwohner/in el/la indígena
Urlaub las vacaciones; im ~ sein
　estar de vacaciones
Urlaubsresort el resort 3A2

Ursprung el origen (*pl.* orígenes)

V

Vater el padre
verabreden (sich) quedar
verabschieden (sich von jdm.) despedirse (de alg.) (e/i)
verachten (jdn.) despreciar a alg. 2A
Veränderung el cambio 1A1
Veränderungen durchmachen sufrir cambios 1A1
Veranstaltung la actividad
verantwortlich sein (für etw.) responsable (ser) *adj.*
Verantwortliche el / la encargado/-a 5A
Verband el vendaje
verbieten prohibir a/c a alg.
Verbindung *Internet* la conexión (*pl.* conexiones)
verboten (sein) prohibido (estar)
verbrauchen (etw.) consumir a/c 6/1
verbringen (die Zeit mit etw.) llevar tiempo + *ger.*; pasar + *tiempo* + *ger.*
verbringen *Zeit* pasar
verderben *Essen* estropearse
verdienen ganar a/c
vereint unido/-a 6/1; die Vereinigten Staaten los Estados Unidos
verfahren (sich) perder(se) (e/ie); perdido/-a (estar)
verfügen (über etw.) disponer de a/c 4Ac
vergangen pasado/-a
vergessen (etw.) olvidar a/c
vergleichen (etw.) comparar a/c 3A2
vergnügen (sich) entretener(se) (con) (e/ie)
Vergnügungspark el parque de atracciones
vergrößern (etw.) ampliar a/c
Verhandlung el negocio 3A2
verheiratet (sein) casado/-a (estar) 1A1
verhungern morirse de hambre
Verkauf la venta
verkaufen (etw.) vender a/c
Verkäufer/in el / la vendedor/a

Verkaufsstand el puesto de venta 3Ac
verlassen (etw.) dejar a/c 2Ac
verlaufen (sich) perder(se) (e/ie); perdido/-a (estar)
verlieren (etw.) perder a/c (e/ie)
vermischen (etw.) mezclar a/c
vermissen (jdn. / etw.) echar de menos a alg., a/c
vermuten (etw.) suponer a/c 1A1
vernichten (etw.) acabar con alg., a/c 1A1
verpacken (etw.) empacar a/c
verpassen (etw.) perderse (e/ie) a/c
verpflichten zu obligar a + *inf.* 3A2
verringern (etw.) bajar a/c
verrückt estar loco/-a; ~ sein estar medio loco/-a
Versand el envío 6/2
verschicken (etw.) mandar a/c
verschieden diferente; *varios/-as* 6/1
verschieden(artig) *diverso/-a* 6/1
verschlechtern *Augen* estropearse
Verschmutzung la contaminación (*pl.* contaminaciones)
verschwinden desaparecer 1A1
versklaven (jdn.) esclavizar a alg. 2A
Verspätung el retraso
verstaatlichen nacionalizar 6/3
Verstand la mente 4Ac
verstecken (sich) esconder(se)
verstehen comprender
verstehen (etw.) entender a/c (e/ie)
verstehen (sich mit jdm. gut / schlecht) llevarse bien / mal con alg.
verstehen (sich) entender(se)
versuchen (etw. zu tun) intentar + *inf.*
verteidigen (jdn. / etw.) defender a/c, a alg. (e/ie)
verteidigen (sich) defenderse (e/ie)
verunreinigen (etw.) contaminar a/c
verwechseln equivocarse
verwenden (etw.) usar a/c
verzeihen disculpar
verzweifelt desesperado/-a (estar) 2Ac
Video el vídeo
Videokonsole la videoconsola 4Ac
viel mucho
viel mehr mucho más

viel/e mucho/-a
viele Dinge muchas cosas
Viele Grüße *am Ende einer Mail, SMS* salu2 (saludos)
vielen Dank muchas gracias
Vielfalt la diversidad 6/1; la variedad 6/1
vielfältig diverso/-a 6/1; variado/-a (ser)
vielleicht quizás + *ind.*
vier cuatro
vierte + *Nomen* el / la cuarto/-a + *sust.*
viertel Kilo el cuarto de kilo (de)
Vierteljahr el trimestre *m.*
virtuell virtual *adj.*
Vitamin la vitamina
Vogel la ave *f.* (*pl.* aves); el pájaro
Volk el pueblo
voll sein lleno/-a (de) (estar)
Volleyball *Sportart* el voleibol
vollgestopft repleto/-a 5A
vollständig completo/-a; por completo 3A1
von de
von + *Zeit* + an a partir de + *tiempo*
von … aus desde
von allein solo/-a
von überall de todas partes
von wo aus desde donde
von / seit […] bis […] *Uhrzeit* desde la / las […] hasta la / las […]
vor delante (de)
vor + *Nomen* antes de + *sust.*
vor + *Nomen* frente a + *sust.*
vor + *Zeitangabe* hace + *tiempo*
vor allem sobre todo
vor Hunderten von Jahren hace cientos de años
vorbeigehen ir de paso
vorbeigehen (an etw.) pasar (por a/c)
vorbereiten preparar a/c
vordrängeln (sich) colarse
vorgestern anteayer
vorher antes
Vorliebe la afición (*pl.* aficiones) 4Ac
Vorrat las provisiones *pl.* 2Ac
vorschlagen (jdm. etw.) proponer a/c a alg.
Vorschule la escuela infantil
vorstellen (jdn./etw.) presentar a alg., a/c

Anexo | Deutsch-Spanisches Wörterbuch

vorstellen (sich bei) presentarse a 1A2
vorstellen (sich) imaginar(se)
Vulkan el volcán (pl. volcanes)

W

wachsen crecer (c/zc) 3A1
Wahl(möglichkeit) la opción (pl. opciones)
Wahlfach la Optativa
wahnsinnig machen (jdn.) tener de los nervios a alg.
wahr verdadero/-a
wahr werden hacerse realidad 2Ac
während mientras
während + Nomen durante + sust.
Wahrheit la verdad
wahrscheinlich probablemente adv.
Währung la moneda 5Ac
Wald el bosque; la selva 5Ac
Wand la pared
Wander + Nomen migratorio/-a
wann? ¿cuándo?
warm / kalt sein tener calor / frío
Wärme el calor
warten (auf jdn.) esperar a alg., a/c
Warteschlange la cola
Warum machst du so ein Gesicht? ¿Por qué tienes esa cara?
Warum? ¿por qué?
was (für)? ¿qué?
was Relativpronomen lo que
Was du da sagst! ¡qué dices!
Was für + Adj. Komp. + Nomen ¡Qué + sust. + más + adj.!
Was für ein Typ! ¡Qué tío más guay!
Was für ein/e + Nomen! ¡Vaya + sust.! fam.
Was gibt es dort? ¿Qué hay allí?
Was gibt es noch? ¿Qué más hay?
Was gibt's? ¿Qué hay?; ¿Qué pasa?
Was ist […]? ¿Qué es […]?
Was ist das? ¿Qué es esto?
Was ist los mit ihr / ihm? ¿Qué le pasa?
Was ist los? ¿Qué pasa?
Was ist mit dir los? ¿Qué te pasa?
Was möchtest du essen / trinken? ¿Qué tomas?
waschen (etw.) lavar a/c
Waschmaschine la lavadora
Wasser el agua
Webseite la página web
wechseln (etw.) cambiar (de) a/c

weder […] noch […] noch […] no […] ni […] ni […]
Weg el camino; la ruta
wegen por; por culpa
Wegen Bauarbeiten gesperrt! ¡Cerrado por obras!
weggehen irse
weggießen (etw.) tirar a/c
wegnehmen (jdn. etw.) quitar a/c a alg.
wegwerfen (etw.) tirar a/c
weh tun doler (o/ue)
Weihnachtsmarkt el mercadillo de Navidad
weil porque, ya que
Weile el rato
weinen llorar
Weintraube la uva
weiss blanco/-a
weit lejos adj.
weit verbreitet presente adj.
weiter tun (etw.) seguir + ger. a/c (e/i)
weiterführende Schule la educación secundaria
weitergeben (etw. jdm.) pasar a/c a alg.
weitermachen (mit) seguir (e/i) (con)
Weizen el trigo 5Ac
Welch eine Qual! ¡Qué paliza! fam.
welche/r/s? ¿cuál?
welche? ¿cuáles?
Wellensittich el periquito
Welt el mundo; die Neue Welt las Indias; el Nuevo Mundo 2A
Weltmeisterschaft el Campeonato mundial
weltweit a nivel mundial 6/1
wenig/e poco/-a
weniger menos
weniger + Adj. (als) menos + adj. (que)
wenigstens por lo menos
wenn si
Wer ist das? ¿Quién es él / ella?
wer? ¿quién?
wer? (Pl. von „quién") ¿quiénes?
werden + Adj. ponerse + adj.
Werkstatt el taller
Wesen el ser 2Ac
Westen el oeste
westlich (von) al oueste de
westlichste/r más al oeste

Wettbewerb el concurso
Wetter el tiempo
wichtig importante adj.; necesario/-a (ser) adj.
wichtig sein (jdm. etw.) importar a/c a alg.
wie como
Wie + Adj.! ¡Qué + adj.!
Wie alt ist […]? ¿Cuántos años tiene […]?
Wie anstrengend! ¡Qué faena!
Wie findest du + Nomen? ¿Qué te parece/n + sust.?
Wie gehst du damit um? ¿Cómo lo llevas tú? 6/3
Wie geht's? ¿Qué tal?
wie gewöhnlich como de costumbre
Wie heißt du? ¿Cómo te llamas?
Wie ist + Nomen? ¿Qué tal + sust.?
Wie ist das möglich? ¿Cómo es posible?
Wie lästig / doof! ¡Qué palo! fam.
Wie lecker! ¡Qué rico!
Wie peinlich! ¡Qué vergüenza!
Wie sagt man […] auf Spanisch? ¿Cómo se dice […] en español?
Wie schade! ¡Qué pena!
Wie schreibt man das? ¿Cómo se escribe?
Wie spät ist es? ¿Qué hora es?
Wie viel macht das? ¿Cuánto es todo?
wie viel/e? ¿cuánto/-a?
Wie war's? ¿Cómo lo habéis pasado?
wie? ¿cómo?
wieder tun (etw.) volver a +inf. (o/ue)
wiedererkennen (jdn., etw.) reconocer a alg., a/c 6/3
wiederholen repetir (e/i)
wiederverwerten (etw.) reciclar a/c
wiegen (jdn., etw.) pesar a alg., a/c
Wilde el / la salvaje 2A
Willkommen! ¡Bienvenido/-a!
Wind el viento
Winter el invierno
winzig, klein menudo/-a
wir (m./f./Pl.) nosotros/-as
Wir sehen uns. Nos vemos.
Wir werden sehen! ¡Vamos a ver!
wirken parecer (c/zc)
wirklich de verdad; realmente adv. 1A2

doscientos tres 203

Wirklichkeit la realidad **2Ac**
Wirtschafts-, wirtschaftlich económico/-a **5Ac**
wissen saber
Wissenschaft la ciencia
Wissenschaftler/in el / la científico/-a
Witz el chiste
witzig gracioso/-a
wo *Relativpronomen* donde
wo? ¿dónde?
Woche la semana
Wochenende el fin de semana
wöchentlich semanal *adj.* **4A**;
  Woher bist / kommst du? ¿De dónde eres?
woher? ¿de dónde?
wohin? ¿adónde?
wohl (angenehm) a gusto **5A**
wohnen vivir
Wohnung el piso
Wohnzimmer el salón
Wolke la nube
Wolkenkratzer el rascacielo (*pl.* rascacielos)
wollen querer (e/ie)
wollen, dass querer que + *subj.* **2Ac**
womöglich a lo mejor *fam.*
Wort la palabra
Wörterbuch el diccionario
worüber? ¿de qué?
wozu? ¿para qué?
wunderbar estupendamente *adv.*; estupendo/-a
Würfel el dado
würfeln tirar
Wurst el embutido
Wüste el desierto **3A2**
wütend furioso/-a (estar)

Z

Zahl el número
zahlen (etw.) pagar a/c
Zahn el diente
Zahnbürste el cepillo de dientes
zärtlich cariñoso/-a
Zärtlichkeit el cariño
Zehnerkarte el bono de diez
zeichnen (etw.) dibujar a/c; diseñar a/c **3Ac**
Zeichner/in el / la dibujante
Zeichnung el dibujo
zeigen (etw.) señalar a/c **6/2**
zeigen (jdm. etw.) enseñar (a + *inf.* a alg.); mostrar (o/ue) a/c a alg.
zeigen *Fernsehen* poner a/c
Zeit el tiempo
zeitgenössisch contemporáneo/-a
zeitgenössische Kunst el arte contemporáneo
Zeitschrift la revista
Zeitung el periódico
Zeitungspapier el papel periódico
Zelle *Biologie* la célula
Zelt la tienda de campaña
Zentrum el centro
zerstören (etw.) destruir a/c **3A2**
Zettel la nota
Ziegel(-stein) el ladrillo
Ziegeldach el techo de tejas **5A**
ziehen tirar
ziemlich bastante *adv.*
Zimmer la habitación (*pl.* habitaciones)
Zoff machen armar una bronca *fam.*
Zone la zona
Zoo el zoológico
zu a
zu Essen geben (jdn. etw.) dar de comer a/c a alg.
zu Fuß gehen ir a pie
zu Tode langweilen (sich) aburrirse como una ostra *fam.*
zu viel demasiado *adv.*; demasiado/-a *adj.*
Zucker el azúcar *f.*
zuerst primero *adv.*
Zufall la casualidad
zufrieden contento/-a (estar); satisfecho/-a (estar) **5A**
Zug el tren
Zug- + *Nomen* migratorio/-a; **Zugvogel** la ave migratoria
zuhören escuchar a/c
Zukunft el futuro
Zulassung la admisión (*pl.* admisiones) **4Ac**
Zulassung *Schule, Universität* el acceso
Zulassungsprüfung la prueba de acceso
zuletzt por último
zum Beispiel por ejemplo
zumindest por lo menos
Zuneigung el cariño
zur Zeit por el momento **5A**
zurückgeben (etw.) devolver a/c (o/ue)
zurückkommen (nach) volver (a) (o/ue)
zusammen juntos/-as
Zusammenfassung el resumen (*pl.* resúmenes)
Zuschauer/in el / la espectador/a
zuständig sei (für etw.) tocar a/c a alg.
Zutat el ingrediente
zwei dos
zweifeln, dass dudar que + *subj.* **2Ac**
zweite + *Nomen* el / la segundo/-a + *sust.*
zwischen entre
Zwischenstopp la parada **2Ac**
zwölf doce

SOLUCIONES

El juego de la oca, p. 10/11
1 El parque nacional de Doñana; **2** construyo, construyes, construye, construimos, construís, construyen; **3** el maíz, el arroz (también: los frijoles, el aguacate y el chocolate); **6** la comedia, el informativo, el concurso (también: la serie policíaca, la telenovela, el magazine); **7** el aula = la clase; majo/-a = simpático/-a; **9** Tarifa; **10** Saluda a tu madre de mi parte.; **11** hable/sepa; **12** sobresaliente (8,5–10)/suspenso (0–4,9); **15** Ecuador, Colombia (también: Costa Rica y Panamá) **16** era/perdía; **17** ¿Puedes hablar más despacio?; **18** sacar la basura, ir a la panadería (también: meter las cosas en el lavavajillas y sacarlas de allí, limpiar donde duerme tu mascota, darle de comer a tu mascota, separar la basura y llevarla para reciclar, cuidar a un hermano o hermana, etc.); **19** 3 230 000: tres millones doscientos treinta mil; 491 821: cuatrocientos noventa y un mil ochocientos veintiuno; 8 763: ocho mil setecientos sesenta y tres; **22** había hecho/había cerrado; **23** Estadio Santiago Bernabéu; **26** El «kilómetro cero» es el centro de España y está en la Puerta del Sol.; **27** responder ≠ preguntar; bajo/-a ≠ alto/-a; **28** el flamenco; **29** haga/estén; **30** los mayas y los aztecas (también: los incas); **31** ¡Me da una envidia!; **32** caminar = ir a pie; todos los días = diariamente; **35** te pusiste/estuvieron; **37** limpio/-a ≠ sucio/-a; olvidar ≠ recordar; **38** Había mucha gente.; **39** se llamaba/jugaba; **40** ¡No te preocupes!; **41** había hablado/había cocinado; **42** El Zócalo; **48** tiene/tenga; **49** el Museo del Prado (también: el Museo Reina Sofía)

p. 25, ej. 6c
Ángel y Nacho son amigos de toda la vida. Cuando Nacho conoce a María, la ex mujer de Ángel, se enamora[1] perdidamente de ella y ella también de él. Ángel está fuera de sí[2]: ¿quién tiene la culpa de esta traición[3]? ¿El amigo o la ex mujer?   1 enamorarse (de) *sich verlieben (in)*   2 estar fuera de sí *außer sich sein*   3 la traición *der Verrat*

Preparar el examen DELE p. 102/103

I Comprensión de lectura: 1.-a, 2.-c, 3.-a, 4.-b

II Expresión escrita
¡Hola papá, hola mamá!
Ayer llegamos a Barcelona y … ¡es genial! Ya hemos visto las Ramblas, el Barrio Gótico, el Puerto Olímpico … La Sagrada Familia me ha gustado mucho pero creo que el partido de fútbol esta tarde en el Camp Nou va a ser algo impresionante. Me encanta la comida española, sobre todo las tapas, ¡qué ricas! La gente aquí es muy amable con nosotros y siempre nos ayudan cuando no encontramos una calle en el mapa.
La verdad es que hace mucho calor, pero me lo paso muy bien con el resto de la pandilla, aunque también os echo mucho de menos ☺
Un saludo, Mateo

III Gramática y Vocabulario: 1.-b, 2.-b, 3.-j, 4.-c, 5.-f, 6.-d, 7.-e, 8.-h, 9.-i, 10.-a

IV Comprensión auditiva: 1.-1, 2.-b, 3.-c

V Expresión oral
Descripción: 2 En la viñeta podemos ver a un chico en su habitación con su padre. Al fondo vemos una mesa con un libro y un cuaderno donde se puede leer la palabra «deberes». El niño señala una lámpara que está en el suelo y el padre parece confuso o enfadado. El chico tiene el pelo rubio y rizo y lleva unos vaqueros azules y una camiseta violeta. En su bolsillo podemos ver una bombilla. **4** En esta viñeta podemos ver de nuevo la habitación del chico. Él está sentado sobre la cama y su padre entra con una lámpara en la mano, que pone sobre el escritorio del chico. Detrás de la mesa vemos una ventana y al lado del chico también vemos una silla roja.
Narración: En la primera viñeta vemos a un chico en su habitación que está en su cama escuchando música. En la habitación hay un escritorio con libros, una lámpara en el suelo y una silla roja. A la derecha vemos como su padre entra en la habitación y le dice que debe hacer los deberes. El chico le dice a su padre que no puede estudiar porque la lámpara no funciona, pero podemos ver como el chico ha escondido la bombilla en su pantalón. El padre, confuso, piensa un momento y después va a su propia habitación, donde toma otra lámpara que lleva a la habitación de su hijo. Cuando la pone sobre el escritorio, el chico está muy sorprendido. Finalmente el joven tiene que estudiar y vemos como está sentado a su escritorio con la nueva lámpara que funciona perfectamente.

QUELLENVERZEICHNIS

Fotos:
123RF: © Andrey Kiselev, S. 96 (3); © Andrey Shadrin, S. 54; © Julie Schleifer, S. 71 (10); © Lucian Coman, S. 63 (rechts); © Sanai Aksoy, S. 40–41 (Hintergrund); © Sascha Burkard, S. 138 (oben rechts); © Steve Estvanik, S. 70–71 (Hintergrund) – adpic: © H. Dora, S. 71 (7) – © Alcides Jordan Cerda, Policia Nacional del Peru/„COLIBRI"/Cusco (Peru)/Qosqo Maki e.V., S. 83 (oben links) – © Berliner Philharmoniker/Edicson Ruiz, S. 64 (oben) – © Cesna Producciones, Iván Sáinz-Pardo, S. 39 (oben links, oben Mitte u. oben rechts) – © colourbox, S. 63 (links) – © Corbis (RF), S. 115 – © Cornelsen Verlagsarchiv, S. 24 (Mitte); Cornelsen: © Ávalos León, S. 113; © Lucentum Digital, S. 8, S. 9, S. 12, S. 13, S. 18 (Mitte), S. 19 (unten) – Digitalstock: © R. ubert, S. 71 (5) – easyFotostock: © Ken Welsh, S. 41 (unten links), S. 135 (oben rechts); © Michael Knüfer, S. 135 (unten links); © Terrance Klassen, S. 139 (rechts) – Flickr: © Lai Chien Jung (R.O.C), S. 71 (9), S. 73 (Mitte) – Fotolia.com: © Alexander, S. 72 (c); © Arid Ocean, S. 86–87 (Hintergrund); © Hugues Argence, S. 53; © Japex, S. 78; © Leslie Sanders, S. 55 (unten); © photlook, S. 35 (links) – iStockphoto: © Ariel Duhon, S. 24 (rechts); © Bill Noll, S. 87 (rechts); © cjmckendry, S. 69 (unten); © Dainis Derics, S. 41 (oben links); © Dan Moore, S. 35 (rechts); © Deddeda Stemler, S. 72 (g); © digitalskillet, S. 37 (4); © Eddie Berman, S. 96 (6); © Erik Reis, S. 58; © Francisco Burga C., S. 72 (d); © hadynyah, S. 70 (4); © jacus, S. 71 (6); © Joel Carillet, S. 43 (unten links), S. 44 (unten, 2. v. links); © Jon Horton, S. 37 (2); © Joy Fera, S. 64 (unten); © Juanmonino, S. 19 (oben), S. 87 (links), S. 90 (links); © Kevin Russ, S. 73 (oben); © Luca di Filippo, S. 43 (unten rechts), S. 44 (unten, 3. v. links); © Mark Stout, S. 88; © Niko Guido, S. 74; © PhotoTalk, S. 43 (oben rechts), S. 44 (unten, 4. v. links); © quavondo, S. 65; © Rainer Walter Schmied, S. 136 (oben links); © Ray Hems, S. 77 (oben); © Richard Johnson, S. 77 (unten); © Robert Lerich, S. 72 (a); © Sheryl Griffin, S. 18 (oben); © Victor Silva, S. 43 (oben links), S. 44 (unten, 1. v. links); © Wilson Velentin, S. 44 (oben) – © Ministerio de Turismo del Ecuador, www.ecuador.travel, S. 139 (links) – panthermedia.net: © Andres Rodriguez, S. 82 (oben, 1. v. rechts); © Gert Hochmuth, S. 136 (unten links); © Kerstin Hähner, S. 72 (unten) – photaki (RF): © Angel Hernández, S. 135 (unten rechts); © Carles Angaril Pellicer, S. 137 (unten links); © Gonzalo Cáceres, S. 136 (rechts) – PromPerú: © Florencia Castello, S. 72 (f), © Luis Gamero, S. 72 (e); © Magalí del Solar, S. 140 (rechts); © Pilar Olivares, S. 72 (h) – Shotshop.com: © calgal, S. 18 (unten); © danstar, S. 87 (Mitte) – shutterstock: © Andreas Gradin, S. 69 (oben); © Chris Kruger, S. 72 (b); © fotosub, S. 47 (unten); © Frontpage, S. 70 (2); © gladiolus, S. 91; © Iakov Filimonov, S. 24 (links); © James Pyle, S. 55 (oben); © Lev Dolgachov, S. 63 (Mitte); © Maria Veras, S. 70 (3); © Monkey Business Images, S. 37 (1); © Nattika, S. 96 (5); © Paul Clarke, S. 83 (oben rechts); © Paul Prescott, S. 34 (oben links); © Pétur Ásgeirsson, S. 33 (oben); © Philip Lange, S. 137 (oben links); © Rakhno A., S. 77 (Mitte); © Regien Paassen, S. 135 (unten rechts); © Shebeko, S. 96 (4); © Vitaly Korovin, S. 96 (1); © Yasonya, S. 96 (2) – © Sony Music Entertainment España, S.L., S. 60 – Turisme de Barcelona: © Espai d'Imatge, S. 40 (unten rechts); © Grupo Agbar, S. 41 (unten rechts) – Universal Music Deutschland: © Katja Kuhl, S. 138 (Mitte rechts) – © Universal Music Group España, S. 138 (2. v. oben links) – Veer: © jeffwqc, S. 37 (3); © Pablo Scapinachis Armstrong, S. 97 (unten); © PT Images, S. 90 (Mitte u. rechts) – © Verónica Rebata, blog Rincón repostero de elcomercio.pe, S. 81 (oben rechts u. unten links) – Wikimedia/Creative Commons: © Juan Mejuto, S. 138 (unten rechts); Creative Commons: © Martin St-Amant, S. 73 (unten); GNU: © Markus Leupold-Löwenthal, S. 140 (links); © Public Domain, S. 33 (unten rechts), S. 34 (unten links u. unten rechts), S. 38 (oben), S. 41 (oben rechts); Public Domain: © Panotxa, S. 51.

alamy: © Ken Welsh, S. 40 (oben) – © Collection Christophel, S. 25 (oben) – © Getty Images/Popperfoto, S. 47 (oben) – © mauritius images/age, S. 40 (unten links); mauritius images/imagebroker: © Guenter Fischer, S. 83 (unten) – © picture alliance/dpa, S. 84 – Sipa: © Giulio Marcocchi, S. 39 (unten, 5. v. links); © Niviere / Lorenvu, S. 93 – © ullstein/AISA, S. 23 (unten), S. 33 (unten links), S. 38 (unten), S. 39 (unten, 3. v. links); © ullstein/AKG, S. 26, S. 39 (unten, 1. u. 4. v. links); © ullstein/Granger Collection, S. 33 (unten Mitte), S. 82 (Mitte), S. 137 (rechts); © ullstein/MAS, S. 138 (1. v. oben links); © ullstein/Pressefoto Ulmer, S. 39 (unten, 6 v. links) – © Vario Images, S. 25 (unten), S. 71 (8) – © Visum/BMI-Bild, S. 71 (11).

Grafik:
S. 17: © Sociedad Andaluza para la Divulgación de la Ciencia – S. 23 (oben): akg-images/Album/Oronoz – S. 32: © Dover Publications, Inc./T. Delgado de Quinteros – S. 34 (oben rechts): © Museos de Murcia – S. 39 (unten, 2. v. links): © Dover Publications, Inc./T. Delgado de Quinteros – S. 42: © Rafael Broseta Gaudisa – S. 45: © CEAPA/Ministerio de Trabajo y Asuntos Sociales – S. 47: © Dr. Volkhard Binder – S. 49 (oben): © Ajuntament de Barcelona, Medi Ambient – S. 49 (unten): © A Limpiar el Mundo, www.cleanuptheworld.org – S. 50: © El Periódico de Catalunya/Ramón Curto – S. 56: © Ediciones SM/Ricardo Gómez – S. 57: © DP Music Entertainment, España/MusicAula – El Festival Rock del Estudiante – S. 63: © Joaquín S. Lavado (QUINO)/Caminito S.a.s. Literary – S. 69: © Tom Körner – S. 76: © Qosqo Maki – S. 81: © elcomercio.pe – S. 83 (oben, 2. v. rechts): © Fundacion Pies Descalzos – S. 89 (links): © Comunidades Europeas, 2005 – S. 89 (rechts): © Comunidades Europeas, 1997 – S. 97 (oben): Flickr: © Ricardo Ruperez Mateo.

Statistiken:
S. 13: © Instituto de la Juventud (INJUVE) – S. 48: © Instituto de Estudios Turísticos (IET) – S. 58–59: © Instituto de la Juventud (INJUVE) – S. 90: © INE.

Texte:
S. 21: Luis Matilla: El último curso, © Anaya, 2009 – S. 35–35: © Museos de Murcia – S. 43: VG-Musikedition: © EMI Music Publishing Germany GmbH & Co. KG, Hamburg – S. 50: © El Periódico de Catalunya – S. 51: © ABC Periódico Electrónico S.L.U., Madrid – S. 53: © El Murmullo, S.L. – S. 58: © Universal Music Spain, S.L. (España) – S. 67: VG-Musikedition: © Warner Chappell Music Spain S.A./Neue Welt Musikverlag GmbH, Hamburg – S. 77: © Fundación Telefonica – S. 78–79: Ricardo Gonzáles Vigil: El cuento peruano 1990–2000, © Ediciones Copé/Petroperú, 2001 – S. 81: © Verónica Rebata, blog Rincón repostero de elcomercio.pe – S. 84–85: © Ediciones El País S.L., Mábel Galaz, 08.07.2008 – S. 85: Ricardo Gonzáles Vigil: El cuento peruano 1990–2000, © Ediciones Copé/Petroperú, 2001 – S. 90: © Ediciones El País S.L., 12.05.2010 – S. 92: Maricela Rodríguez: Poemas y cuentos de amor y esperanza, © Amate Editorial, 2004 – S. 93: © Mundinteractivos, S.A. – S. 98–100: Gomaespuma: Familia no hay más que una, © Ediciones Temas de hoy, 1990 – S. 102: © BBC Mundo, Revista BBC Focus, 27.02.11.